首都人口与环境关系

——理论与实证研究

童玉芬　等著

中国劳动社会保障出版社

图书在版编目(CIP)数据

首都人口与环境关系：理论与实证研究/童玉芬等著. —北京：中国劳动社会保障出版社，2012

ISBN 978-7-5045-9896-7

Ⅰ.①首… Ⅱ.①童… Ⅲ.①人口-关系-环境-研究-北京市 Ⅳ.①C924.24

中国版本图书馆 CIP 数据核字(2012)第 209379 号

中国劳动社会保障出版社出版发行

（北京市惠新东街1号 邮政编码：100029）

出版人：张梦欣

*

北京世知印务有限公司印刷装订 新华书店经销
787 毫米×1092 毫米 16 开本 21 印张 294 千字
2012 年 8 月第 1 版 2012 年 8 月第 1 次印刷
定价：46.00 元

读者服务部电话：010-64929211/64921644/84643933
发行部电话：010-64961894
出版社网址：http://www.class.com.cn

版权专有 侵权必究
举报电话：010-64954652
如有印装差错，请与本社联系调换：010-80497374

本研究接受以下项目资助：

北京市自然科学基金项目《北京市人口—资源—环境协调发展的定量模型与政策模拟》(项目号9092003)

国家教育部人文社会科学重点研究基地重大项目《中国人口城乡结构变动与环境可持续发展》

北京市地方高校科技创新平台建设项目《首都人口与可持续发展研究平台》

前言

人口与资源、环境的关系,是一个长期引起人们困惑和争议的话题。人类自从开始原始农业生产以来,就开始了对自然界干预和改造的过程,这种干预到了工业化以后达到登峰造极的程度,世界人口规模的增长也变得异常快速,似乎看不到止境,人类似乎已经摆脱了自然界的限制。然而大量的环境资源问题,如全球气候变暖、土地荒漠化、水资源短缺、物种消失、臭氧层空洞扩大、大气和水环境污染的出现,使人们对于人口与环境的关系不得不进行全新的思考。实际上,作为生命体,人类在生物属性上不可能完全脱离动物界。人要生存,就必须从自然界中获取所需要的衣、食、住、行等物质资料,尽管人类在获取这些基本物质资料的方式、手段以及分配这些物质资料的制度等方面会与动物有很大不同,但自然界始终是人类生存的基础。同时,人类与动物一样,也有生育、死亡和生长、迁徙的过程,这些过程同样要受到人类所处的自然环境条件的制约。因此,人口的状况,总是与人类所处的自然环境条件密切相关,受到自然环境条件的制约,依赖于地球提供的生存空间和基础;反过来,人类的存在通过活动也在不断地影响着地球的环境。正是因为这种无法摆脱的天然而又极其复杂的关系,使得人口与环境之间的关系成为了一个永恒的话题。

人口与环境的关系,经过了一个漫长的演化过程。在人类长达 300 万年的进化史中,采集狩猎阶段占了 99% 以上。由于生产方式极端落后,人们生活和生存所需要的物质资料非常匮乏，人类在自然灾害、疾病等面前无能为力，人类生存受到自然界的极大限制，因此，这决定了早期的人口形态只能表现为小规模、低密度、低增长。据有关研究认为，旧石器时代，世界人口大约只有300万人。整个中石器时代，人口增长速度大约是每千年15‰，这一时期，世界人口从300万增加到1 000万人。由于采集和狩猎仅仅是依靠自然生态系统净产量中人类可以获得的那一部分来支持人口，因此人们的活动就很难突破环境的阻力，对环境的影响也就非常微弱。大约1万多年以前，人类才进入到农业社会，耕作和畜牧开始取代采集和狩猎成为主要的生产方式，人口与环境、资源的关系进入到一个新的阶段，社会生产力有了较大的发展。由于定居和农耕，人类生活开始变得稳定，营养状况得到改善，生产工具得到发展，人类在自然界面前的能力也大大增强了。由于实行了农业耕作，出现了农田这样的人工生态系统，因此环境对人口的承载力也大大提高了。营养的改善和承载力的提高，首先带来的影响是死亡率出现明显下降。据研究，人类在农业社会的死亡率为30‰～35‰，远远低于原始社会高达50‰左右的极高死亡率，但是相比后来的工业社会，死亡率依然比较高，这主要是战争、食物营养和疾病等原因导致。另外，农业社会依靠大量劳动力投入耕作的状况导致了农业社会的高出生率特征，使得农业社会的人口增长已经呈现出比原始社会快得多的增长。因此，农业社会人口的增长，实际上是伴随着农业社会人口承载力的扩大而出现的。虽然究竟是农业社会人口增长导致了农业的出现和发展，引起了承载力的进一步扩大；还是由于农业技术的改进增加了农业社会承载力，从而引起了农业人口死亡率的下降并进一步促使了人口增加，这在学术界还无定论，但是我们看到人口的增长的确是伴随着人类对自然界限制的突破（承载力的增大）而形成的。工业革命以后，由于科学和技术的进步，人们在自然界面前的能力大为提高，活动范围也进一步扩大，因此人口也获得了空间的增长，与此同时，人口与资源的关系也发生了深刻的变化。工业活动与农业活动的显著不同之一，在于生产过程所消耗的能量和物质资源有很大一部分是非生物的化石能源和矿产资源，而这种非生物过程中又产生大量的难以降解的污染物质，并反过来影响人类。同时伴随工业化的一个显著人口学特征是人口由原来散布在广大农村地域转而向城市地区集中，出现了具有典型意义上的城市人工生态系统。城市人口生存和生活的物质基础完全依赖于城市以外的农业生态系统，而城市则呈现为一个不完整的、缺少初级生产力的生态系统。这样的一个生态系统，天然就存在缺陷，其承载力完全依靠外界的能量和物质输入。城市的承载力由于脱离了本身的初级生产力，而主要依靠其他地区的食物和资源、能源的供应，因此城市的承载力也就在很大程度上取决于一个城市的输入能力，似乎可以无限扩大。而城市产生的大量污染物质却在城市堆积下来，并难以消除。尤其是进入20世纪50年代以后，工业化、城市化过程中产生的一系列全球环境污染、土地荒漠化、水资源紧缺、物种灭绝等问题，人口与环境资源之间的相互关系变得异常紧密，也更加复杂。

国际上很早就已经开始了对于人口与环境资源关系的研究，最早可以追溯到马尔萨斯的人口论，他在1798年提出了著名的两个级数原理，指出人口的增长以几何级数增长，而人类生存所依赖的物质资料增长按照算术级数增长，因此人口的增长总是会超过物质资料的增长，当达到一定程度时，就会发生如战争、贫穷、瘟疫、失业、犯罪等灾难。自然界存在一种自然法则，通过这种灾难迫使人口与物质资料再次产生平衡。他的人口理论，第一次将人口与资源、环境问题放在同一个框架下研究，开创了人口与环境研究的先河。但是因为这些假设难以得到实证的检验，同时这些假设和原理没有考虑到人类社会特有的技术进步、制度、文化等因素，把人口等同于一般的动物群体，因此该理论从出现以来就遭到了包括马克思主义学者和其他一些西方学者的反对和批判。然而马尔萨斯的观点对后人研究人口与资源环境的关系产生了深远的影响。尤其是20世纪中期以来，随着全球人口与资源环境关系中的矛盾与问题加剧，人口与资源环境的关系研究再度受到极大重视，并且出现了一大批的学者对此进行研究。1949年美国学者威廉·福格特（William Vogt）出版了《生存之路》，向世人展示了世界人口的过快增长以及引起的环境资源超载问题（William Vogt，1949）。1968年，美国生态学家保罗·R. 埃里奇（Paul R. Erilich）出版了《人口爆炸》一书，认为环境污染能源危机等的原因在于人口爆炸（Paul R. Erilich，1968）。1972年美国学者梅多斯（D. H. Meadows）等人结合世界人口演变趋势，出版了《增长的极限》，采用系统动力学仿真技术，给世人演示了人类悲观的前景（Meadows, D. H., Meadows, et al., 1972）。这些研究由于种种主客观因素的限制，提出的观点未免危言耸听,也很难得到实证,但是却给人们提出了一个非常严肃的命题:即人类不能再这样无止境地向自然索取下去了,如果依然故我,自然界可能终将因为难以承受而对人类进行报复,人类社会将难以持续下去。20 世纪 80 年代以后,一种崭新的思想或理念——可持续发展,在人口与资源环境关系领域得到了极大的应用和体现,使得人们对于人口与环境的关系研究进入了一个新的阶段。1987 年,以前挪威首相布伦特兰为首的一些专家学者发表了《我们共同的未来》一书,提出了可持续发展的思想,即人类的发展应当"既能满足当代人的需求,同时又不损害子孙后代满足其需求能力",从而使人们从悲观的看不到光明的未来道路中看到了曙光(Broundtland G. H,1987)。目前国际社会已经普遍地接受了可持续发展的理念,人们深刻地认识到,地球上人口、经济发展、资源和环境以及社会等必须协调发展,同时必须将可持续发展的理念贯穿到各种政策和人们的生活、生产之中,才能避免人类社会的不可持续。

目前,国际学术界关于人口与环境资源关系的研究很多,从范围上看,既有全球人口与环境关系的研究,也有国家或者区域尺度的研究。从研究内容上看,国际社会主要是采用大量的定量分析和模型,试图揭示人口变量变动与环境资源因子之间的相互作用和关系。大量研究主要集中在以下几个方面:第一类主要是对人口作用的环境后果的定量研究,采用实证模型,建立包括人口因素在内的计量经济学模型,试图探索人口因素(包括规模、结构、分布等)对环境的影响,大多数采用的是埃里奇的 IPAT 模型及其变换形式(Ehrlich P. R., Holdrens J. P., 1971, Dietz etal, 1997, York etal, 2003)。第二类是采用系统学模型方法对人口与环境资源的关系进行系统模拟和政策研究,比较典型的如 Wolfgang Lutz Warren Sanderson 等的研究(Wolfgang Lutz, Alexia Prskawetz, Warren Sanderson Editors, 2002, Lutz, W. 1992, Hsin-i Wua, Amit Chakraborty, *et al, 2009)。第三类就是人口承载力和适度人口的相关研究(Cohen, J. E., 1995a, Cohen, J. E., 1995b, Irmi Seidl, Clem A. Tisdell, 1999, Klaus Jaeger, Wolfgang Kuhle, 2009, Hsin-i Wua, Amit Chakraborty, et al., 2009)。目前这一类研究因为缺乏强有力的实证检验,因此研究结果很难得到认可,对政策的操作性也不是太强。纵观国际上对人口与资源环境关系研究,无论是理论基础,还是实证或者政策研究还都比较薄弱。

从中国的情况来看，近年来关于人口与环境、资源的研究成果也很多。研究的领域与国际上类似，主要是以下三个方面，即人口—资源—环境系统研究与评价、人口的环境后果分析以及资源环境承载力研究。纵观国内人口与环境研究的论著，笔者发现了这样一些现象或者称其为研究的误区：(1) 很多研究将人口对环境的影响等同于人对环境的影响，题目和出发点是研究人口要素及其变动对资源环境的影响，但是论述或者论证的时候讲的则是人或者人类对环境的作用，实际上这是两个不同的概念，因此这样的研究也必然是有误的。(2) 近年虽然有学者对中国不同区域人口变动的环境后果展开各类实证分析，但对其内在机制方面的理论分析较少。(3) 一些研究对人口与资源和环境变量直接进行简单的对比，以此说明人口与环境的关系，忽略人口与环境关系中社会经济文化等中介变量的影响和作用，孤立地看待人口与资源和环境的关系。这些研究的误区，毫无疑问对本学科的健康快速发展起到极大的阻碍作用，需要加以分析和澄清。

北京市作为中国的首都和国内人口规模第二的特大城市，近年来人口的变化和资源环境的关系引起了国家政府和学术界乃至大众的高度关注。新中国成立之初的1949年北京市仅有人口420.1万，改革开放之初的1980年人口为904万，2010年第六次人口普查资料显示，北京市常住总人口已经达到1 961.9万。20世纪80年代北京市人口平均每年增加20万人，90年代平均每年增加近28万人，进入21世纪前5年，平均每年净增加40万人，最近5年内每年净增人口都在50万以上，呈现加速增长态势。人口如此快速的增加及在城市中心地带的密集，加上人口年龄结构的老化等诸多人口变动，不仅加剧了北京市的就业、社会保障、交通等压力，而且也给首都的资源和环境带来了空前巨大的压力。一系列严重的资源环境问题的出现，诸如水资源短缺、城市用地紧张和能源问题、城市大气和水环境污染等问题，都与北京市的人口快速增长、密集以及结构的变动等有着密切的关系。北京市人口增长的势头还将持续，可以预见，资源与环境将面临着越来越大的压力，首都的生存和发展都将受到严重的威胁。但是，一个令人困惑的现象是，人口如此高速的膨胀，资源环境指标也不断恶化，但是似乎并没有出现所谓的崩溃，人们的物质生活水平不仅没有下降，反而日益提高，这作何解释？对于北京市来说，似乎资源环境对人口承载力的限制不存在，或者已经被人们一再地突破？北京市真的有承载力限制吗？承载力的限制体现在哪里？是多少？还有，目前存在的诸多资源、环境和交通等问题，是由于人口不断增加造成的吗？如果是，还有其他什么因素也在发生影响？人口因素在这些影响中处于怎样的位置？未来改善和解决北京市资源环境问题中，人口方面可以做哪些调整？政策应该从哪里入手？等等。这些问题，都需要在理论上进行很好的研究。作为一个特大的都市和中国的首都，北京市的人口资源环境关系有着与其他一般区域或者城市不同的特点。然而关于北京市的人口、资源和环境关系的研究目前总体上说还是比较匮乏的。目前的研究大多数集中在首都人口调控与承载力的探讨上，而对首都资源环境与人口之间存在着怎样的关系，却没有看到系统的研究。

本书正是作者多年来在北京市人口与环境资源领域里的系统研究的一个总结和整理。以北京市的人口与环境资源关系为主线，采用理论与实证分析相结合、定性与定量相结合的方法，全面系统地对首都北京的人口与资源和环境的关系进行了分析。

全书共分为五篇，包含十三章。

第一篇是北京市人口、资源、环境基础与内在关系。主要是针对北京市人口与资源环境的基础理论与问题研究进行分析，是全书的基础。共包括3章：

第一章是北京市人口的变动过程及现状特点。该章全面地分析了北京市从新中国成立以来的人口发展变化过程与阶段，并重点对当前的北京市人口规模、空间分布、年龄性别结构、就业结构、城乡结构、迁移流动等进行了系统的梳理和分析，对人口的特征和问题进行了描述性分析与总结。

第二章是北京市的生态环境特点与自然资源基础。全面总结了北京市的生态环境特点、自然资源基础和当前的主要环境资源问题。

第三章是北京市人口与资源、环境关系的机制与作用途径。该章从理论上系统分析了人口因素与环境资源之间的相互作用机制和途径，重点分析了人口与水资源、人口与土地资源、人口与能源、人口与环境污染之间的作用路径，以及资源环境对人口的作用路径，显示了人口与资源环境相互作用的中间媒介因素的存在。

第二篇是北京市人口变动对环境资源影响的实证研究。这一部分主要选择了三个能够代表资源与环境的重要指标：碳排放、生态足迹和水资源压力，采用定量的实证模型，分析了北京市人口因素（规模增长、结构和分布等）对这些因素的影响后果和程度。共包括如下3章：

第四章是北京市人口规模变动对环境污染影响的实证分析——以碳排放为例。本章在对北京市1978—2009年三十年来的碳排放总量、分能源消费碳排放量历史以及近期的总量和结构特点进行计算分析的基础上，进一步分析了影响北京市碳排放的因素，并运用IPAT模型建立回归方程，对影响碳排放的各种因素的作用进行了定量分析，重点分析了人口规模、结构、城市化等因素在北京市碳排放中的作用程度以及与其他社会经济因素之间的关系。

第五章是关于北京市生态足迹的人口影响后果的实证定量研究。首先计算了北京市2010年的生态足迹和生态赤字值，得到北京市2010年人均生态足迹值为3.76全球公顷，人均生态承载力为0.15全球公顷，存在较为严重的生态赤字，同时北京市自1980年以来人均生态足迹基本呈不断上升的趋势。利用STIRPAT的扩展形式进行了模型分析，得到北京市生态足迹总量的影响因素按大小排序为人均地区生产总值＞人口总量＞万元GDP生态足迹＞人口城镇化率。经过分析，认为经济因素、人口因素与北京市可持续发展之间的矛盾是北京市未来发展面临的主要挑战。

第六章是北京市水资源压力及其人口、经济等因素的实证分析。本章在对北京市水资源压力变动趋势进行分析的基础上，进一步使用对数平均的因素分解法和IPAT随机模型，对导致北京市水资源压力的因素进行了分析，重点研究了人口规模变化、家庭规模和数量等人口学因素在各种驱动因素中的地位和作用程度。

第三篇是关于北京市资源环境对人口的制约和影响分析。这一部分包括3章：

第七章是关于人口承载力的相关理论问题的探讨。从国际人口承载力起源和困境现状谈起，介绍了大城市人口承载力的概念和影响因素，分析了决定北京市人口承载力的主要影响因素以及存在的问题。

第八章是基于可能—满意度的北京市人口综合承载力研究。本章通过构建首都人口承载力的指标框架，采用多目标规划中的可能—满意度分析方法，对首都北京的人口承载力从自然资源、城市环境资源、城市基础设施、社会资源和经济资源五个方面，全面定量计算了当前和2020年两个时段的人口承载力，并对不同时期影响首都人口承载力的主要限制因子及其关系进行了定量的分析对比。

第九章是对北京市未来的水资源人口承载力的系统动力学模拟。水资源是决定北京市人口承载力的最"短板因素"之一，因此本章从动态角度，选择系统动力学方法对北京市的水资源人口承载力进行了定量的动态分析。模型中考虑了地表水、地下水、再生水以及南水北调等供水因素，同时考虑了工农业发展用水、生态用水和生活用水量的变动及其用水结构等变量以及它们的变化和相互作用对人口承载力的影响，并对上述因素影响下的北京市未来人口承载力情况进行了多种方案的模拟仿真。

第四篇是北京市人口—资源环境关系和协调性评价。这一篇包括2章。

第十章是关于北京市人口—资源—环境耦合关系的分析。通过构建人口系统和资源环境系统综合指标评价体系，运用灰色关联分析法构建出人口与资源环境交互作用的关联度模型和耦合度模型，从定量角度揭示北京市人口与资源环境系统耦合的主要因素。通过利用灰色关联分析遴选出胁迫资源环境的9项人口指标和约束人口的11项环境指标排序，结果表明两系统各指标间的关联度都在0.5以上，属于中等关联，表明人口与资源环境系统之间联系紧密。同时，代表人口因素的7个指标与资源环境系统的关联度都在0.6以上，关联性较强，其中对资源环境作用最明显的人口因素分别为家庭户数、非农产业从业人员比重，以及人均受教育年限，人口规模与资源环境的关联并没有预期中那么明显。此外，从2001—2010年，人口因素与资源环境系统的关联呈现阶段性与波动性特征。2001—2003年，与资源环境关联度最高的为家庭户数量，2004—2006年，非农产业从业人员比重与资源环境的关联性更为明显，2007—2010年，家庭户数量再次成为与资源环境系统关联性相对最高的人口因素。

第十一章是关于北京市人口—资源—环境协调状况的评价研究。本章采用主成分法对北京市人口、经济和环境系统进行综合评价，通过建立变异系数协调度模型对北京市1996—2010年协调度进行定量分析。结果表明，这些年北京市的协调度在不断提高，但协调水平仍然不高。其中，外来人口对北京市的协调度提升起到了正向的推动作用，未来仍需注重提高劳动者素质，提升人口发展水平，继续转变经济增长方式和巩固环境治理效果。

第五篇是关于北京市协调人口、资源、环境的政策建议。本篇包括2章的内容。

第十二章是未来北京市人口变动及其资源环境承载压力。在采用人口预测模型对北京市人口规模结构进行预测的基础上，结合第八章的内容，分析了未来的人口超载情况，以及超载后可能产生的资源环境后果和问题。

第十三章是关于北京市协调人口、资源、环境的政策建议。分别从调控人口和改善资源环境状况两个角度，提出了协调北京市人口资源环境的相关政策建议。

本书由下列人员参与撰写：前言，童玉芬；第一章，童玉芬、张航空、武玉、韩茜、张莉莎、郑冬冬、董芷含、张大磊；第二章，童玉芬、卓文君、刘云晨；第三章，童玉芬；第四章，韩茜、童玉芬、王祎俊；第五章，李月、童玉芬；第六章，李铮、张莉莎、童玉芬；第七章，童玉芬；第八章，童玉芬、刘广俊、王红涛；第九章，童玉芬；第十章，刘佳、张大磊、童玉芬；第十一章，刘长安、童玉芬；第十二章，李月、童玉芬、肖周燕；第十三章，童玉芬。全书由童玉芬修改、统稿与定稿。刘传奇、王莹莹和王晓蕾三位同学参与了统稿工作。

限于我们的水平和实践经验，本书难免存在这样或那样的缺点甚至错误，诚恳希望读者批评指正，以便不断完善和提高水准。

童玉芬

2012年5月于京南花乡

目录
Contents

第一篇 北京市的人口与资源环境基础 ……………………（ 1 ）

第一章 北京市的人口变动与现状特点 ……………………（ 3 ）

1.1 北京市人口规模变动特点 ……………………………（ 3 ）

1.2 北京市人口空间分布特点 ……………………………（ 12 ）

1.3 北京市人口结构变动特点 ……………………………（ 18 ）

1.4 北京市人口质量变动特点 ……………………………（ 28 ）

1.5 北京市人口流动与迁移特点 …………………………（ 36 ）

第二章 北京市的自然资源基础与生态环境特点 ……………（ 42 ）

2.1 北京市的自然地理概貌 ………………………………（ 42 ）

2.2 北京市的自然资源基础 ………………………………（ 43 ）

2.3 生态环境特点和主要环境问题 ………………………（ 57 ）

第三章 北京市人口—资源—环境关系的理论分析 …………（ 69 ）

3.1 人口与资源环境的相互作用机制与途径 ……………（ 69 ）

3.2 北京市人口因素对资源环境的影响之表现 …………（ 73 ）

3.3 北京资源环境对人口变动的影响机制和途径 ………（ 83 ）

第二篇 北京市人口变动对环境资源影响的实证研究 ……………………………………………………（ 87 ）

第四章 北京市人口变动对环境污染的定量研究——以碳排放为例 …………………………………………（ 89 ）

4.1 相关文献回顾与评述 …………………………………（ 91 ）

4.2 相关概念界定及其碳排放的影响因素 ………………（ 93 ）

4.3　北京市碳排放的状况与特征 ………………………………………（ 98 ）
4.4　北京市人口因素对碳排放影响的定量分析 ………………………（104）
4.5　本研究的基本结论与政策建议 ………………………………………（117）

第五章　北京市生态足迹变动及其影响因素分析 ………………………（124）
5.1　生态足迹方法的介绍 …………………………………………………（126）
5.2　北京市生态足迹现状及变动轨迹 ……………………………………（128）
5.3　人口及相关因素对北京市生态足迹变化的影响分析 ……………（138）
5.4　基本结论与对策建议 …………………………………………………（149）

第六章　北京水资源压力的人口驱动作用定量分析 ……………………（152）
6.1　关于水资源压力的概念和衡量指标构建 …………………………（153）
6.2　水资源压力指数变动情况 ……………………………………………（155）
6.3　水资源压力的驱动因素及影响后果的定量分析 …………………（157）
6.4　基本结论 ………………………………………………………………（170）

第三篇　北京市资源环境对人口的制约和影响 …………（173）

第七章　关于北京市人口承载力研究的相关理论问题 …………………（175）
7.1　人口承载力的起源与天然缺陷 ………………………………………（177）
7.2　特大城市——北京市人口承载力研究的现状与范式 ……………（186）
7.3　基本结论与思考 ………………………………………………………（192）

第八章　基于可能—满意度分析的北京市人口承载力测算 ……………（193）
8.1　城市人口承载力的概念与主要影响因素 …………………………（193）
8.2　本章的研究思路与框架 ………………………………………………（199）
8.3　方法选择及模型简介 …………………………………………………（200）
8.4　北京市人口承载力测算的指标选择 …………………………………（204）
8.5　北京市人口承载力的测算结果 ………………………………………（204）
8.6　基本结论与讨论 ………………………………………………………（212）

第九章　北京市人口承载力的动态模拟分析 ……………………………（213）
9.1　研究首都人口水资源承载力的意义和目的 ………………………（213）
9.2　方法选择及简介 ………………………………………………………（214）

  9.3 模型结构与建模原理 ……………………………………（215）
  9.4 北京市水资源开发利用状况及形势分析 ………………（216）
  9.5 北京市水资源承载力的不同方案设定 …………………（220）
  9.6 基本结论 ……………………………………………………（225）

第四篇 北京市人口—资源环境关系和协调性评价 …（227）

 第十章 北京市人口与资源环境的灰色关联性分析 ……………（229）
  10.1 研究的目的和意义 ………………………………………（229）
  10.2 方法的选择和计算原理 …………………………………（230）
  10.3 北京市人口与资源环境灰色关联模型及计算 …………（233）
  10.4 基本结论 …………………………………………………（239）
 第十一章 人口、经济和环境的协调性评价 ……………………（241）
  11.1 问题的提出 ………………………………………………（241）
  11.2 北京市人口—资源—环境—经济协调评价的基本原理和
     步骤 ………………………………………………………（243）
  11.3 系统分析及评价指标体系的构建 ………………………（244）
  11.4 系统协调性评价过程与结果 ……………………………（246）
  11.5 本研究的基本结论和未来的展望 ………………………（254）

第五篇 未来人口与资源环境关系变动及其政策
     选择 ………………………………………………………（263）

 第十二章 北京市未来人口变动趋势及其对环境的超载压力 ………（265）
  12.1 未来北京市的人口变化 …………………………………（265）
  12.2 未来北京市人口承载力超载程度判断及其可能的后果 ……（273）
 第十三章 关于北京市协调人口资源环境的政策建议 ……………（279）
  13.1 指导思想 …………………………………………………（279）
  13.2 北京市人口、资源、环境协调发展的重点 ……………（280）
  13.3 政策建议 …………………………………………………（280）

参考文献 ……………………………………………………………（296）

第一篇

北京市的人口与资源环境基础

第一章 北京市的人口变动与现状特点

任何一个国家或者地区的人口状况及其变动,都将对相应的经济社会发展、自然资源开发利用以及生态环境等产生作用,同时也受到这些条件的制约。因此了解人口的动态变动过程及其基本特征,就成为分析地区或者城市发展过程中各种与人口相关的因素之间相互关系的基础。

北京市因其在全国所处的特殊政治、经济地位,以及本身的自然环境基础特点,因此人口状况也呈现出本身所特有的变动特征,体现在人口规模、人口结构、空间分布与流动以及人口素质等多个方面。

1.1 北京市人口规模变动特点

1.1.1 人口规模巨大,跻身于世界大城市前列

1991年,联合国有关部门把800万人口以上的城市定为特大城市,目前世界公认的国际化大城市,人口规模一般在800万~1500万人左右。根据全国第六次人口普查资料数据显示,2010年北京市常住人口规模达到1961.9万人,其中常住外来人口规模达到704.5万人。北京市内城区常住人口规模达到1171.6万人,内城区人口规模在世界各大城市中已经排名第5位。可见,仅从城市人口规模上来讲,北京已经达到国际化大城市的水平,其他国际化大城市如纽约、东京在2010年人口规模分别为817.5万人和894.9万人,均小于北京市的人口规模(见表1—1)。

表 1—1　　　　　　世界大城市排名（不包括郊区）

排名	城市	国家	人口（万人）	年份
1	上海	中国	1 783.6	2011
2	卡拉奇	巴基斯坦	1 299.1	2008
3	孟买	印度	1 247.8	2011
4	达卡	孟加拉国	1 187.5	2011
5	北京	中国	1 171.6	2010
6	莫斯科	俄罗斯	1 151.4	2010
7	伊斯坦布尔	土耳其	1 136.9	2007
8	圣保罗	巴西	1 124.4	2010
9	天津	中国	1 109.0	2010
10	广州	中国	1 107.0	2010
11	德里	印度	1 100.7	2011
12	深圳	中国	1 035.7	2010
13	首尔	韩国	982.0	2005
14	雅加达	印度尼西亚	958.8	2010
15	东京	日本	894.9	2010
16	墨西哥城	墨西哥	887.3	2010
17	班加罗尔	印度	842.5	2011
18	东莞	中国	822.0	2010
19	纽约	美国	817.5	2010
20	伦敦	英国	775.3	2009

注释 1：城市（相对于集群）是指受到城市的限制。
注释 2：北京市人口是基于核心区人口计算，包括东城区、西城区、朝阳区、丰台区、石景山区、海淀区。
注释 3：上海市人口是基于核心区人口计算，包括黄浦区、卢湾区、徐汇区、长宁区、静安区、普陀区、闸北区、虹口区、杨浦区、闵行区、宝山区、嘉定区、浦东区。
注释 4：广州市人口包括所有的 10 个区。
注释 5：孟买人口是基于孟买城和孟买郊区人口计算。
数据来源：http://www.geohive.com/earth/cy_notagg.aspx。

1.1.2　城市人口规模经历了多次波动增长，目前处于有史以来人口增长最快的时期

　　北京作为中国历史上的古都，其发展历史非常久远，然而可供研究的人口数据却十分缺乏。新中国成立以后随着人口普查的逐步开展，人口统计的数据资料也日益完善。新中国成立 60 多年来，北京市的常住人口规模经历了

不同的发展阶段，呈现出不同的变动特点（见图1—1）。常住人口按时间的发展变化可以分为以下五个阶段。

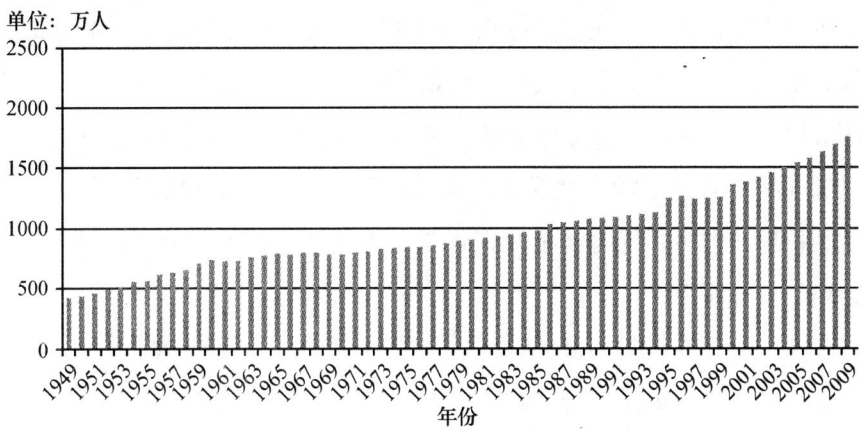

图1—1 1949—2010年北京市常住人口规模的变动过程

数据来源：《北京市人口统计资料汇编（1949—1987）》《北京统计年鉴（2011）》。

1. 1949—1960年，人口呈现出以自然增长为主的第一次高速增长阶段

新中国成立初期，经济逐渐恢复，生活条件和医疗卫生各方面的条件不断改善，人口死亡率下降，同时由于人们在多年战乱中恢复后出现的补偿性生育以及当时人口自发的无计划状态，导致人口的自然增长出现第一个高峰。同时，由于北京大规模兴建各类机关、学校等，从全国各地调入大量干部和城市建设者，户籍迁移人口增长迅速。此外，这一阶段北京市的行政区划也有所扩大，例如1949年北京市只有7个城区，1961年扩展为18个区县。因此，新中国成立后的这11年里，人口呈现出第一次增长高峰，常住人口从1949年的420.1万增长到1960年的739.6万人，年均增长29万人，人口年均增长率达到53‰。

2. 1961—1970年，人口规模增长缓慢且呈现较大的波动性

20世纪60年代，北京市经历了三年自然灾害和"文化大革命"，人口增长出现较大幅度的波动，总体上处于缓慢增长甚至停滞阶段。1970年常住人口为784.3万人，比1961年仅增加了55.1万人。这9年的年均人口增加量仅为6.1万人，年均增长率为8‰，与前11年相比，年均增长率减少了45‰。

此阶段人口增长缓慢且波动幅度大的主要原因，是因为出现了两次人口

增长低谷：一是60年代初三年经济困难时期。一方面，人口出生率下降而人口死亡率上升，导致人口自然增长率下降甚至一度出现负值。另一方面，根据中央"调整、巩固、充实、提高"的方针，北京市开始大量压缩基本建设规模，精减人员，动员大量大跃进时期进城当工人的农民返乡，导致人口净迁出规模增加。这两方面原因导致北京市在60年代初人口一度呈现负增长；二是1966—1970年"文化大革命"期间，虽然出生率得到恢复，但大批干部和工人被送回农村，同时大批知识青年上山下乡，导致大量人口迁出，引起人口增长再度停止。

3. 1971—1990年，人口增长进入比较平稳的缓慢增长阶段

从20世纪70年代开始，北京市人口变动进入了一个新的阶段。首先是70年代初开始国家实行了计划生育政策，鼓励少生优生、限制多胎生育，因此北京市的自然增长率明显下降，自然增长率降低到1990年的7.5‰；人口开始向"低生育率、低死亡率和低自然增长率"的"三低"模式发展。另一方面，1970年以后，随着中国社会逐步由动乱走向安定，从农村返城的知识青年和一些错划为右派的知识分子等不断返回北京，导致迁入人口增加，但当时受整个国家经济社会发展的影响，北京市社会形态依然比较封闭，人口流动受到户籍制度的限制，因此人口增长依然以自然增长为主要增长模式，外来人口规模虽然逐步增大，但在总人口中的比重依然较低，不到6%。总的看来，这一阶段北京市人口规模增长缓慢但比较平稳，1990年常住人口达到1 086万，比1970年增长了301.7万人，年均增长15万人，年均增长速度基本保持在16‰左右。

4. 1991—1999年，人口增长再次出现明显波动

在这8年中，北京市常住人口共增加了163.2万人，年均增长20万人，年均增长率9‰。人口再次进入大起大落的波动性增长阶段。

这个阶段，人口自然增长率继续降低，从1990年的7.3‰，减少到1999年的0.9‰，出现了第二次生育低谷，人口进入了"三低"的发展模式，人口自然增长对总人口增长的贡献逐渐减小；然而90年代初期，全国农民工进城打工进入高潮。邓小平南巡讲话，以及1992年10月党的十四大的召开，确立了发展社会主义市场经济框架，为流动人口的进入提供了大量就业机会，

北京的发展也进入了加速轨道。同时，政府放开了在食品和其他生活必需品方面的供应制度，农民自带口粮进京，使得北京市流动人口在90年代初期达到一个高潮，1995年北京市的外来人口规模已经达到了181万人，在常住人口中的比例达到了14%以上。然而从1995年年末开始，在中央关于调控流动人口政策的大背景下，北京市也采取了严格的流动人口行政控制手段，导致流动人口规模出现了明显减少。1997年北京市外来人口规模出现了－1.54%的负增长，外来人口比上一年减少了27万人。

5. 2000—2010年，北京市人口规模急速膨胀，外来人口增长成为最重要的原因

2000年以来，北京市总人口规模开始一路飙升。2010年常住人口规模达到1 961.9万人，比2000年增加了598.3万人，年均增加近59.8万人，人口增长的绝对数和速度出现明显加快的态势，2010年常住人口年增加人数就达到了206.9万人次。这个时期，北京市常住人口自然增长率略有回升，自然增长人口数略有增加；迁移增长仍占整个人口增长的主要部分，并且增长十分迅速。

2000年北京市外来人口规模已经达到256万人，占到全市常住人口规模的18.78%，2005年外来人口达到357万人，2010年外来人口规模进一步达到704万人，占到全市常住人口的36%。这一阶段，全国范围内打破了城乡分割的户籍管理体系，实行了以实际居住地登记常住户口的户籍制度，进一步消除了城乡人口流动的制度障碍；同时，中央对流动人口实施"公平对待、合理引导、完善管理，搞好服务"的政策，极大地促进了外来人口向北京的流动。此外，从2001年开始，北京市取消了对外来人口从业的工种限制；2003年又取消了对外来人口的7项行政管理性收费，同时加大了政府公共服务的力度；2008年奥运会引发的新一轮建设高潮，都在很大程度上促进了外来人口的增长。

1949—2010年北京市人口规模及其增长状况见表1—2。

1.1.3 外来人口的流入已经取代自然增长成为北京市人口增长的最重要原因

在20世纪90年代中期以前，北京市常住人口的增加一直是以自然增长为主，同时北京市行政区划的扩大也在早期的人口增长中起到很大作用，人

表 1—2　　　　　　1949—2010 年北京市人口规模及其增长状况

年份	常住人口（万人）	人口净增加规模（万人）	常住人口年增长率（%）
1949	420.1	—	—
1950	439.3	19.3	4.60
1951	463.6	24.3	5.53
1952	489.9	26.3	5.67
1953	512.8	22.9	4.67
1954	555.7	42.9	8.37
1955	563.8	8.1	1.46
1956	617.4	53.6	9.51
1957	633.3	15.9	2.58
1958	658.8	25.5	4.03
1959	706.8	48	7.29
1960	739.5	32.7	4.63
1961	729.2	−10.3	−1.39
1962	732.2	3	0.41
1963	757.9	25.7	3.51
1964	776.3	18.4	2.43
1965	787.1	10.8	1.39
1966	781.9	−5.2	−0.66
1967	796.4	14.5	1.85
1968	794.7	−1.7	−0.21
1969	779.6	−15.1	−1.90
1970	784.3	4.7	0.60
1971	797.4	13.1	1.67
1972	809.2	11.8	1.48
1973	825.9	16.7	2.06
1974	836.8	10.9	1.32
1975	844.4	7.6	0.91
1976	845.1	0.7	0.08
1977	860.5	15.4	1.82
1978	871.5	11	1.28
1979	897.1	25.6	2.94

续表

年份	常住人口（万人）	人口净增加规模（万人）	常住人口年增长率（%）
1980	904.3	7.2	0.80
1981	919.2	14.9	1.65
1982	935.0	15.8	1.72
1983	950.0	15.0	1.60
1984	965.0	15.0	1.58
1985	981.0	16.0	1.66
1986	1 028.0	47.0	4.79
1987	1 047.0	19.0	1.85
1988	1 061.0	14.0	1.34
1989	1 075.0	14.0	1.32
1990	1 086.0	11.0	1.02
1991	1 094.0	8.0	0.74
1992	1 102.0	8.0	0.73
1993	1 112.0	10.0	0.91
1994	1 125.0	13.0	1.17
1995	1 251.1	126.1	11.21
1996	1 259.4	8.3	0.66
1997	1 240.0	−19.4	−1.54
1998	1 245.6	5.6	0.45
1999	1 257.2	11.6	0.93
2000	1 363.6	106.4	8.46
2001	1 385.1	21.5	1.58
2002	1 423.2	38.1	2.75
2003	1 456.4	33.2	2.33
2004	1 492.7	36.3	2.49
2005	1 538.0	45.3	3.03
2006	1 581.0	43.0	2.80
2007	1 633.0	52.0	3.29
2008	1 695.0	62.0	3.80
2009	1 755.0	60.0	3.54
2010	1 961.9	206.9	11.79

数据来源：《北京市人口统计资料汇编（1949—1987）》《北京统计年鉴（2011）》，其中人口净增加规模、常住人口年增长率根据以上年鉴数据计算得出。

口的迁移流动由于受到户籍制度的限制,以及北京市历次向外迁出人口的运动,因而在总人口增长中作用并不明显。但是从 20 世纪 90 年代中后期以来,由于出生率和自然增长率都已经进入低增长阶段,对人口规模增加的贡献逐步减弱。相反,由于北京市的经济发展和对外来人口政策的放松,全国各地进入北京的流动人口,尤其是进京务工经商的农村人口开始大规模增长,人口流动逐渐成为北京市人口增长的主要原因。而且,正是由于外来人口大规模的快速增长,使得北京市总人口规模也呈现出空前快速的增长(见图 1—2)。

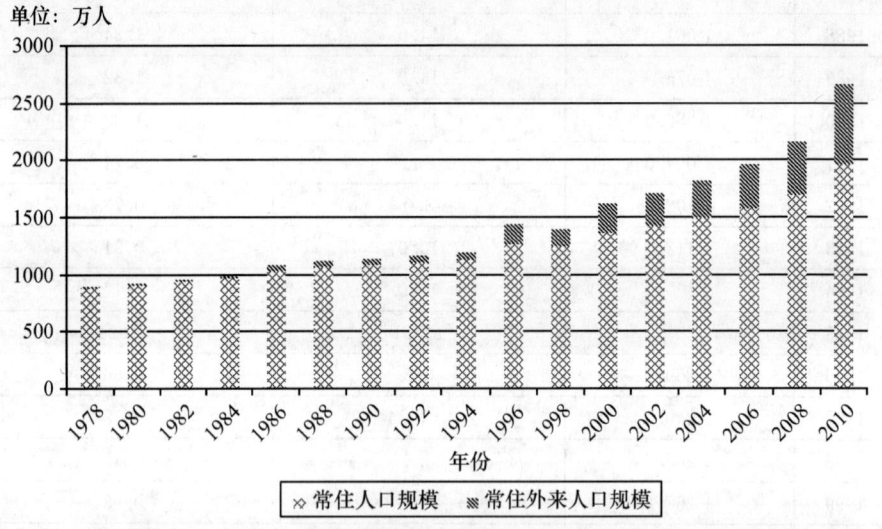

图 1—2　1978—2010 年北京市常住人口及外来人口总量变化

数据来源:《北京统计年鉴(2011)》。

表 1—3 是北京市常住人口、外来人口的规模以及增长情况。可以清楚地看到,改革开放 30 多年里,每年自然增长的人口规模呈波动性下降,从最高时 1987 年的 12.45 万人,逐年下降到每年 1 万~2 万人,2003 年甚至为负增长。近年来随着外来人口的增加和总人口规模的扩大,每年自然增加的人口逐步上升到 6 万人左右,但是与每年的新增外来人口相比,比重还是非常小。与此同时,近年来,外来人口每年的增长规模都保持在 40 万人以上,2010 年北京市外来人口规模比重已经达到 36%,外来人口新增量占常住人口增加量的比重已经高达 94.5%(见表 1—3)。

表 1—3　　北京市历年常住人口以及常住外来人口增长情况

年份	常住人口规模（万人）	人口净增加规模（万人）	常住人口自然增长数（万人）	常住外来人口规模（万人）	外来人口年净增加量（万人）	常住外来人口比重（%）
1978	871.50	—	5.93	21.80	—	2.50
1979	897.10	25.6	6.95	26.50	4.70	2.95
1980	904.30	7.2	8.37	18.60	−7.90	2.06
1981	919.20	14.9	10.03	18.40	−0.20	2.00
1982	935.00	15.8	13.43	17.20	−1.20	1.84
1983	950.00	15.0	9.63	16.80	−0.40	1.77
1984	965.00	15.0	10.82	19.80	3.00	2.05
1985	981.00	16.0	9.52	23.10	3.30	2.35
1986	1 028.00	47.0	11.67	56.80	33.70	5.53
1987	1 047.00	19.0	12.45	59.00	2.20	5.64
1988	1 061.00	14.0	9.92	59.80	0.80	5.64
1989	1 075.00	14.0	8.05	53.90	−5.90	5.01
1990	1 086.00	11.0	7.85	53.80	−0.10	4.95
1991	1 094.00	8.0	2.42	54.50	0.70	4.98
1992	1 102.00	8.0	3.43	57.10	2.60	5.18
1993	1 112.00	10.0	3.55	60.80	3.70	5.47
1994	1 125.00	13.0	3.60	63.20	2.40	5.62
1995	1 251.10	126.1	3.50	180.80	117.60	14.45
1996	1 259.40	8.3	3.38	181.70	0.90	14.43
1997	1 240.00	−19.4	2.34	154.50	−27.20	12.46
1998	1 245.60	5.6	0.87	154.10	−0.40	12.37
1999	1 257.20	11.6	1.13	157.40	3.30	12.52
2000	1 363.60	106.4	1.23	256.10	98.70	18.78
2001	1 385.10	21.5	1.11	262.80	6.70	18.97
2002	1 423.20	38.1	1.24	286.90	24.10	20.16
2003	1 456.40	33.2	0.13	307.60	20.70	21.12
2004	1 492.70	36.3	1.10	329.80	22.20	22.09
2005	1 538.00	45.3	1.68	357.30	27.50	23.23
2006	1 581.00	43.0	2.04	383.40	26.10	24.25
2007	1 633.00	52.0	5.55	419.70	36.30	25.70
2008	1 695.00	62.0	5.80	465.10	45.40	27.44
2009	1 755.00	60.0	6.14	509.20	44.10	29.01
2010	1 961.90	206.9	6.02	704.70	195.50	35.92

数据来源：《北京统计年鉴（2011）》，其中人口自然增长数、外来人口净增加量、常住外来人口比重根据以上年鉴数据计算得出。

1.2 北京市人口空间分布特点

1.2.1 人口分布总体上呈现由内到外的同心圆分布，人口密度依次降低

大城市人口分布的基本模式一般都是从中心由内向外发展，人口分布变动和城市化的发展多呈同心圆的分布模式。人口分布的特点是市中心人口密度最高，其次是同心圆外部人口密度逐渐降低，总体上呈同心环状分布模式，北京市人口分布也基本遵循这样一种模式。

根据全国第六次人口普查资料分析显示，北京市2010年人口密度为1 195人/平方公里。按照北京市功能分区的划分方法①，首都功能核心区的人口密度最高，为23 407人/平方公里，其中西城区的人口密度高达24 605人/平方公里；按区域由内圈向外扩展，人口密度依次减小，城市功能拓展区的人口密度为7 488人/平方公里，城市发展新区为958人/平方公里，生态涵养发展区为213人/平方公里。北京市人口密度呈现典型的同心圆分布（见表1—4和图1—3）。

表1—4　　　　　2010年北京市分地区常住人口密度

地区	土地面积（平方公里）	常住人口（万人）	常住人口密度（人/平方公里）
全市	16 410.54	1 961.9	1 195
首都功能核心区	92.39	216.2	23 407
东城区	41.86	91.9	21 960
西城区	50.53	124.3	24 605
城市功能拓展区	1 275.93	955.4	7 488
朝阳区	455.08	354.5	7 790
丰台区	305.80	211.2	6 907
石景山区	84.32	61.6	7 306
海淀区	430.73	328.1	7 617
城市发展新区	6 295.57	603.2	958

① 依照北京城市总体规划关于"两轴—两带—多中心"和城市次区域划分的设想，遵循"优化城区、强化郊区"的原则，把全市18个区县从总体上划分为首都功能核心区、城市功能拓展区、城市发展新区和生态涵养发展区四类区域。

续表

地区	土地面积（平方公里）	常住人口（万人）	常住人口密度（人/平方公里）
房山区	1 989.54	94.5	475
通州区	906.28	118.4	1 307
顺义区	1 019.89	87.7	860
昌平区	1 343.54	166.1	1 236
大兴区	1 036.32	136.5	1 317
生态涵养发展区	8 746.65	186.4	213
门头沟区	1 450.70	29.0	200
怀柔区	2 122.62	37.3	176
平谷区	950.13	41.6	438
密云县	2 229.45	46.8	210
延庆县	1 993.75	31.7	159

数据来源：《北京统计年鉴（2011）》。

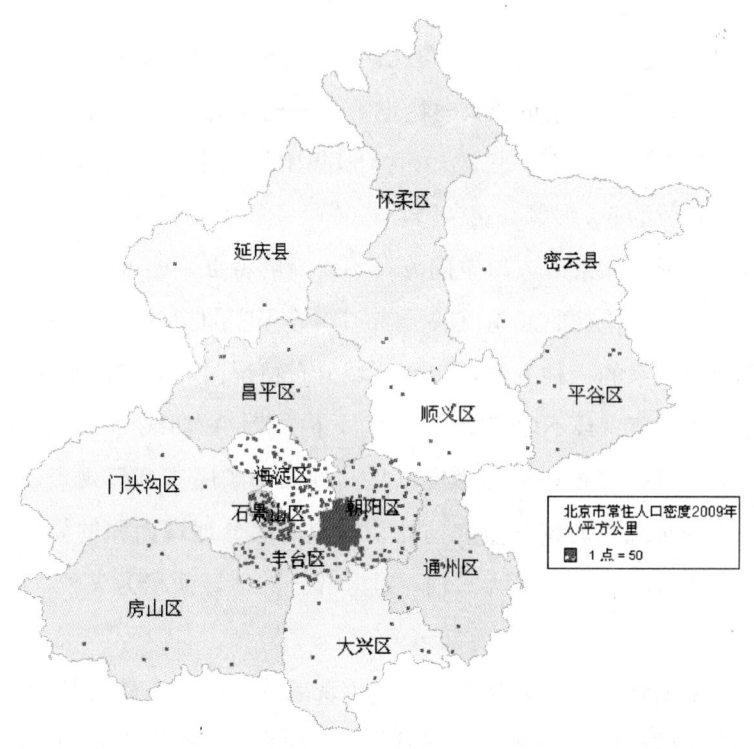

图1—3 北京市各区人口密度分布图

数据来源：《北京统计年鉴（2011）》。

1.2.2 人口空间分布呈现高度不均衡性

北京市不同区县之间的人口密度差异巨大,西城区人口密度最高,达到 24 605 人/平方公里,延庆县人口密度最低,只有 159 人/平方公里,二者相差 154 倍之巨。从北京的内城区(首都功能核心区和城市功能拓展区)和外城区(城市功能发展新区和生态涵养区)对比来看,内城人口密度是外城的 26.4 倍。可见人口分布不均衡是其显著的特点。

人口密度是指分布现象在地域内平均每个单位面积的统计量,其假定前提是人口分布为均匀。而"集中指数(C)"是测量特定的分布现象是集中分布在特定地域,还是均等分布的指标,取值范围是 0~1。它可以用以下的公式来表示:

$$C = 0.5 \sum_i | X_i - Y_i | \text{①}$$

这里:X_i 表示分布现象统计量的百分比,Y_i 表示对应部分地域的百分比。

C 值越小,越接近于 0,则分布现象对特定地域的偏向越小,表示均等分布;相反,C 值越大,分布现象向特定的部分地域的集中度越大,表示不均等分布。经学者计算,北京市 2010 年人口集中指数为 52.84%,高于全国平均人口集中指数的 50.94%(黄荣清,2009)。

为了直观反映北京市人口空间分布不均衡的特点,还可以采用劳伦兹曲线方法来表示。劳伦兹曲线是反映分布不均等程度的指标,作为反映二类现象分布的对应关系的一种方法,用在地域分布情况时,则可用来测定现象的地域分布的均等度(或不均等度)。地域分布的劳伦兹曲线可以这样作出:首先,把部分地域按分布现象的密度以从高到低的顺序排列且规定一个等级,再计算各个分布现象的统计量和与此相对应的部分地域面积的累计百分比,然后以分布现象的累积频率为横轴,对应部分的地域面积为纵轴,画出其轨迹。

若劳伦兹曲线与对角线越近,则表示现象的地域分布越均等;离对角线越远,则表示越不均等。图 1—4 是计算的北京市人口空间分布的劳伦兹曲线

---

① 黄荣清. 地域分析方法. 北京:中国人事出版社,2009.

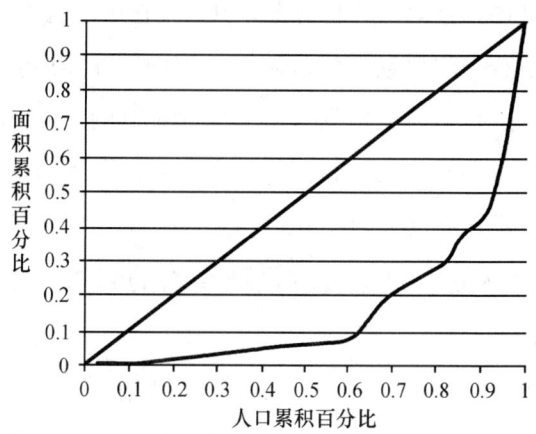

图 1—4 2010 年北京市人口空间分布的劳伦兹曲线

数据来源：根据《北京统计年鉴（2011）》北京市分区人口、分区土地面积和人口密度计算而得。

图，可以看到劳伦兹曲线距离对角线比较远。

为了定量表示这种不均等程度，可以通过计算对角线和曲线组成的面积来表示，计算得到的面积值称为基尼指数或基尼集中系数。基尼指数的值阈范围为 0～0.5，当各地域的人口比重和对应的面积比重完全一致时，则该曲线和对角线重合，说明人口在各地域呈均等分布，这时基尼指数的值为 0；曲线离对角线越远，说明地域的人口数量与它的面积大小不一致，人口在各地域呈集中分布，这时基尼指数的值也越大。根据劳伦兹曲线所得函数进行计算，得到 2010 年北京的基尼指数达到 0.291，远远大于纽约、伦敦和香港等几个国际大都市的基尼指数，与东京相近（见表 1—5）。

北京人口高度集中在中心城的原因主要是城乡二元结构问题突出，优势

表 1—5　　　　　　　　各大城市人口的基尼指数

城市名称	纽约（2008）	伦敦（2010）	东京（2009）	香港（2006）	北京（2010）
基尼指数	0.173	0.097	0.288	0.125	0.291

数据来源：1. 纽约数据来源于美国人口调查局发布的年鉴《New York State Statistical Year Book》；2. 伦敦数据来源于 Office for National Statistics UK；3. 东京数据来源于 Bureau of Social Welfare and Public Health, T. M. G.；4. 香港数据来源于香港统计局发布的历年《香港统计年鉴》；5. 北京数据来源于历年《北京市统计年鉴》。以上数据均根据人口总量和人口密度，按照基尼指数计算公式计算而得。

资源集中在中心城内,且第三产业主要集中分布在中心区内,据2010年北京市第二次全国经济普查主要数据公报显示,北京市首都功能核心区和城市功能拓展区的第三产业数量为24.7万个,占整个地区的75.4%,可以说绝大多数的第三产业集中分布在中心城,而第三产业对就业人口的吸纳能力高,因此内城对人口的流动产生巨大的吸引力。

1.2.3 各大区域人口密度均呈现增长的趋势,但以功能拓展区的增长最为显著

随着总人口的增大,北京市人口密度也持续增高,而且越来越快(见图1—5),1978年北京市人口密度仅为531人/平方公里,2008年突破1 000人/平方公里大关,到2010年北京市人口密度已经达到1 195人/平方公里,是1978年的2.25倍。

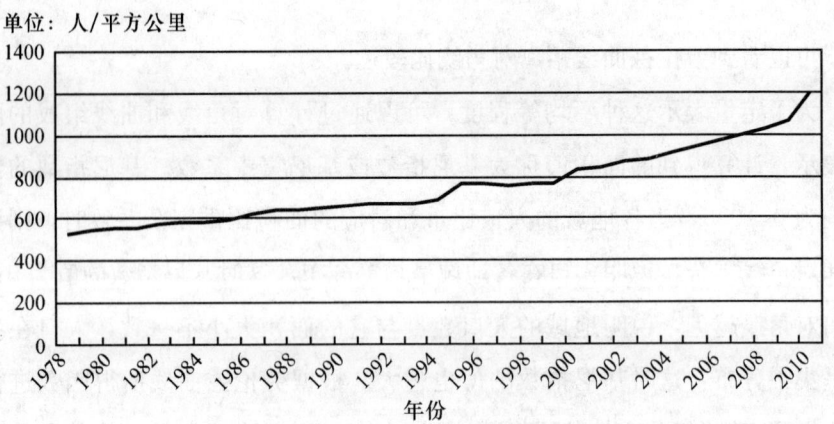

图1—5　1978—2010年北京市常住人口密度变化

数据来源:北京市历年统计年鉴。

各个区的人口密度都呈现增加的趋势,但是各个区的人口密度增长并不均衡。其中,以城市功能拓展区的人口密度增加最为迅速,近5年来人口密度从5 862人/平方公里增加到7 488人/平方公里,增加幅度达到1 626人/平方公里;其次是首都功能核心区,增幅为1 197人/平方公里;城市发展新区增幅为304人/平方公里;生态涵养发展区人口增幅最小,为15人/平方公里(见表1—6)。

总体上看,北京市人口分布不均衡程度略为增加,城市功能拓展区的分

表 1—6　　　　　　2005—2010 年北京市分地区人口密度　（单位：人/平方公里）

地区	2005 年	2006 年	2007 年	2008 年	2009 年	2010 年
全市	937	963	995	1 033	1 069	1 195
首都功能核心区	22 210	22 308	22 394	22 546	22 849	23 407
东城区	20 545	20 354	20 330	20 306	20 664	21 960
西城区	23 590	23 926	24 104	24 401	24 659	24 605
城市功能拓展区	5 862	6 063	6 312	6 549	6 810	7 488
朝阳区	6 157	6 397	6 594	6 775	6 986	7 709
丰台区	5 128	5 285	5 536	5 733	5 961	6 907
石景山区	6 214	6 191	6 475	6 997	7 175	7 306
海淀区	6 004	6 238	6 533	6 802	7 155	7 617
城市发展新区	654	675	709	748	781	958
房山区	437	445	446	455	458	475
通州区	957	988	1 065	1 146	1 206	1 307
顺义区	697	704	718	711	718	860
昌平区	582	617	667	701	760	1 236
大兴区	855	887	944	1 059	1 118	1 317
生态涵养发展区	198	202	200	206	210	213
门头沟区	191	191	186	190	193	200
怀柔区	152	155	149	169	179	176
平谷区	436	445	446	448	449	438
密云县	197	202	201	205	205	210
延庆县	140	143	143	144	144	159

数据来源：《北京统计年鉴（2006—2010）》，根据 2010 年统计口径计算。

布不均等情况呈加剧趋势，外围的集中化程度则呈下降趋势。

从近年来的集中化指数变化看，总体上北京市集中化指数在逐年提高，说明北京市人口分布的不均匀趋势进一步扩大，但是变化比较缓慢。各个功能区差别较大。处于最内圈层的首都功能核心区的人口分布最为均匀，而且历年的变化不大，呈现极微弱的增长。处于中间层的城市功能拓展区的集中化指数呈现快速的上升趋势，5 年增加了 5.29 个百分点，已经接近于生态涵养发展区的集中程度。而处在外圈层的城市发展新区和生态涵养区的集中化程度呈现下降，但生态涵养区的下降趋势非常不明显。2005—2010 年各区的北京市人口集中指数详见表 1—7。

表1—7　　　2005—2010年各区的北京市人口集中指数　　　（单位：%）

	2005年	2006年	2007年	2008年	2009年	2010年
全市	51.05	51.31	51.65	51.68	52.04	52.84
首都功能核心区	4.95	4.97	4.99	5.03	5.10	5.23
城市功能拓展区	15.18	15.83	16.65	17.42	18.26	20.47
城市发展新区	8.69	8.35	7.81	7.18	6.70	5.25
生态涵养发展区	22.23	22.15	22.20	22.05	21.98	21.90

数据来源：《北京统计年鉴（2006—2010）》，根据2010年统计口径计算。

1.3　北京市人口结构变动特点

1.3.1　北京市人口性别结构特点

人口性别结构是指在一定时期内（通常为一年内），一个国家或地区的人口构成中男性或女性各在其总人口中的比例，通常用"性别比"来衡量。人口学上对人类社会或国家中的男女性别比，通常是以每100位女性所对应的男性数目为计算标准。其中根据统计对象不同，人口性别比又可分为总人口性别比、出生人口性别比、分年龄组人口性别比。总人口性别比统计对象为总人口，总人口性别比＝男性人数÷女性人数×100，经验数据表明世界上绝大多数国家总人口的性别比范围为95～102。从统计数据和历次人口普查数据资料分析来看，北京市的总人口性别比是高于世界经验数据，即95～102的范畴的。从1979年到1986年，总人口性别比从102.73逐步上升至103.97，1987年开始下降，直到1995年，一直保持在100～101之间小幅波动。1996年到1999年在102～103小幅波动。2000年总人口性别比又一次拔高至108.92，之后连续4年大幅上升至109.41，呈现出总人口性别比偏高的态势。2005年开始总人口性别比大幅下降，2005—2008年保持在103左右波动，略微偏高。根据全国第六次人口普查资料显示，2010年总人口性别比为106.75，较经验值偏高（见表1—8）。

北京市总人口性别比偏高主要是由于外来人口的性别比偏高引起的。全国第六次人口普查数据显示，常住外来人口中男性人数为382.63万人，女性

表 1—8　　　　　　北京市 1978—2010 年的总人口性别比

年份	总人口性别比	年份	总人口性别比	年份	总人口性别比
1978	103.48	1989	100.19	2000	108.92
1979	102.73	1990	100.74	2001	108.91
1980	102.53	1991	100.00	2002	109.26
1981	102.78	1992	101.09	2003	109.49
1982	102.82	1993	101.08	2004	109.41
1983	103.43	1994	100.53	2005	102.55
1984	103.59	1995	100.46	2006	104.37
1985	103.95	1996	103.00	2007	103.11
1986	103.97	1997	102.85	2008	103.38
1987	100.57	1998	102.54	2009	104.35
1988	101.33	1999	102.51	2010	106.75

数据来源：《北京市统计年鉴（2011）》。

人数为 321.82，常住外来男性人口比女性人口多了 60.81 万人，常住外来人口性别比达到 118.89，而当年户籍人口性别比为 100.52，从而使得总人口性别比偏高达到 106.75（见图 1—6）。

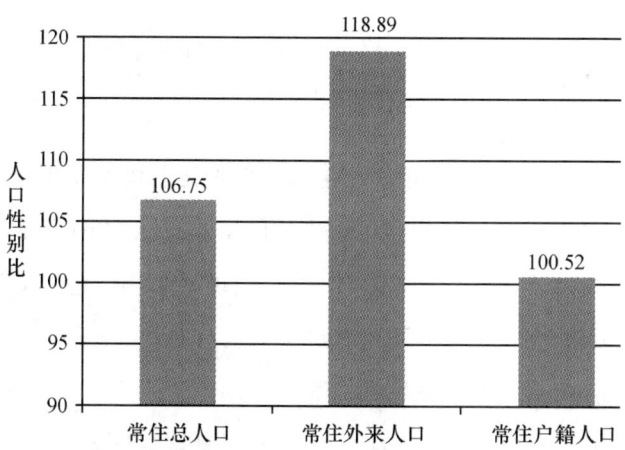

图 1—6　2010 年北京市常住人口的性别比

数据来源：根据第六次人口普查数据计算得来。

出生人口性别比是另一个反映人口性别结构的重要指标。出生人口性别比统计对象为 1 周岁内存活的婴儿，出生婴儿性别比＝某时点 1 周岁以内的男婴÷该时点 1 周岁以内的女婴数×100；联合国明确认定了出生性别比的通常值阈为102～107（出生性别比是由生物学规律决定的），其他值阈则被视为异常。

根据第六次人口普查数据显示，北京市出生人口性别比2010年为109.48，高于出生人口性别比的正常值。直接原因主要是因为外来人口出生性别比偏高所致。2010年外来人口的出生性别比高达119.45，北京市本地户籍人口性别比只有107.96（见图1—7）。

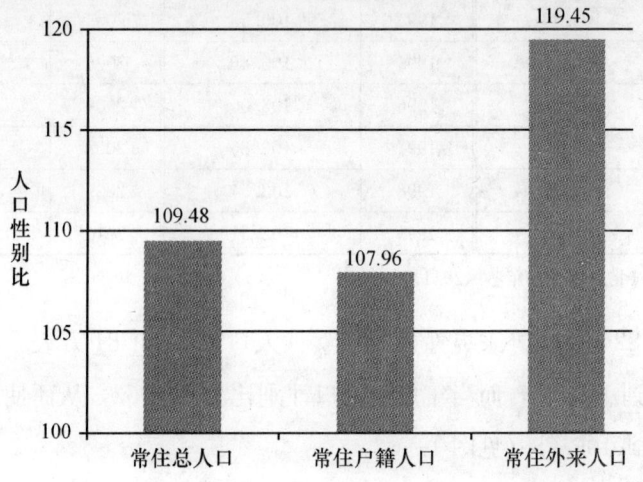

图1—7　2010年北京市出生人口性别比

数据来源：根据第六次人口普查计算得来。

从历史发展变化看，北京市的出生人口性别比总体上呈现快速上升趋势，而且从21世纪初开始就持续出现了性别比的偏高。从1964年到1980年，出生性别比从106.78上升为107.86，1990年出现了小幅下降，此后持续上升，2000年达到108.9，2010年更是高达到109.48（见图1—8）。

1.3.2　北京市人口年龄结构特点

年龄结构是一定时期、一定地域范围内，不同年龄的人口占总人口的比重的状况。不同的人口群体，由于其年龄人口的比重不同，呈现出不同的特征。不同年龄的人口对社会和人口自身发展具有不同的作用和影响，通常采用少年儿童人口系数、老年人口系数、老化指数和年龄中位数这四个指标把人口年龄结构类型分为年轻型、成年型和老年型（见表1—9）。人口年龄结构与出生、死亡、迁移等因素有着密切的关系，历来是学者研究和关注的重点。

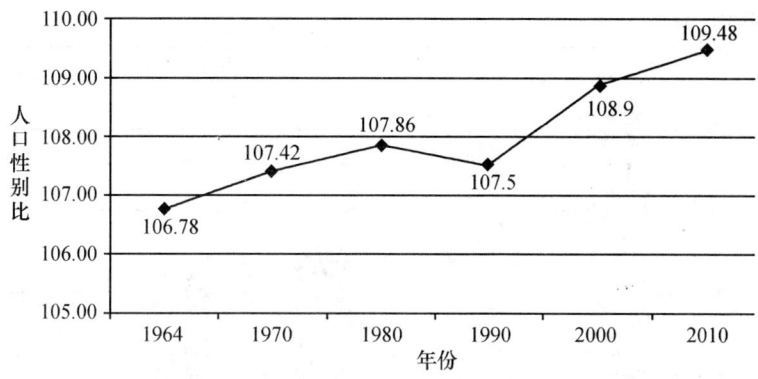

图1—8 北京市出生人口性别比的变化

数据来源：1964年、1970年、1980年数据根据北京市出生婴儿户口统计资料（北京市计划生育委员会，邹平）。1990年数据根据国家统计局人口统计司.中国1990年人口普查资料（第三册）.北京：中国统计出版社。2000年、2010年数据源于普查数据计算。

表1—9　　　　　北京市常住人口中各年龄人口构成　　　　（单位：%）

年龄＼年份	1982	1990	2000	2005	2010
0～14岁	22.38	20.16	13.59	10.28	8.61
15～64岁	71.97	73.49	77.99	78.91	82.68
65岁以上	5.65	6.35	8.42	10.81	8.71

数据来源：根据北京历年人口普查数据计算而得。

1. 少年人口比重从20世纪80年代开始呈现不断下降的趋势

少年儿童比重是指0～14岁人口占总人口的比重。改革开放以来，北京市常住人口中少年儿童比重逐渐降低（见图1—9），1982年的少年儿童比重为22.38%，1990年下降到20.16%，2000年的少年儿童比重为13.59%，2010年北京市的少年人口比重进一步下降到8.61%。与其他国际大都市相比，北京市的少年人口比重较小，以2010年伦敦市和纽约市的少年人口比重为例，二者分别为19.26%和18.30%，香港和东京的少年人口比重次之，分别为12.40%和11.31%，均大于北京市的比重。

2. 劳动年龄人口比重呈现逐年增加态势

劳动年龄人口比重是指15～64岁人口占总人口的比重。北京市15～64

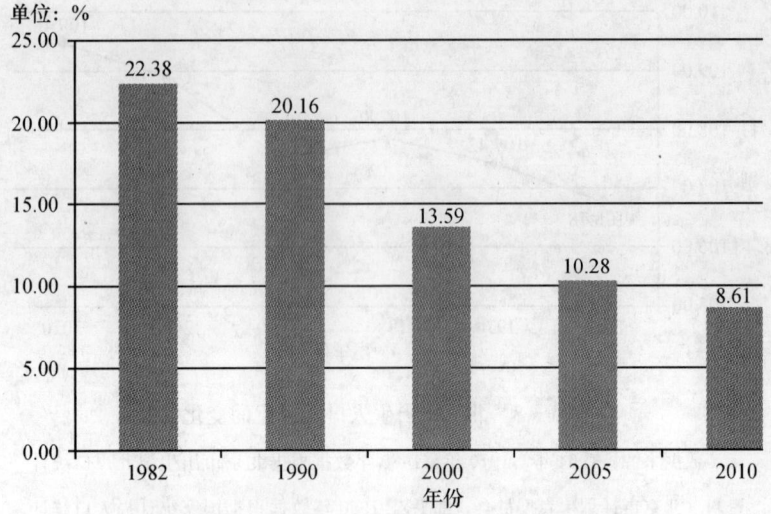

图 1—9 北京市历年少年儿童比重的变化

数据来源：根据北京历年人口普查数据计算而得。

岁劳动年龄人口比重自改革开放以来逐渐升高（见图 1—10），分别为 1982 年的 71.97%，1990 年的 73.49%，2000 年的 77.99%，2005 年的 78.91%。根据第六次人口普查资料显示，北京市 2010 年的劳动年龄人口比重为 82.68%。这个数值，比其他大都市的劳动年龄人口比重都要高。例如，中国香港地区为 74.8%，而纽约、伦敦和东京的劳动年龄人口比重均小于 70%。这说明北京目前劳动力资源非常丰富，对经济发展比较有利，但同时也给就业带来较大压力。

3. 老年人口比重逐年上升

老年人口比重是指 65 岁以上人口占总人口比重。与老年人口比重相关的人口老龄化，是指总人口中因年轻人口数量减少、年长人口数量增加而导致的老年人口比例相应增长的动态。国际上通常把 60 岁以上的人口占总人口比例达到 10%，或 65 岁以上人口占总人口的比重达到 7%作为国家或地区进入老龄化社会的标准。

改革开放以来，北京市的老年人口比重呈现出逐渐增高的态势（见图 1—11），1953 年人口普查时北京市老年人口数（65 岁以上人口）为 17.4 万人，1964 年普查为 48.3 万人，1982 年普查为 79.1 万人，1990 年普查为 109.4 万

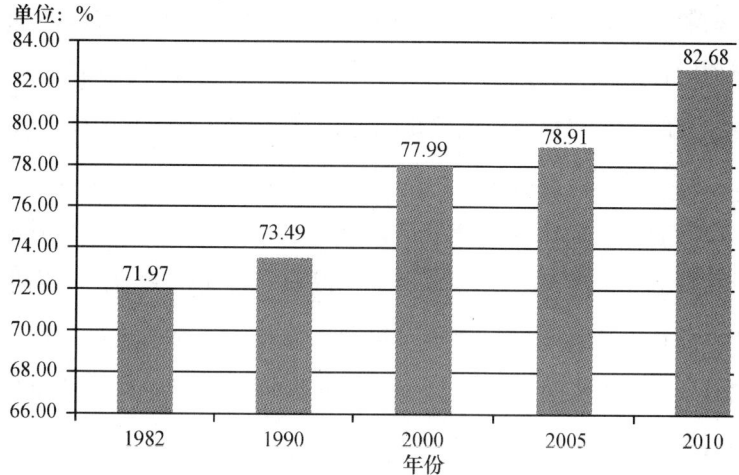

图 1—10 北京市历年劳动年龄人口比重

数据来源：根据北京历年人口普查数据计算而得。

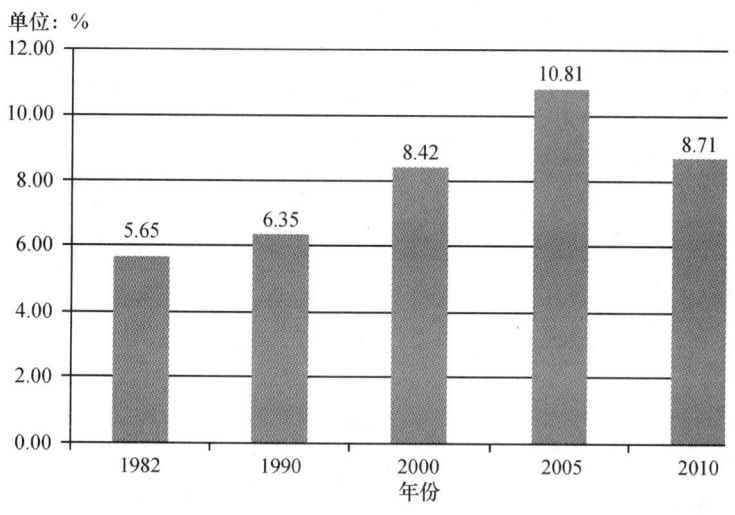

图 1—11 北京市历年老年人口比重

数据来源：北京历年人口普查数据计算而得。

人，2000 年普查为 114.29 万人，在短短四十多年的时间北京市老年人口数量增长了 6 倍之多。从比重上看，1982 年，1990 年，2000 年，2005 年的 65 岁及以上人口占总人口比重分别为 5.65%，6.35%，8.42%，10.81%。可以看出，北京市在 1990 年就已经进入了老龄化社会。第六次人口普查数据显示，2010 年北京市常住人口中，65 岁以上人口为 170.89 万人，占常住人口的

8.71%。相较于第五次人口普查,10年间,65岁及以上的人口增加了56.6万人,年均增长率为4.1%,增幅高于同期常住人口年均增长率0.35个百分点。值得注意的是,北京市的老龄化问题相对于其他大都市具有"未富先老"的特殊性,这将给北京市的养老保障等各方面带来更加严峻的挑战。

北京市的老年人口比重逐渐增高,究其原因,一是由于医疗卫生水平不断提高,在日益先进的医疗技术水平下,以前一些无法医治的疾病也有了治疗的希望。并且,随着国民经济水平以及人们生活水平的提高,使得平均寿命较之前有所升高。二是由于生育水平在短时间内下降,少年儿童比例急剧降低,使得老年人口比重相对提高。

1.3.3 北京市人口就业结构特点

北京市劳动力人口主要集中于第三产业,但是第一和第二产业人口比重依然比较高。图1—12显示的是北京市1978—2010年劳动力三次产业的就业结构变动情况,可以看到,第一产业的就业比重呈持续下降的趋势,从1978年的28.3%下降到2010年的5.88%;第二产业就业比重呈现缓慢下降的趋势,从1978年的40.1%下降到2010年的23.29%;而第三产业呈现稳步上升的趋势,从1978年的31.6%上升到2010年的70.9%,这符合随着产业升级,

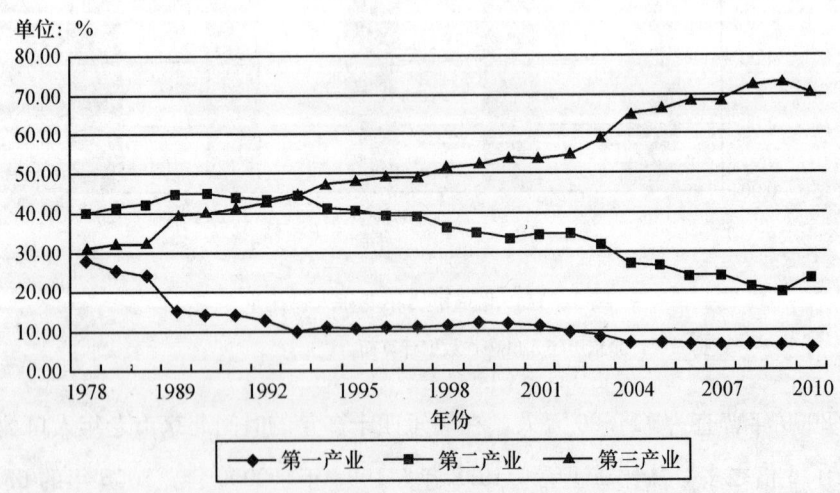

图1—12 北京1978—2010年就业结构变化趋势

数据来源:北京市第六次人口普查资料. 北京统计信息网,http://www.bjstats.gov.cn/.

劳动力从第一产业、第二产业向第三产业转移的基本规律。

根据北京市第六次人口普查数据，北京的第一产业从业人员的比重目前依然接近6%，比世界上很多发达国家和地区的特大城市（不到1%）大得多，说明北京市第一产业从业人员的比重还有一定的下降空间；北京市第二产业和第三产业从业人员的比例分别为23.29%和70.9%，而很多国内、国外的国际大都市第二产业的从业人员比重已经下降到10%，第三产业从业人员的比重在90%左右，说明北京第二产业下降的空间和第三产业上升的空间还较大。

就业结构偏离度是度量产业结构与就业结构之间的匹配程度或均衡状况的指标，一般直接以产业结构比重与就业结构比重之差表示，即：

$$就业结构偏离度 = 产业结构比重 - 就业结构比重$$

根据就业结构偏离度的计算公式，可以清楚地说明产业结构与就业结构之间的关系。当偏离度为零时，即产业结构比重与就业结构的比重达到均衡状态，这意味着产业结构与就业结构合理。如果偏离度为负值，说明产业比重小于就业比重，这就意味着该产业的劳动力存在剩余，会发生劳动力向其他产业转移的情况；相反，如果偏离度为正值，说明产业比重大于就业比重，意味着该产业具有吸纳更多劳动力的能力；因此，偏离度绝对值越大，说明偏离程度越严重。从理论上分析，长期来看，在市场机制的充分作用下，各产业的就业结构偏离度会逐步趋向于零，即保持产业结构与就业结构之间的均衡（乔雅君，2010）。这是因为，如果某一产业结构偏离度为负值，说明该产业生产效率较低，在市场机制的作用下，该产业要么提高生产效率，要么减少就业人员，即把剩余的劳动力转移到其他产业，而这样调整的结果都会纠正其结构偏离度。如果偏离度为正值，正好进行相反的调整，也同样会使偏离度向零靠近。当然，仅仅是一个或两个产业的偏离程度低是不够的，理想的状态必须是三次产业的偏离程度都比较低，以使三次产业就业结构偏离度的绝对值之和也趋于较低水平。

从本书的计算结果看到，目前北京市的就业结构偏离度是比较高的，达到9.89，其绝对值之和仅次于中国香港地区和2001年的伦敦和纽约，说明其整体就业结构偏离均衡水平的程度是比较严重的。具体来看，北京市第一产业的偏离度的绝对值居于首位，说明北京市第一产业的偏离程度比较大，而第二产业的偏离度最小，而且数值也较小，说明已经向均衡趋势靠近。第三产业的偏离度的绝对值居于倒数第二位，同发达国家和地区的国际化大都市相比，北京第三产业的发展水平远低于发达国家和地区的城市化水平。可见，通过和其他国际化大都市水平的对比，北京的第一产业、第三产业的产业结构和就业结构的矛盾突出，二者发展不均衡（见表1—10）。

表1—10　　　北京市与其他国际大都市就业结构偏离度的比较　　　（单位：%）

	北京（2010）	中国香港地区（2010）	东京（2007）	纽约（2001）	伦敦（2001）
第一产业	−4.98	0.0	−0.5	0.5	0.2
第二产业	0.71	−6.6	−4.2	4.6	4.8
第三产业	4.2	6.7	2.7	−5.1	−5.0
绝对值之和	9.89	13.3	7.4	10.2	10

数据来源：北京数据引自2010年第六次人口普查；东京数据引自http://www.toukei.metro.tokyo.jp/tnenkan/tn-eindex.htm；纽约、伦敦数据引自李仲生，马寿海. 国际大都市与宜居城市研究. 北京：中国人口出版社，2008；中国香港地区数据引自http://www.censtatd.gov.hk。

1.3.4　北京市人口城乡结构特点

衡量一个城市的城市化发展水平，最常用的度量指标就是用特定地域的城市人口占总的地域人口的比率，也就是人口的城乡结构，通常用城镇人口占总人口的比率来衡量，总体上看北京市城镇人口比重快速上升，但是与国外大都市相比依然差距较大。

北京市城镇人口比重在全国范围内一直处于领先地位，城镇人口比重远远超过全国平均水平，城镇化水平较高。1978年北京市城镇人口比重就超过50%，此时的全国平均水平在20%以下。截至2010年年底，北京市城镇人口比重达到85.96%，城镇化水平仅次于上海的89.3%，而当年全国平均水平仅为49.95%，但是依然有14.04%的农村人口。与多数国际大都市相比，农村人口的比重过高，与国际化大都市的地位不相称。

表1—11是北京市1978—2010年城镇人口规模的变化情况，图1—13是城镇人口比重变化曲线图。除个别年份（1990年和2005年）外，城镇人口比重的增长基本是匀速的，波动幅度不大。城镇人口比重从改革开放之初

(1978年)的54.96%,增加到2010年的85.96%,增加了31个百分点,可见城市化速度是非常快的。

表1—11　　北京市1978—2010年城镇人口规模变化

年份	常住人口（万）	城镇人口（万）	城镇人口比重（%）
1978	871.5	479.0	54.96
1979	897.1	510.3	56.88
1980	904.3	521.1	57.62
1981	919.2	533.3	58.01
1982	935.0	544.0	58.18
1983	950.0	557.0	58.63
1984	965.0	570.0	59.06
1985	981.0	586.0	59.73
1986	1 028.0	621.0	60.40
1987	1 047.0	637.0	60.84
1988	1 061.0	650.0	61.26
1989	1 075.0	664.0	61.76
1990	1 086.0	798.0	73.48
1991	1 094.0	808.0	73.85
1992	1 102.0	819.0	74.31
1993	1 112.0	831.0	74.73
1994	1 125.0	846.0	75.20
1995	1 251.1	946.2	75.62
1996	1 259.4	957.9	76.06
1997	1 240.0	948.3	76.47
1998	1 245.6	957.7	76.88
1999	1 257.2	971.7	77.29
2000	1 363.6	1 057.4	77.54
2001	1 385.1	1 081.2	78.05
2002	1 423.2	1 118.0	78.55
2003	1 456.4	1 151.3	79.05
2004	1 492.7	1 187.2	79.53
2005	1 538.0	1 286.1	83.62

续表

年份	常住人口（万）	城镇人口（万）	城镇人口比重（%）
2006	1 581.0	1 333.3	84.33
2007	1 633.0	1 379.9	84.50
2008	1 695.0	1 439.1	84.90
2009	1 755.0	1 491.8	85.00
2010	1 961.9	1 686.4	85.96

数据来源：根据《北京市统计年鉴（2011）》整理计算。

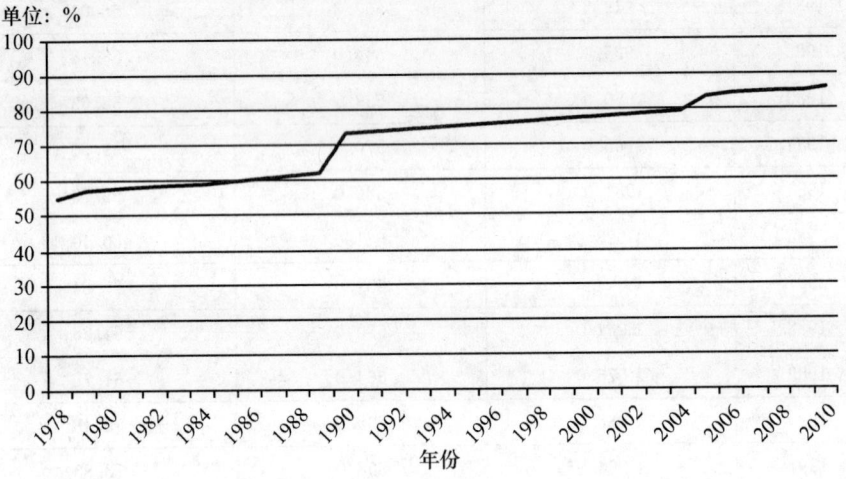

图1—13　北京市城镇人口比重变化

数据来源：《北京市统计年鉴（2011）》。

1.4　北京市人口质量变动特点

人口质量是人口在质的方面的规定性，也称做人口素质。传统的三要素认为：人口质量包含人口健康素质、人口文化素质和人口思想道德素质；因思想道德素质缺乏统一的衡量指标，因此我们采用二分法，即人口质量由人口的身体健康素质和人口的科学文化素质构成。

1.4.1　人口健康素质的变化

人口健康素质是指人口群体身体器官、生理系统的发育、成长和机能情况，它主要表现为身体发育健全与否、体质强弱、智力高低、耐力的持久状况和反应敏捷度等。通常选取的指标是：死亡率、婴儿死亡率、人口平均预期寿命、患病率、死因构成等。

1. 北京市人口死亡水平的变化

人口死亡水平是衡量人口健康素质的重要指标，它通常可以用死亡率、婴儿死亡率、人均期望寿命等具体指标来体现。人口健康素质高，那么死亡率就比较低，人口预期寿命也比较长。历次人口普查北京市死亡水平相关指标比较见表1—12。

表1—12　　　　　历次人口普查北京市死亡水平相关指标比较

普查年份	死亡率（‰）	婴儿死亡率（‰）	平均预期寿命（岁）	
			男	女
三普（1982）	5.7	12.9	70.7	73.4
四普（1990）	5.8	11.7	72.3	75.5
五普（2000）	5.3	5.4	74.7	78.5
六普（2010）	4.4	3.3	76.0	80.4

数据来源：北京市统计局，http://www.bjstats.gov.cn。平均预期寿命数据引自游允中，郑晓瑛. 中国人口的死亡和健康 [M]. 北京：北京大学出版社，2005。其中2010年男女预期寿命根据北京市第六次人口普查数据计算得出。

首先从死亡率的变化上看，北京市的人口死亡率水平呈现逐渐下降的趋势，由1982年"三普"时期的5.7‰下降到现在的4.4‰，若看历年的变化规律，从1978年到2010年北京市的死亡率水平呈现出比较平稳的缓慢下降趋势，从1978年的6.12‰逐步下降到2010年的4.4‰（见图1—14），由于受人口自身的年龄性别结构，特别是前两次生育高峰所形成的人口惯性影响，1985年前后出现了第三次人口生育高峰从而拉高了总人口数量，因此20世纪80年代中期死亡率出现了小幅骤降，之后便缓慢下降。

究其原因，对发展中国家的城市来说，死亡率迅速下降主要还是取决于先进的医学技术的传播。北京作为我国政治文化中心，经济的快速发展和医疗卫生条件的改善是死亡率下降的重要原因，再加上随着改革开放以后经济的迅速腾飞和收入水平的提高，人们营养水平快速上升，以及教育的普及和国民卫生习惯的养成，从而使死亡率维持在了较低的水平。但是可以预计，随着我国农村劳动力转移潜力的耗尽，以及老龄化的进一步发展，人口死亡率将会随之升高，从而赶上发达国家水平。

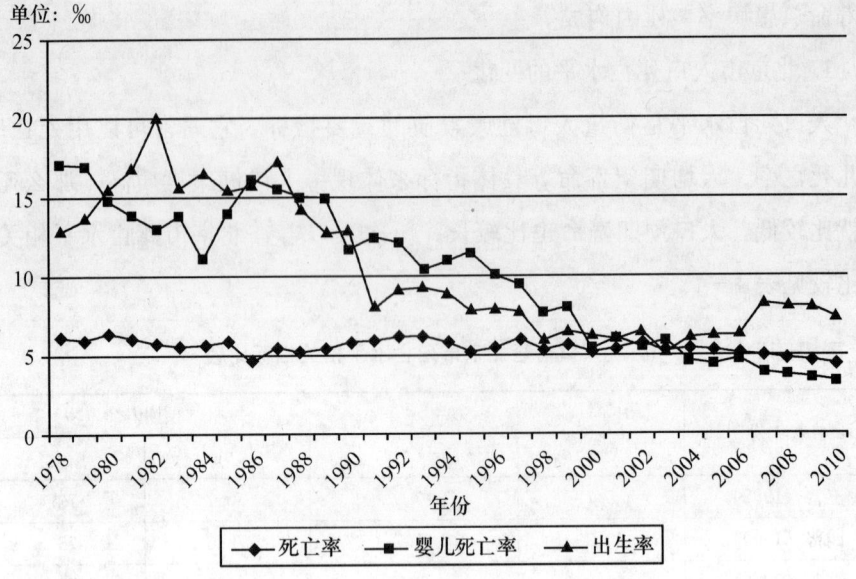

图 1—14　北京市死亡率、婴儿死亡率、出生率变化趋势图

数据来源：北京市统计局，http://www.bjstats.gov.cn.

其次，婴儿死亡率是衡量人口健康水平的重要指标，它能在宏观上反映一个地区的经济、环境、教育和卫生保健水平。从婴儿死亡率的变化情况来看，同样是由于第三次生育高峰的作用，1985年前后婴儿死亡率出现了猛然下跌，改革开放以来一直呈现出快速下降的趋势，从1978年的17.11‰下降到2010年的3.29‰，这主要得益于北京市近年来经济的发展和人们生活条件不断提高，母婴营养状况大大改善；妇女受教育程度提高，大力普及优生优育知识和提倡母乳喂养；另外，婴儿在医院出生的比重大大上升，母婴卫生保健服务和生存环境的改善也是造成婴儿死亡率降低的重要原因。

最后，平均预期寿命表明了新出生人口平均预期可存活的年数，是度量人口健康状况的另一个重要指标，因为不受人口年龄结构变化的影响，因此可以在不同时点、不同地区和不同人群之间进行比较（见表1—13）。

特别提出的是2010年北京市人口平均预期寿命，根据北京市第六次人口普查资料计算，未经修正得到了男性80岁、女性83.8岁（见图1—15），不符合国际上每十年增加1~2岁的步长规律，因此要对死亡数据进行修正，考虑到死亡数据的准确性，用BRASS模型生命表进行调整。北京市与日本

表 1—13　　　　　　北京市人口平均预期寿命变化及两性差异

年份	女性	男性	两性差异
1980	73.4	70.7	2.7
1989	75.5	72.3	3.2
2000	78.5	74.7	3.8
2010	80.4	76.0	4.4

数据来源：游允中，郑晓瑛．中国人口的死亡和健康［M］．北京：北京大学出版社，2005。2010年男女预期寿命根据北京市第六次人口普查数据计算得出。

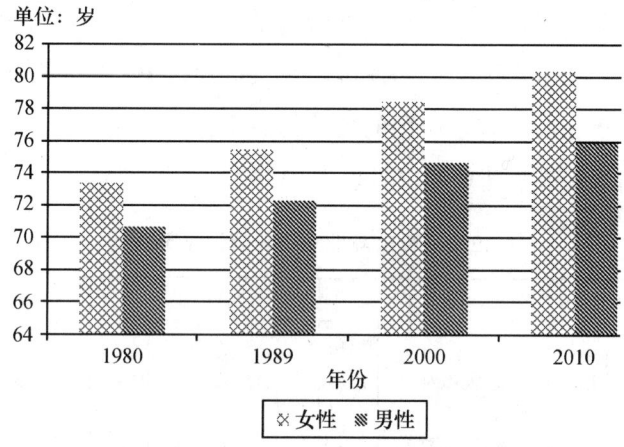

图 1—15　北京市人口平均预期寿命及两性差异

数据来源：由表 1—13 数据处理得出。

2000 年死亡模式接近，根据经验我们用日本 2000 年生命表作为标准表，罗吉特变换求得截距和斜率。由于死亡模式接近，故斜率不需调整。根据第六次人口普查数据发现北京市的常住人口存活概率尤其是新生儿存活概率明显高于日本 2000 年的水平，故截距项需要进行相关修正，将罗吉特变换后的截距（男、女）均上调 0.3，与国际规律基本吻合。

从表 1—13 可以看出，自改革开放以来北京市人口平均预期寿命有很大提高，男性由 70.7 岁增加到 76 岁，女性由 73.4 岁增加到 80.4 岁，究其原因根本上是由于经济的发展，另外婴儿死亡率的降低、医疗保健条件的改善、人口文化教育水平的提升和城市化进程的加快等因素都起到很大作用。由图 1—15 不难看出，在平均预期寿命不断延长的同时，两性间的寿命差异也在逐渐拉大，北京市的平均预期寿命两性差已由 1980 年的 2.7 岁增加到 2010 年的 4.4 岁。

2. 北京市居民患病情况及死因构成的变化

改革开放以来,北京市的医疗卫生事业实现了飞跃式的发展,基本医疗卫生制度日益完善,覆盖城乡的医疗卫生服务体系基本形成,医疗卫生服务能力显著增强。卫生机构数由 1978 年的 3 263 个增加到 2010 年的 6 539 个,增长近一倍,床位数由 3.4 万张增长到 9.3 万张,卫生技术人员由 1978 年的 8 万人增加到现在的 17 万人,诊疗人数也已达到 9 330 万人次,医疗卫生事业惠及群众日益增多,人民群众的健康水平不断提高。但值得一提的是随着社会经济和医疗技术水平的迅速发展,在人口死亡率大幅下降的同时也对人类健康造成了潜在的危害,居民的死因构成也在发生变化,原来的传染性疾病逐渐被退行性慢性病所取代(见表 1—14)。

表 1—14　　　　　1990—2010 年北京市死因构成比较

1990 年		1995 年		2002 年		2010 年	
患病死因	患病比率(%)	患病死因	患病比率(%)	患病死因	患病比率(%)	患病死因	患病比率(%)
心脏病	27.8	脑血管病	26.6	脑血管病	25.3	恶性肿瘤	25.6
脑血管病	26.7	心脏病	21.0	心脏病	21.9	心脏病	25.3
恶性肿瘤	15.2	恶性肿瘤	17.1	恶性肿瘤	20.1	脑血管疾病	22.9
呼吸系统疾病	8.4	呼吸系统疾病	13.5	呼吸系统疾病	11.2	呼吸系统疾病	9.8
损伤和中毒	5.9	损伤和中毒	5.8	损伤和中毒	5.6	损伤和中毒	3.7
消化系统疾病	2.8	消化系统疾病	2.6	内、营、代、免*	3.7	内、营、代、免*	2.8
泌尿生殖系统疾病	1.6	内、营、代、免*	2.4	消化系统疾病	2.5	消化系统疾病	2.5
内、营、代、免*	1.5	泌尿生殖系统疾病	1.7	泌尿生殖系统疾病	1.6	神经系统疾病	1.1
新生儿疾病	1.5	传染病	0.9	神经系统疾病	0.7	传染病	0.9
先天异常	0.9	先天异常	0.8	传染病	0.6	泌尿生殖系统疾病	0.8

* 指内分泌、营养、代谢和免疫系统疾病。
数据来源:《北京卫生统计年鉴(1990—2010 年)》。

从北京市最早开始统计死因构成的 1990—2010 年北京市居民前十位死因构成中,心脏病、脑血管疾病、消化系统疾病和泌尿生殖系统疾病的比重有所下降,恶性肿瘤、内分泌、营养、代谢和免疫系统疾病的发病率有所上升,20 年中新生儿疾病、先天异常已逐渐退出死因前十位的行列,新增加了神经系统的疾病，而且病死率也在逐年上升。恶性肿瘤、心脏病、心脑血管疾病已经成为人口健康公认的"三大杀手"，北京市这三种疾病的死亡比重已从1990年的69.7%，上升到目前的73.8%，这种死亡率的构成及变化过程与发达国家大城市的经历相似。

深入分析目前北京市人口患病的死因构成及其原因，对于提高全市的人口健康水平，有效地预防和控制各种疾病，更加合理地分配有限的医疗卫生资源都有重要的意义。从人口角度看，随着老龄化程度日益加深，老年人口比重日益增多，老年人口也成为慢性非传染性疾病的最大易感人群，癌症、心脑血管疾病、糖尿病等死亡比例必然会大幅增加；从环境角度看，城市化比重的提升，使大气污染、三废处置、城市拥挤、水资源匮乏等问题更为突出，据世界卫生组织2006年发布的研究报告显示，全球近1/4的疾病都是由不可避免的环境暴露引发的，大气中粉尘颗粒物的污染使与生态环境相关的恶性肿瘤如肺癌、肝癌的死亡率大大增加；从生活方式上看，研究表明长期吸烟、酗酒、膳食不合理、缺乏锻炼等不健康的生活方式，是导致恶性肿瘤和心脑血管疾病的重要因素，另外肥胖或超重也是导致心血管疾病和糖尿病高发的重大诱因，是慢性病进一步增加的潜在因素。

1.4.2 北京市人口文化素质的变化特点

人口文化素质是指人口群体所具备的文化知识和科学技术水平，是人们在生产实践和社会实践中积累的劳动经验。通常情况下衡量一个国家和地区文化素质高低的指标有：文盲率、人口平均受教育程度、各类受教育人口占总人口比重、高等教育毛入学率、教育经费投入占国家GDP的比重等。

1. 北京市人口受教育程度的发展

改革开放以来，北京市的教育事业取得了巨大成就，九年义务教育基本普及、扫除了青壮年文盲，这是教育发展的重要里程碑；高等教育发展实现了历史性跨越，改革取得突破性进展，1999年党中央、国务院决定大幅度扩大高等教育招生规模，这是中央审时度势作出的正确决策，我国高等教育规模在短短几年内发生了历史性变化，北京市的高等教育入学人数由改革开放初期的4万多人迅速增长到2010年的57万人以上。其中"211工程"和"985工程"的实施，有力推动了高水平大学和重点学科建设，单是北京市两项工程重点建设的高校达到32个,占全国的23%,高校已成为北京市基础研究的主力军、高新技术研究和科技成果转化的强大生力军;素质教育全面展开,教育发展的基础和保障条件更加坚实,教师队伍整体素质进一步改善,教育信息化水平和法制建设得到提高,对外交流与合作不断推进,教育国际竞争力显著增强。

从表1—15历次人口普查北京市人口文化水平的变化可以看出,北京市的文盲率已经从1982年的16%下降到2010年的1.9%,文盲已经基本消除,图1—16所示的受教育程度的变化趋势更是明显,随着九年制义务教育的普及,在北京市6岁以上人口中只接受初等教育的人口比重逐渐降低,由1982年的33.7%下降到2010年的10.6%,而接受高等教育人口的比重逐年增加,由6.3%增长到33.5%,可以说北京市的人口受教育程度已经明显提升。

表1—15　　　　　四次人口普查北京市各种受教育人口比重

年份	"三普"1982年	"四普"1990年	"五普"2000年	"六普"2010年
文盲率(%)	16.0	10.9	4.9	1.9
初等教育(%)	33.7	27.7	18.6	10.6
中等教育(%)	60.1	60.8	63.0	55.9
高等教育(%)	6.3	11.4	18.4	33.5
平均受教育年限(年)	5.2	6.3	7.6	11.5

数据来源:《北京统计年鉴(2011)》,平均受教育年限数据,1982年、1990年、2000年数据引自相关人口普查资料,"六普"数据根据六普资料计算得出。

2. 北京市劳动力素质的变化特点

北京市的劳动适龄人口比重目前已经达到82.7%,较1982年的71.9%上升了10个百分点,分析研究北京市劳动力人口文化素质状况,对于合理开发和充分利用北京市劳动力资源,促进国民经济和社会发展具有决定性的意义。劳动力素质是通过多方面来衡量的,最重要的是文化水平(通常用学历文化程度或受教育年限来衡量)和技术水平(通常用技术等级和技能等级来体现)。改革开放以来,随着社会经济的高速发展,科教兴国战略的实施,北京市的教育事业取得了巨大成就,劳动力就业人口的文化素质明显提高。

从人口平均受教育年限上来看,北京市人口平均受教育年限已经由"三

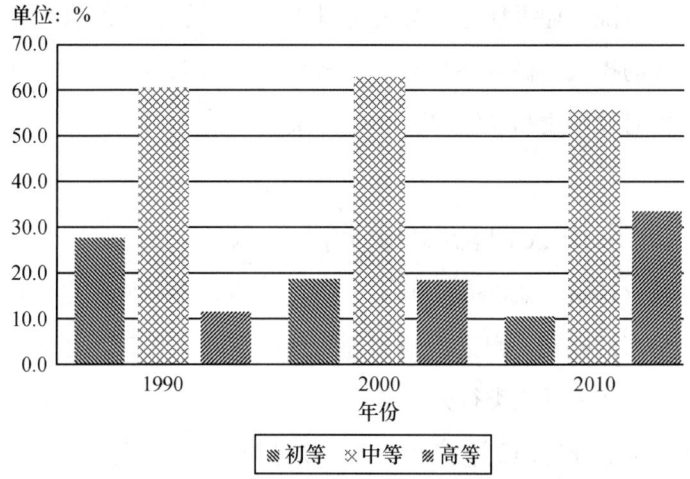

图 1—16 历次人口普查北京市不同受教育人口比重
数据来源：http://www.bjstats.gov.cn.

普"时期的 5.2 年增加到"六普"的 11.5 年，虽然已经大大提高但人均受教育水平仍处在高中阶段，距发达国家大都市还有很大差距，还需进一步提升。2008 年北京市第二次经济普查结果显示，三大产业从业人员中，大学本科以上的学历人员比重达到 28.7%，较第一次经济普查比重增加 8% 以上，具有专业技术职称人员比例达到 22.2%，具有技术等级证书的从业人员比例只有 13.8%。从业人员受教育程度的职业差异也很明显，在各类职业人口中，文化素质最高的是科学研究、技术服务和地质勘察业人员，其大学本科及以上人员就占到 53%，而服务业人员、生产运输设备操作人员的文化素质较低，技术工人文化水平普遍偏低。

如今的信息时代，经济发展主要依靠高素质的人力资本，发展中国家经济落后的一个最重要因素就是劳动力资源素质较低，其中主要的原因就是人力资源开发的力度不够。我国人均自然资源相对不足，生态环境比较脆弱。特别是北京市作为我国的首都，面临着巨大的外来人口压力，其自然资源更是相对紧缺，实现可持续发展唯一的潜在优势就是人力资源，必须切实把经济增长转移到依靠科技进步和提高劳动者素质的轨道上来，开发人力资源的过程也正是不断提高人口素质的过程，二者密不可分。通过人力资源的大力开发可以使人口压力顺利转化为人力资本优势，况且由于人力资源在某种程度上是可再生资源,如果能够充分发挥其作用,就能够节约其他生产要素特别是自然资源的投入,做到在提高劳动者素质和劳动生产率的同时,还能促进自然资源的有效利用和经济的可持续发展。

1.5 北京市人口流动与迁移特点

人口迁移（population migration）是人口移动的一种形式,是指人口在空间位置上分布的变动,由迁出地到迁入地的变化。人口迁移通常涉及跨越具有管理权限的边界的人类行为活动。

1.5.1 北京市人口迁移以非户籍的外来人口流入为主,户籍迁移所占比重较小

1978年中共十一届三中全会以来,我国确定改革开放的基本国策,各项工作的开展以经济建设为中心,解放了束缚我国多年的农村劳动力转移的枷锁,北京作为首都和特大区域中心城市,具有经济发展水平高,就业机会多等优势,一直以来就是中国流动人口[①]流入的主要聚集地。

1. 改革开放以来北京市流动人口变动过程

改革的春风释放了中国农村的剩余劳动力,数目庞大的农村剩余劳动力开始向城市大转移,北京以其独特的区位优势吸引了众多的外来人口（见图1—17）。1978年以来,北京的外来人口的增长大致经历了四个阶段:

第一阶段:逐步增长期（1979—1985年）。此时改革开放处于初期阶段,以推行家庭联产承包责任制为起点,农村的改革初步完成,联产承包责任制大大解放了农村的生产力,使农民获得了更多的劳动自由。而城市的改革与发展尚处于起步阶段,改革开放前的整个60年代和70年代前半期,在外来人口方面,北京实行了严格的外来人口限制政策和措施,外来人口始终维持在10万多人的水平上。1978年以后,流动人口管理政策有所松动,外来人口数目逐步增长,1978年外来人口总量为21.8万人,1985年增长到23.1万人。这一时期全市流动人口年平均总量为20.3万人,波动不大。

第二阶段:稳定增长期（1986—1994年）。这一时期是改革开放以来北京

---

① 本书指的外来人口是指常住外来人口,即在京居住半年以上的非北京市户口的外省市人员。

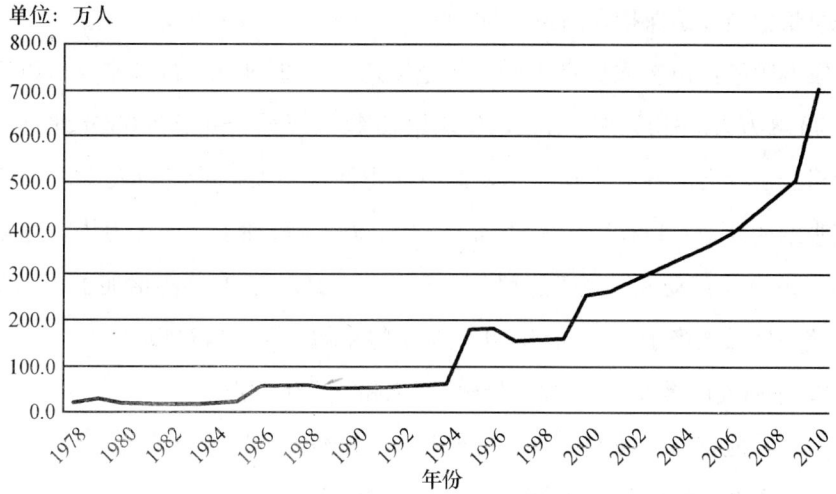

图 1—17 改革开放以来北京市流动人口规模增长曲线

数据来源：《北京市统计年鉴（2011）》。

经济发展最快的时期，1984年以后，北京市市民在对流动人口的态度上和政府在对流动人口的政策上经历了一个逐步放宽和接纳的过程，特别是随着城市第三产业的大力发展，北京市的流动人口也迅速增长，流动人口数量在80年代中期跃上了50万人的台阶。到1988年，全市流动人口达到59.8万人。到1994年，全市的流动人口已达63.2万人，1994年11月流动人口调查资料表明，当年在京居住一天以上的流动人口已达329.5万人。8年间，流动人口增速平缓，流动人口规模保持在相当的规模水平上。

第三阶段：治理整顿期（1995—1999年）。这一时期首都经济高速发展，北京市总体上放开了流动人口的限制，流动人口达到百万人规模，已超过当时首都容纳的限度。面对过于庞大的流动人口，北京市政府对外来人口采取了"控制总量、优化结构、加强管理、积极服务"的十六字方针。特别是1996年以来，北京市劳动和工商等部门开展了较大力度的流动人口清理和整顿。同时，1999年9月底前67项献礼工程和一些大的市政工程相继竣工及全年基本建设投资的减少，使全市从事建筑业劳动的外来人口减少，从而导致务工经商人员减少。调整的结果是，1997年北京市外来人口总量较1995年回落26.3万人，为154.5万人，1997—1999年，流动人口连续三年控制在150万人规模。值得注意的是，虽然这一时期外来人口数量有所回落，但流动人口的总量已经开始保持在高位运行。

第四阶段：快速增长期（2000年至今）。这一时期北京的外来人口以每年增加44.8万人的速度快速增长，年均增长率10.6%。由于2008年北京奥运建设对经济社会的各项推动作用，此时城市涌入了大量的流动人口。2005年北京吸纳的外来人口达到357.3万人，比2000年增加了101.2万人，增幅达40%。2010年流动人口规模达到704.5万人，更是比2009年增加了195.3万人，这一增量相当于20世纪90年代末期的年均流动人口存量。

2. 流动人口增长快且逐渐呈现长期化和家庭化特点

第一，北京市流动人口规模受政策和所处经济形势影响较大。

在政策宽松和经济发展期，流动人口规模大且增长迅速，反之，规模萎缩；虽然政策主导了流动人口规模变化的很大一部分，但这种影响是有限且持续减弱的，近年来，以经济利益导向为主导的市场调节方式对流动人口的影响越来越大。但是，北京作为一个与周边发展极其不均衡的大都市，流动人口的增长必须有合理的限度，政府也不能任凭流动人口的发展，适当合理的管控是必要的。

第二，外来人口增长加快。

比较改革开放以来北京市流动人口的增速：1978—1985年平均增速0.8%，1986—1994年平均增速1.3%，1995—1999年受政策因素等影响流动人口出现减少，增速为－3.4%；而2000—2010年平均增速高达10.7%。另一组数据：全市流动人口总量从1978年的21.8万人增长到1986年的56.8万人，增长一倍用了8年时间，2005—2010年，流动人口从357.3万人增长到704.5万人，增长一倍只用了5年时间。原因是北京市近年来国民经济快速健康发展，国内生产总值持续以两位数字增长，特别是第三产业的快速发展，为外地来京人员提供了较多的工作机会。尤其是2001年劳动部门停止了对外来人口从业的工种限制、2002年市政府又取消了外来人口管理性收费，加速了外来人口的大量涌入。造成了21世纪以来，北京市的外来人口快速增加的一个时期。

第三，流动人口不流动、常住化趋势明显，在京停留时间明显延长。

2006年，流动人口平均在京居住时间长达4.8年，居住两年以内的外来人口比例达 44.5%，居住超过五年者达到 38.8%，居住 5～9 年的流动人口比例 25.3%，而居住 10 年以上的流动人口已达 13.5%[①]。多数流动人口已经在北京安家立业，经营或者工作场所固定，有稳定的生活来源，具有一定的竞争实力，多数流动人口已经成为事实上的"北京人"。

3. 户籍人口迁移规模较小

改革开放以来，全市户籍人口年均迁入 8.3 万人，同期外来人口年均迁入 21.3 万人，外来人口年均迁入量是户籍人口的 2.6 倍。为遏制人口无序过快增长，北京市实行了严格的户籍指标调控，户籍人口迁移的规模和比例逐渐减少。特别是 2003 年以来，户籍人口迁移对北京市人口增加的贡献越来越小。2003 年，户籍人口增加 13.8 万人，常住人口增加 33.2 万人，户籍人口增量对总人口增加贡献 42%，而到 2010 年，户籍人口仅仅增加 12 万人，常住人口增加了 206.9 万人，这一比例已降至 5%。

1.5.2 北京市的国际移民规模较小，国际化程度不高

国际移民是指跨越国界的长久性人口空间移动，主要是指在其原常住国（一般为出生国或国籍所在国）以外居住超过 12 个月的人。通常人们把留在出生国当做理所应当的事，而把移居他国视为非正常行为。在全球化的冲击下，这种观念已经动摇。人们在一些工作机会较多的国际化大都市更容易获得比所在国更高的报酬，这往往会使得他们长期居住在他国。国际大都市也表现出吸引国外优秀人才居住的巨大能力。

国际移民主要分为：（1）永久性移民，一般是合法移民，取得了一国的永久居住权，或加入了该国国籍；（2）临时性劳工移民，以在迁入国从事季节性工作或短期合同的劳工为主；（3）非法移民，包括非法买卖人口和偷渡移民，也包括其他形式的非正常移民或未有合法证件的移民。

北京国际移民规模远远不及其他国际大都市，国际移民的比例偏低。由于北京没有正式公布国际移民的数量统计，只是从零散的新闻报道得知 5 年来有来自 35 个国家的 343 名外国人获得了在华永久居留的资格。即使扩大国际移民概念的范围，根据黄荣清的调查，2007 年，在京工作（就业、专家和

---

① 根据中国人民大学"北京市 1‰流动人口调查"资料计算。

外交人员）的外国人中，约有 1/3 带家属，家属同住人数平均为 2.2 人，加上留学生、平均每日滞留在北京的旅居人数，即在京外国人约有 17 万人，这仅占当年北京市常住人口的 1‰（见表 1—16）。与其他国际大都市相比，差距悬殊，东京的国际移民比例在 2005 年已达到 4.86%（见表 1—17）。

表 1—16　　　　　　　2007 年在京外国人各部分数量

项目	人数（人）	比例（%）
就业	23 400	13.85
专家	31 729	18.78
外交	7 000	4.14
家属	45 975	27.21
留学生	29 452	17.43
旅游	31 400	18.58
合计	168 956	100.00

数据来源：引自黄荣清教授承担的"在京外国人调查研究"课题报告。

表 1—17　　　　　　伦敦、东京、纽约和北京国际移民比例

城市名称	纽约（2000 年）	伦敦（2007 年）	东京（2005 年）	北京（2007 年）
国际人口/总人口（%）	24.2	31	4.86	1

数据来源：左学金，王红霞. 大都市创新与人口发展的国际比较——纽约、伦敦、东京、上海[J]. 社会科学，2009（2）.

纵观其他国际大都市的国际移民历史，伦敦迁入人口和迁出人口均呈现出波动特点，但迁入人口始终大于迁出人口，移民呈现净迁入状态。同时，伦敦的国际移民占全英国的比例在逐年下降，即使这样，2007 年伦敦的比例仍达到 31%（见表 1—17）。东京的国际移民是伴随着东京城市化进程加深逐渐变化的，新世纪信息技术产业的迅猛发展，吸引了一批批东亚乃至西方国家人口移居东京。2001—2009 年，东京的国际移民增长了 8.68 万人，年平均增长 1.09 万人，年平均增长率 3.0%。照此速度计算，2025 年，东京的外国人数将增加一倍。纽约是典型的移民城市，其国际移民在 20 世纪 90 年代达到近年的峰值约 12 万人，这弥补了由于国内迁出人口造成总人口减少的 91%。"9·11"事件以后的两年，由于美国移民政策的趋紧，国际移民迁入

人数有所减少。国内人口迁移方面,纽约的迁出人口一直大于其迁入人口。这造成纽约的人口迁移显示出如下特点:一方面国内迁移人口数目巨大,另一方面国际移民数量增加使得总迁出人口并不是很大,规模庞大的国际移民形成了纽约城市发展的"人才活力"。

第二章 北京市的自然资源基础与生态环境特点

2.1 北京市的自然地理概貌

北京市位于我国华北平原的西北部,与河北省、天津市毗邻。地理坐标处于北纬39°38′至41°51′,东经115°25′至117°30′范围内。东西宽160公里、南北长170公里左右,总面积16 410.54平方公里。北以燕山山地与内蒙古高原接壤,西以太行山与山西高原毗连,东北与松辽大平原相通,东南距渤海约150公里,往南与黄淮海平原连片。整个地势西北高、东南低,河流纵横,具有得天独厚的地理位置,自古以来就是贯通我国中原地区和东北、西北地区的交通枢纽。

北京地貌类型多样,可分为山地、丘陵和台地、平原等类型。北京的山地分布于西北部地区,是新构造运动上升区经外力长期侵蚀切割所形成的起伏山峦。全市山地面积为9 070.99平方公里,占总土地面积的55.27%;丘陵和台地分布于山地和平原交接部位,面积为408.81平方公里,占总土地面积的2.49%。平原集中分布于中部和东南部,面积为6 808.91平方公里,占总土地面积的41.49%。

北京市地处中纬地带,气候具有明显的暖温带、半湿润大陆性季风气候特点。因境内地貌复杂,山地高峰与平原之间相对高差悬殊,从而引起明显的气候垂直地带性。大体以海拔700~800米为界,此界以下到平原,为暖温带半湿润季风气候；此界以上中山区为温带半湿润—半干旱季风气候；约在海拔1 600米以上为寒温带半湿润—湿润季风气候。北京气候的主要特点是四季分明。春季气温回升快，昼夜温差大，干旱多风沙。夏季酷暑炎热，1961年6月10日极端最高温为43.5℃。高温持久稳定，昼夜温差小。年均降水量600多毫米。降水集中，夏季降水量占全年降水量的70%，并多以暴雨形式出现，形成雨热同季。秋季天高气爽，冷暖适宜，光照充足。冬季长达5个月，寒冷干燥，冬季降水量占全年降水量的2%，常出现连续一个月以上无降水（雪）记录。

北京市作为新中国的首都以来市辖范围几经扩大。1952年将河北省宛平县划归北京市，1956年将昌平县划归北京市，1958年3月7日将通县、顺义、大兴、良乡、房山五个县区划归北京市。同年10月20日，又将怀柔、密云、平谷、延庆四个县划归北京市。目前，北京市辖14区2县，分别是东城区、西城区、海淀区、朝阳区、丰台区、石景山区、通州区、房山区、大兴区、顺义区、昌平区、怀柔区、门头沟区、平谷区14区以及密云县、延庆县2县。2010年北京市总土地面积16 410.54平方公里，占全国总土地面积的0.17%。

2.2 北京市的自然资源基础

自然资源是地理学中的概念，它是指存在于自然界中的，在一定生产力发展水平下，能够被利用于人类生产和生活的自然物质和能量。联合国环境规划署的定义为：所谓自然资源，是指在一定时间、地点的条件下能够产生经济价值的，以提高人类当前和将来福利的自然环境因素和条件的总称。一般说来，资源必须具有社会开发利用的效用性或者开发利用价值，同时资源必须具有相对稀缺性。具有以上两点性质的自然环境因子，一般被称做自然资源。根据自然资源本身的特点分为：恒定自然资源（包括太阳能、风能、潮汐能、核能、水力、大气和气候等，是在宇宙因素和天体作用下形成的，数量恒定，取之不尽、用之不竭的资源）以及非恒定资源（是在地球不同演化阶段形成的，总的特点是有枯竭的可能）。非恒定资源包括可再生性资源（主要指生物资源、土壤和地方性水资源等）和非再生性自然资源，主要指矿产资源和化石能源。在国土经济学中，资源被分为8类：土地资源、气候资源、水资源、生物资源、矿产资源、能源资源、海洋资源和旅游资源。

2.2.1 水资源

水资源是指目前技术和经济条件下，比较容易被人类利用的、补给条件好的那部分淡水量，包括地表水和地下水资源。

北京的水资源主要依靠天然降水形成。北京天然河道自西向东有五大水系：拒马河水系、永定河水系、北运河水系、潮白河水系、蓟运河水系。北京没有天然湖泊。全市有水库85座，其中大型水库有密云水库、官厅水库、怀柔水库、海子水库。北京的水资源由两部分构成，一是本地区降雨形成的水量；二是上游入境水量，以及南水北调、晋水进京等京外引水。从入境水量来说，北京多年平均入境水量16.1亿立方米，多年平均出境水量14.5亿立方米。近年来，入境水量在水资源来源中的比重逐年提高。

受水气补充条件和地理位置、地形等条件的影响，境内降水具有时空分布不均、丰枯交替发生等特点。丰枯连续出现的时间一般为2~3年，最长连丰年可达6年，连枯年可达9年，历史记载最长枯水期为20年。例如1999年以后，北京连续10多年严重干旱。近十年来，北京市的水资源总量与1956年至2000年的多年平均水平有了大幅减少，水资源情况不容乐观。北京市多年平均降水585毫米，年均降水总量98.28亿立方米，形成地表径流17.72亿立方米，地下水资源25.59亿立方米，本地自产一次水资源总量37.39亿立方米。而2000—2010年，北京市水资源总量年均量为21.82亿立方米，为多年平均值（1956—2000年）37.39亿立方米的58%，水资源总量减少明显，减少了四成多。2008年作为高丰水年，水资源总量也只有多年平均值的90%。其余年份，水资源总量都处于较低水平（见图2—1）。

表2—1给出了北京2001—2010年的水资源情况、水资源来源情况，以及水资源利用情况。

以2010年全市水资源总量流域分布为例，水资源总量为23.1亿立方米，北运河流域水资源总量最大，为8.18亿立方米，占全市水资源总量的35.4%，其次是潮白河流域，水资源总量为5.34亿立方米，占全市水资源总量的23.1%，最小的是蓟运河流域，水资源总量仅为2.72亿立方米，只占全

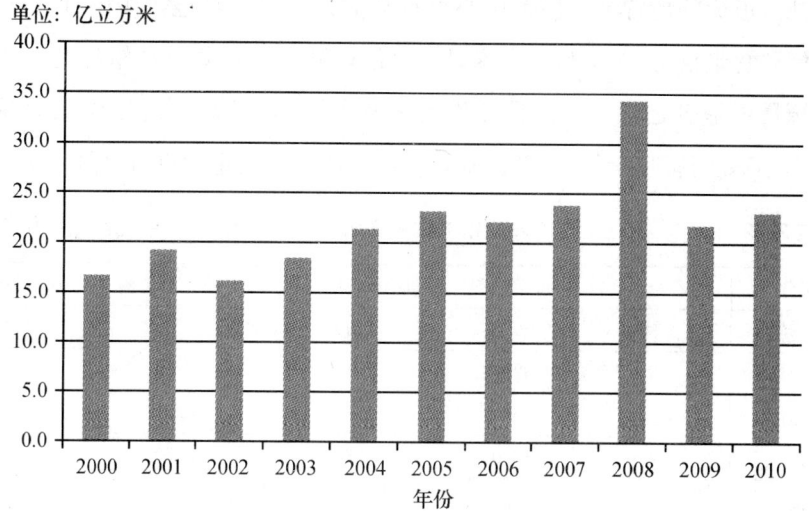

图 2—1 北京市水资源总量变化（2000—2010 年）

数据来源：《北京统计年鉴（2011）》。

表 2—1　　　　　　　北京水资源情况（2001—2010 年）

项目	全年水资源总量（亿立方米）	地表水资源量（亿立方米）	地下水资源量（亿立方米）	人均水资源（立方米）
2001	19.2	7.8	15.7	139.7
2002	16.1	5.3	14.7	114.7
2003	18.4	6.1	14.8	127.8
2004	21.4	8.2	16.5	145.1
2005	23.2	7.6	15.6	153.1
2006	22.1	6.7	15.4	157.1
2007	23.8	7.6	16.2	148.1
2008	34.2	12.8	21.4	205.5
2009	21.8	6.8	15.1	126.6
2010	23.1	7.2	15.9	124.3

数据来源：《北京统计年鉴（2011）》。

市水资源总量的 11.8%。从水资源在全市的分布情况看，北部水资源总量远大于南部，北京市北部地区的蓟运河、潮白河、北运河三大水系水资源总量占全市水资源总量的 70% 多，特别是北运河水系，它是五大水系中唯一一条发源于本市的水系，对北京水资源总量的贡献也最大。北京市城区在永定河水系冲击形成的扇脊上，城市中心没有其他大的河流经过，2010年永定河水系水资源总量仅有3.87亿立方米，这也使得城区水资源总量相对匮乏，人均水资源量更是少之又少。因此，为满足城市居民生活用水和经济生产用水，政府不得不从其他水系和外部调水来确保生产生活的正常进行（见表2—2）。

表2—2　　　　　2010年全市流域分区水资源总量表　　（单位：亿立方米）

流域分区	面积（km²）	年降水量	地表水资源量	地下水资源量	水资源总量
蓟运河	1 300	6.87	0.45	2.27	2.72
潮白河	5 510	32.78	2.11	3.23	5.34
北运河	4 250	20.03	3.39	4.79	8.18
永定河	3 210	16.09	1.17	2.70	3.87
大清河	2 140	10.22	0.10	2.87	2.97
全市	16 410	85.99	7.22	15.86	23.08

数据来源：2010北京市水资源公报，www.bjwater.gov.cn。

1. 地表水资源量

地表水资源量是指地表水体的动态水量，即河流、湖泊、冰川等地表水体的动态水量。北京市的地表水资源相当匮乏，2001—2010年地表水资源的平均值为7.61亿立方米，比多年平均值（1956—2000年）21.78亿立方米少了65％。2010年北京全市地表水资源量为7.22亿立方米，比地表水多年平均值少14.56亿立方米，减少67％。而2008年作为最近十年来的高丰水年，地表水资源量也仅为12.79亿立方米，较多年平均值少41％。2001—2010年中高度枯水年为2002年，地表水资源量只有5.25亿立方米，比多年平均值减少76％，可见地表水资源严重匮乏（见图2—2）。

近年来北京地表水资源总量的急剧下降主要是由年降水量的快速下降所导致的。近十年来，北京年降水量与多年平均值相比下降明显，枯水年也越来越频繁。北京市1956—2000年的平均年降水量为595毫米，折合成年降水总量为98.28亿立方米，平均每年形成的地表水资源量为14亿立方米。而进入21世纪以来，北京市的平均降水量出现明显下降。2001—2010年的平均降水量为489毫米，比多年的平均值（1956—2000年）减少了18％。2001—2010年这十年间，除2008年以外，其他年份都是偏枯年份。降水最少的是2002年，年降水量仅为413毫米，比多年的平均值595毫米减少30％（见图2—3）。

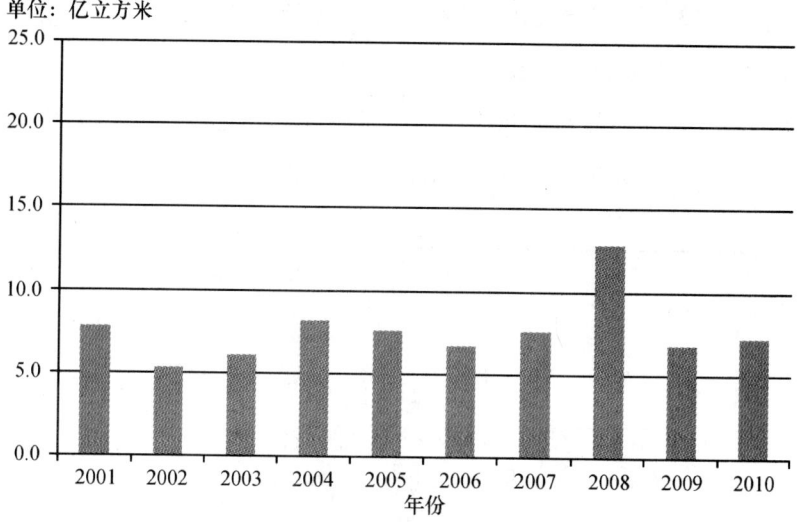

图 2—2　北京市地表水资源情况

数据来源：《北京统计年鉴（2011）》。

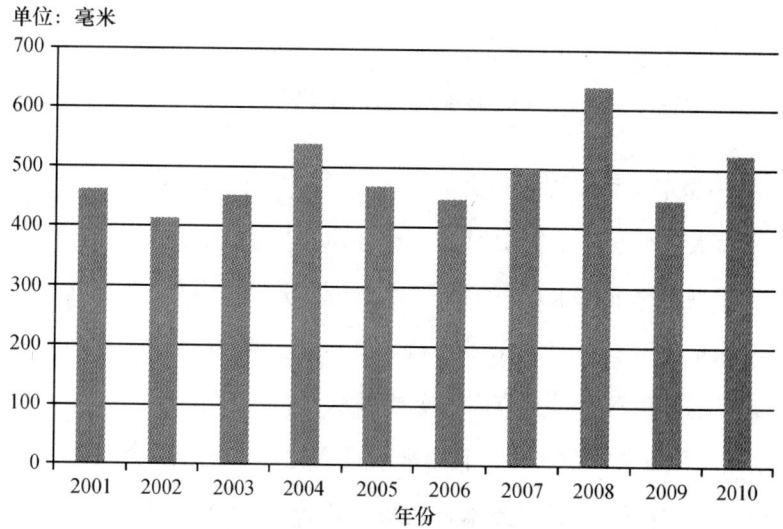

图 2—3　北京市 2001—2010 年年均降水量分布图

数据来源：《2010 北京市水资源公报》。

2. 地下水资源量

地下水资源量是指地下水中参与水循环且可以更新的动态水量（不含井灌回归补给量）。近十年，北京地下水资源量波动不大，基本在 15 亿立方米左右波动，且基本保持在枯水年水平，但与多年平均水平 25.59 亿立方米相比下降幅度较大,相差近40%。除2008年高丰水年达到21.42亿立方米外,其他年份地下水资源相对较少。2010年年末与1980年年末比较,地下水储存量减少90.5亿立方米;与1960年比较,地下水资源储存量减少了111.3亿立方米,减少的总量和幅度都是巨大的(见图2—4)。

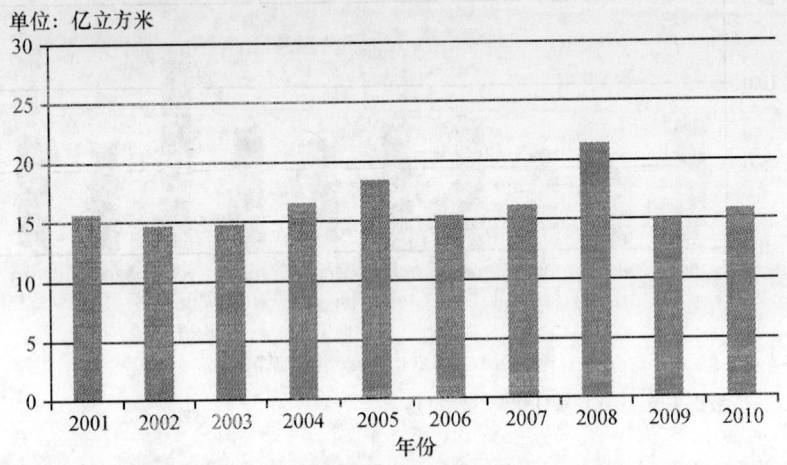

图2—4 北京市地下水资源情况(2001—2010年)

数据来源:《北京市水资源公报(2001—2010年)》。

3. 大中型水库水资源量

北京市大中型水库水资源对北京整体水资源总量的影响具有举足轻重的作用,大中型水库的蓄水量占到全年水资源总量的70%以上,其年末蓄水量和可利用水量决定北京市的总供水量,所以研究大中型水库的水资源量对于了解北京市的水资源总量具有非常重要的意义。

北京市18座大中型水库可利用来水量变化幅度比较大。可利用来水量最大年份为2005年7.58亿立方米,是最小年份2002年2.14亿立方米的三倍多。2001—2010年,可利用来水量在较低水平的占一半以上,这其中还包括了在河北、山西等省份补给的可利用水。同时,大中型水库的年末蓄水量也都处在较低水平,2010年大中型水库的年末蓄水量比2001年的19.74亿立方米减少了近28%,年末蓄水量整体呈下降趋势,各大中型水库水资源总量都在不断减少(见表2—3)。

人均水资源量来看,2001年以来,北京市人均水资源量基本保持在150

表 2—3　　　　北京市各大中型水库蓄水情况（2001—2010 年）

（单位：亿立方米）

年份	大中型水库年末蓄水量	大中型水库可利用来水量
2001	19.74	6.48
2002	14.21	2.14
2003	11.24	4.33
2004	12.77	7.5
2005	13.94	7.58
2006	13.77	5.43
2007	12.52	4.02
2008	14.86	7.55
2009	13.54	3.49
2010	14.31	5.22

数据来源：北京市水资源公报（2001—2010 年），www.bjwater.gov.cn。

立方米/人以下，这个人均水资源量为全国人均水资源量的 1/13，是世界平均水平的 1/50，不仅低于人均 1 000 立方米/人的国际用水紧张线，而且不到人均 500 立方米/人的国际严重缺水线的 1/3。2008 年作为最近十年来的高丰水年，人均水资源量也只有 205.5 立方米/人，不到国际严重缺水线的一半。2010 年北京市人均水资源量仅为 124.3 立方米/人。由此可见，北京市水资源短缺的严重程度（见图 2—5）。

2.2.2　土地资源

土地资源包含地球特定地域表面及其以上和以下的大气、土壤及基础地质、水文以及植被，还包括这一地域范围过去和目前人类活动的种种结果和影响。土地资源具有资源数量有限、位置不可移动等特点。

北京市的土地资源也很有限，从人均数量上看，仅为全国的 1/5。目前，北京的经济正处于由外延式增长向内涵式增长的过渡阶段，产业结构的调整、新的经济增长点的发展都急需一定的发展空间。而近年来北京市建设用地面积一直持续上升，大量耕地被占，耕地面积逐年减少。土地资源的稀缺已成为北京城市发展的硬约束。

北京市土地资源总量 16 410.5 平方公里，其中山区和丘陵占 58.51%，平原只占 41.49%，土地资源有限。随着近几年北京市经济建设的飞速发展，

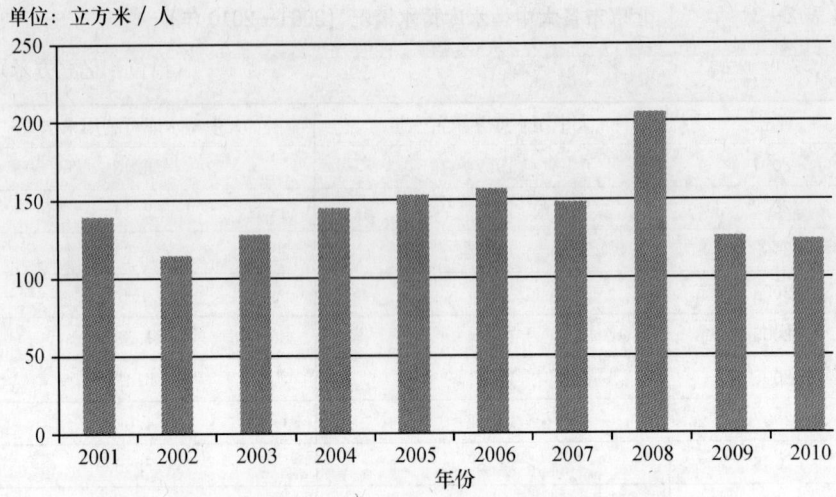

图 2—5　北京市人均水资源量变化（2001—2010年）

数据来源：《北京统计年鉴（2011）》。

人口的大量聚集，土地资源不足的特点更加突出。据《北京市统计年鉴（2011年）》数据，北京市辖区面积16 410.54平方公里，建设用地面积3 377.15平方公里，占全市土地面积的20.58%，农用地面积10 959.81平方公里（耕地面积为2 316.88平方公里），占全市土地面积的66.79%，未利用土地面积2 073.58平方公里，占全市土地面积的12.64%（见表2—4）。

表2—4　　　　北京市土地面积及利用状况（2008年）　（单位：平方公里）

地区	土地面积	农用地	耕地	建设用地	未利用地
全市	16 410.54	10 959.81	2 316.88	3 377.15	2 073.58
东城区	25.34			25.34	
西城区	31.62			31.62	
（原）崇文区	16.52			16.52	
（原）宣武区	18.91			18.91	
朝阳区	455.08	137.25	47.26	308.93	8.89
丰台区	305.80	78.75	31.61	203.26	23.80
石景山区	84.32	31.79	2.14	49.44	3.10
海淀区	430.73	194.89	26.90	229.24	6.60
门头沟区	1 450.70	1 091.28	18.17	95.35	264.07
房山区	1 989.54	1 159.06	282.78	350.55	479.94

续表

地区	土地面积	农用地	耕地	建设用地	未利用地
通州区	906.28	561.87	350.35	309.02	35.39
顺义区	1 019.89	603.97	310.31	328.24	87.69
昌平区	1 343.54	921.67	117.76	365.20	56.68
大兴区	1 036.32	667.75	381.17	311.94	56.63
怀柔区	2 122.62	1 568.02	97.51	133.37	421.23
平谷区	950.13	713.84	123.67	126.98	109.31
密云县	2 229.45	1 540.66	229.33	329.52	359.27
延庆县	1 993.75	1 689.03	297.92	143.73	160.99

注：1平方公里=100公顷=1 500亩
数据来源：《北京统计年鉴（2011）》。

北京市的土地资源的特点主要表现在：

1. 人均土地资源少，后备土地资源不足

2010年全市常住人口1 961.9万人，其中城市人口1 686.4万人，占86%，农业人口275.5万人，占14%。全市人口密度为1 195人/平方公里，人均土地只有0.084公顷，比全国人均土地0.72公顷少0.64公顷。北京由于开发历史悠久，绝大部分土地已被人类开发利用，其面积约占总土地面积的87.4%，而未利用土地面积只占12.6%，可见后备土地资源十分紧缺。

2. 建设用地急剧扩大

北京市作为中国的首都，城市化进程明显，到2006年城市化率就已经达到84.3%。通过占用耕地，平原区城市用地持续快速增加并表现出明显的聚集趋势。而其他用地类型之间也存在着明显的结构调整，主要表现在水体和园地的增加。其中，2010年年末园林绿地面积从2001年的30 224公顷增加到2010年的62 672公顷，增长了两倍之多，2010年河流湿地面积达到5 000公顷。而城市建设用地、水体和园地面积的增加挤占了耕地，致使北京耕地面积逐年减少。1996年全市尚有耕地面积3 439平方公里，而到2004年仅为2 364.3平方公里，2008年进一步减少到2 316.88平方公里，与1996年相比减少近1 122平方公里，这其中大量的耕地转化为城市建设用地（见表2—5）。如2000—2006年，建筑用地共增加了2 853平方公里，其中有2 779平方公里是由耕地转化而来。

表 2—5　　　　　　　北京市近年来土地利用的变化

年份	总面积	农用	耕地	建设用地	未利用
2004	16 410.54	1 178.40	2 364.30	3 197.20	2 134.90
2005	16 410.54	11 056.00	2 345.00	3 230.00	2 112.00
2006	16 410.54	11 038.21	2 325.75	3 272.64	2 099.00
2007	16 410.54	10 998.38	2 321.87	3 325.57	2 086.58
2008	16 410.54	10 959.81	2 316.88	3 377.15	2 073.5

数据来源:《中国统计年鉴(2005—2009年)》。

3. 城市建设用地呈外延式扩张性快速增加,并已经接近开发利用潜力

近年来北京市建设用地面积持续上升,建设用地面积从1992年的2 282平方公里,扩张到2008年的3 377.15平方公里,平均每年增加近70平方公里。其中,从1992—2006年,城镇建设用地规模从675平方公里增加到1 254.2平方公里。2007年进一步增加为1 289.3平方公里。2008年,城镇建设用地进一步增加为1 310.9平方公里,每年平均扩展约49平方公里。可见,其增长方式是外延式的扩张(见表2—6)。

表 2—6　　　　北京市近年来建设用地及人均建设用地的变化

年份	面积(平方公里)		人均面积(平方米/人)	
	总建设用地	城镇建设用地	总建设用地	城镇建设用地
1992	2 282	675	207	82.41
1996	2 600	1 182.3	206	79.21
2004	3 197	1 182.3	214	102.7
2005	3 230	1 200.0	210	79.33
2006	3 273	1 254.2	207	78.95
2007	3 326	1 289.3	203.6	101.7
2008	3 377	1 310.9	—	—

数据来源:《中国统计年鉴(1993—2009年)》。

2.2.3　能源资源

北京不仅水资源和土地资源紧缺,能源资源也很不充足。能源主要依靠外部调入,是典型的能源资源调入地区。北京的能源资源极为有限,自产煤炭主要分布在京西门头沟和房山区,有少量的水力发电资源及地热等,石油和天然气尚未发现可供采用的工业储量。北京市全市电力供应的60%从华北电网调入，100%的油气全部由外地调入，94%原煤主要由山西调入。北京的其他矿产资源，如炼焦用烟煤、有色金属、磷等一些大宗消费的重要矿产探明储量很少或没有，只能依赖大量的外来调入来满足北京需求（张照志，2005）。与此同时，不仅北京，整个中国也面临着非常严峻的能源短缺问题，即使是储量最为丰富的煤炭资源，人均占有量也只有全球平均水平的45%，人均石油、天然气储量仅占全球平均水平的11%和4%。再加上北京冬寒夏热的气候特点，与世界上同纬度地区相比，冬季气温偏低5～15℃，夏季气温偏高1～2.5℃，需要消耗更多的能源。

北京是国内第二大能源消费城市，2010年全市能源消费总量仅次于上海。1990年北京市能源消费总量仅为2 719.3万吨标煤，2000年北京市能源消费总量为4 144万吨标准煤，2010年能源消费总量增加到6 954.1万吨标准煤，与2000年相比，能源消费总量增长了67.8%。能源消费量的快速增长也反映了北京市市民对能源需求的快速增长趋势。

近年来北京市一次能源生产量大体上呈现出下降趋势，2004年一次能源生产量为765万吨标准煤，2008年降到了414.2万吨标准煤，减少了45.9%，2010年一次能源生产量为481.1万吨标准煤。而二次能源生产量呈现增长趋势，从2004年的2 850.8万吨标准煤增长到2010年的3 457.3万吨标准煤，增长了近21%。其中煤油产量增幅迅速，从2004年的8.1万吨增长到2010年的116.1万吨，同时汽油、柴油、热力、电力也均有了一定程度的增长（见表2—7）。

表2—7　　　　　　　　能源生产量（2004—2010年）

项目	2004年	2005年	2006年	2007年	2008年	2009年	2010年
一次能源（万吨标准煤）	765.0	679.5	460.6	466.1	414.2	475.7	481.1
原煤（万吨）	1 067.9	945.2	642.1	648.8	578.5	641.3	500.1
二次能源（万吨标准煤）	2 850.8	2 832.1	2 714.4	2 895.2	3 213.3	3 346.7	3 457.3
汽油（万吨）	169.8	156.5	159.3	176.5	215.2	272.6	257.1
煤油（万吨）	8.1	12.4	11.6	36.4	85.2	111.6	116.1
柴油（万吨）	180.7	176.8	185.9	268.2	373.3	364.2	350.4
燃料油（万吨）	68.2	68.9	64.0	41.9	42.1	29.6	34.9

续表

项目	2004年	2005年	2006年	2007年	2008年	2009年	2010年
液化石油气（万吨）	43.3	47.3	40.5	66.2	50.0	40.3	32.9
热力（百万千焦）	10 973.9	11 335.7	12 181.6	12 951.1	13 846.2	14 476.1	15 710.9
电力（亿千瓦时）	200.4	209.8	209.7	224.4	244.9	242.0	263.3

数据来源：《北京统计年鉴（2011）》。

2.2.4 矿产资源

矿产资源是指经过一定地质过程形成的，储存于地壳内或地壳上的固态、液态或者气态物质，包括黑色金属、有色金属、冶金辅助原料、建材、化工原料、特种非金属、稀有金属等8类。

北京市矿产资源丰富，有固体矿产、地下水、地热、矿泉水等多种类型。目前，北京市已发现矿产126种，查明资源储量的有66种352处矿产地。其中，能源矿产1种，金属矿产铁、铜、金等19种，非金属矿产水泥灰岩、冶金白云岩等46种。此外，北京市矿产资源分布不均衡，具有分布广泛，矿种相对集中，以远郊区县为主的特点。固体矿产主要分布在远郊区县，地热、矿泉水矿产分布较广，大部分区县均有不同程度分布。

北京市虽然矿产资源丰富，种类比较齐全，但矿产资源基础储量严重不足，人均占有量低，可供规模开采的矿产地也很有限。北京炼焦用烟煤、有色金属、磷等一些大宗消费的重要矿产探明储量很少或没有，需大量调入来满足北京的需求。例如北京市的黑色金属矿产主要是煤炭、铁矿、钒矿和原生态铁矿，石油、天然气、锰矿、铬矿均没有储量。2008年这四种矿产资源的基础储量分别是6.69亿吨、3.08亿吨、0.24万吨、7.05万吨。到2010年，主要能源、黑色金属矿产中只有煤炭和铁矿有一定的基础储量，且储量相比2008年均有下降，其中煤炭是3.79亿吨，铁矿是0.89亿吨，煤炭储量减少了近一半，铁矿储量减少了71%。同时北京市的主要有色金属、非金属矿产仅有铜矿、锌矿和铝土矿，且基础储量相对很低，2008年锌矿储量为2.59万吨，铝土矿为2.30万吨，到2010年仅有铜矿储量0.02万吨，锌矿和铝土矿不再有基础储量。由此可见，相比于我国其他省市，北京市的矿产资源储量严重不足（见表2—8～表2—11）。

表 2—8　　　　北京主要能源、黑色金属矿产基础储量（2008 年）

地区	石油（万吨）	天然气（亿立方米）	煤炭（亿吨）	铁矿（矿石，亿吨）	锰矿（矿石，万吨）	铬矿（矿石，万吨）	钒矿（万吨）	原生钛铁矿（万吨）
全国	289 043.00	34 049.62	3 261.44	226.40	23 439.50	577.08	1 276.57	23 294.5
北京	—	—	6.69	3.08	—	—	0.24	7.05

数据来源：《中国统计年鉴（2009）》。

表 2—9　　　北京主要有色金属、非金属矿产基础储量（2008 年）　　单位：万吨

地区	铜矿	铅矿	锌矿	铝土矿	菱镁矿	硫铁矿	磷矿	高岭土
全国	2 891.04	1 359.58	4 281.69	73 513.99	191 951.88	177 189.63	356 400	64 186.40
北京	—	—	2.59	2.30	—	—	—	—

数据来源：《中国统计年鉴（2009）》《中国统计年鉴（2011）》。

表 2—10　　　北京主要有色金属、非金属矿产基础储量（2010 年）　　单位：万吨

地区	铜矿	铅矿	锌矿	铝土矿	菱镁矿	硫铁矿	磷矿	高岭土
全国	2 870.69	1 272.04	3 251.42	89 732.66	182 936.82	159 152.07	296 300	63 933.24
北京	0.02	—	—	—	—	—	—	—

数据来源：《中国统计年鉴（2010）》。

表 2—11　　　　北京主要能源、黑色金属矿产基础储量（2010 年）

地区	石油（万吨）	天然气（亿立方米）	煤炭（亿吨）	铁矿（矿石，亿吨）	锰矿（矿石，万吨）	铬矿（矿石，万吨）	钒矿（万吨）	原生钛铁矿（万吨）
全国	317 435.27	37 793.20	2 793.93	222.32	19 515.64	442.10	1 242.63	23 042.96
北京	—	—	3.79	0.89	—	—	—	—

数据来源：《中国统计年鉴（2011）》。

2.2.5　植物资源

植物资源是维持自然生态系统的主角，是物种多样性的基因库，它们通过不断地将二氧化碳转化为可再生能源，维系着地球氧的平衡，同时植物资源也是自然景观的直接体现，因此北京市的植物资源状况直接关系到首都的形象和市民的生活。

北京市境内地形复杂，生态环境多样，形成森林（针叶林，阔叶林、针阔混交和灌木林）、草地（河滩草地、低洼草地）、亚高山草甸、湿地（河流、湖泊、水塘、水库、沼泽、水田等）、农田、城市园林和城镇居民区等多种多样的生态类型，致使北京植被种类组成丰富，类型多样。北京有野生苔藓植物、蕨类植物和种子植物共计近1 600种，其中中国种子植物地理分布的15个类型，在北京地区都有分布。

由于北京受暖温带大陆性季风气候的影响，植物区系的温带性质最为突出，植被类型多为暖温带落叶阔叶林。同时，北京植被分类呈明显的垂直分布规律。在海拔1 800米以上的山地顶部，因气候冷湿，植被根系密集，多为亚高山草甸；海拔800~1 800米的中山地带，气候温凉，植被以森林及次生灌丛群落为主；海拔800米以下的低山地带，气候温和，由于森林遭破坏，植被以落叶灌丛为主；而东南部及东部冲积平原多为潮土，是农田的主要耕作区。

此外，由于北京历史上未受第四纪冰川的影响，其植物区系为第三纪植物区系的后裔，主要是在本地起源和发展起来的，这也是北京植被种类较丰富的原因。

北京的自然条件对本区植被的发育是有利的，但人类的生产活动对植被的结构和分布产生了深刻的影响。随着原始森林遭到不断的砍伐和焚毁，原生植被几乎被破坏殆尽，仅在远离城镇的深山区保留了一些次生林，到1949年森林覆盖率仅1.3%（赵一，2010）。新中国成立后，随着北京市人口的快速增长，经济的不断发展，大量的森林被改为农耕地和建设用地，同时，随着人民生活质量的逐步提高，对植物等自然资源的需求也迅速增长，致使北京的植被资源状况恶化，生物多样性以前所未有的速度丧失。对此，政府也意识到问题的严重性，通过加强植树造林工作，到1980年森林覆盖率增加到10.32 %，但仍低于全国水平。2006年这一数值增长到35.9%，增长近2.5倍，近几年森林覆盖率也在逐步提高，到2010年达到37%。同时，森林蓄积量从2005年的1 295.3万立方米增长到2010年的1 435.4万立方米，2010年森林面积相比2005年增长了7.6%，达到666 050.7公顷（见表2—12）。

表 2—12　　　　　　　　北京市森林资源情况

年份	森林面积（公顷）	森林覆盖率（%）	活立木蓄积量（万立方米）	森林蓄积量（万立方米）
2005	619 243.2		1 521.4	1 295.3
2006	626 006.3	35.9	1 521.4	1 295.3
2007	636 565.7	36.5	1 559.5	1 368.9
2008	641 368.3	36.5	1 574.0	1 394.4
2009	658 914.1	36.7	1 810.3	1 406.2
2010	666 050.7	37.0	1 854.7	1 435.4

数据来源：《北京统计年鉴（2011）》。

2.3　生态环境特点和主要环境问题

生态环境是生态系统中构成某种生物生存、繁衍的各种生物和非生物因素与条件的总和。对人类社会而言，就是人类生态系统中构成人类生存和发展的所有生物和非生物条件的总和。其中，生物条件包括各种微生物和动植物，非生物条件则包括阳光、空气、水、土壤以及人类社会特有的矿产和能源等自然资源和自然条件的总和。在生态系统中，各种生物和非生物因素之间通过物质交换和能量流动构成一个生态整体，当生态系统发展到一定稳定阶段时，各种生物和非生物因子通过食物链的相互制约作用，使其物质循环和能量交换达到一个相对稳定的平衡状态，从而保持了生态环境的稳定和平衡。如果环境负载超过了生态系统所能承受的极限，就可能导致生态系统的弱化或衰竭。

实际上我们看到，在环境概念中一定包括自然资源，而在资源概念中又有环境的成分。长期以来，人们对这些概念的区分不太清楚，角度不同，研究所指的对象也不一样。地理学、生态学、资源经济学和环境经济学都有自己不同的对环境和自然资源的理解和定义，总的特点是互相交叉和包容。在环境经济学研究中，实际上将所有自然因子都看做一种环境介质。在资源经济学研究中，自然资源主要是指自然资源资产。然而，长期以来在经济学科中盛行的自然资源和环境之间的区别，已经不再具有实际的意义。自然资源经济学家所指的自然资源，是指森林、矿产、水资源、土地等，能够生产一定的物质产品，环境则被认为是一种介质，通过它使得空气污染、噪声、水污染以及舒适性等资源与外部性紧密相连。当我们逐步认识到自然资源提供服务的多样性以及各种外部性的重要形式，自然资源和环境之间的区别就显得不再那么明显了。

2.3.1 北京市的生态环境特点

1. 生态环境总体上比较脆弱

人类生态系统是一种人工化了的特殊的生态系统，这个系统中的典型特征是简单化和年轻化。由于人类拥有技术和智力，因此在生态系统中处于特殊的主宰地位，而人类为了获得生态系统中最大的净产出，往往通过消灭食物链中的其他动植物和微生物来保持系统的简单化和高产出，但也因此导致了系统的脆弱性和不稳定。另外，人类生态系统还有一个与自然生态系统不同的方面，即在人类生态系统通过食物链的能量流和物质流之外，还存在着食物链之外的能量流和物质流，即各种矿产资源和化石能源流，这些矿产和化石能源在流动过程中，不能够如生物能和生物物质那样自然降解，而是留在人类生态系统内部并积累下来造成污染，并进而影响生态系统的正常功能。人类生态系统在结构上的物质能量流动的双重性和结构上的不完整性，以及人类对自然生态系统内资源的过度开发和利用，都导致出现一系列生态环境问题。北京地区的生态环境，总的来说尚较优越。不过，由于历史上长期受人为活动的干扰和破坏，加上某些自然地理条件的制约，生态环境比较脆弱，容易受到冲击和破坏。

据国外学者的研究，50%以上的绿化覆盖率才能保持城市良好的生态环境。而根据国家统计局统计，我国近年来城市绿化水平虽呈上升之势，至2010年年末，全国城镇绿化覆盖率也仅为38.62%，建成区绿地率34.47%。而作为中国的首都，2010年北京市的绿地面积为62 672公顷，绿化覆盖面积65 348公顷，城市绿化覆盖率为45%，虽然高于我国平均绿化水平，但与国外学者所认为的50%的标准仍有一定差距。同时有研究表明，北京的城市生态足迹和生态承载力很不理想，生态赤字和生态承载力的比值超过了20，远远高于全世界平均水平1.22和全国平均水平1.78，仅次于天津和武汉，位居第三，这也充分表明北京的城市生态系统十分脆弱，容易退化，生态失衡问题严重(金贤锋、董锁成、周长进、李宇、李泽红,2009)。

2. 北京市的生态环境存在明显差异性

北京市因为地形地貌和气候存在较大差异,加之人口和经济发展的聚集程度不同,因此在生态环境的表现上也有很大差异,生态环境总体上可以划分为三个圈层①,第一圈主要是包括几个主要城区(中心城区和城市功能拓展区)的区域,以城市居民为主,经济方面以从事非农产业为主,为城市功能生态圈。第二个圈层是以远郊区县的农业为主区域,包括怀柔、大兴、顺义、通州等,为农业生态系统;第三个圈层为远郊区县,包括延庆、密云,第三圈是以自然保护区为中心的自然生态环境圈。每个圈层的构成和特点有较明显的差异,形成了不同的生态特点,并产生了不同的问题。

(1)城市内圈层的典型城市生态系统及环境特点

城市生态环境圈主要是指北京城区和一部分近郊区,在范围上大约相当于目前的东城区、西城区等城市功能核心区以及海淀区、朝阳区、丰台区、石景山区四个区域组成的城市功能拓展区的大部分。这一圈层的特点是:人口密集、部门集中、自然生态环境几乎完全被大量的人工建筑设施所替代。社会经济因素占绝对控制优势,自然生态成分作用很小。这里也是北京市人口对自然环境干预最强烈的地方。虽然这里并不能完全脱离所在地域的地形地貌类型、气候类型、植被土壤类型等地理背景,但是原来的自然环境面貌在城市里已经所剩无几,完全变成了人工生态系统。大规模的土地填挖和建设已经改造了中小地貌,以水泥、沥青、砖瓦和各种人工热源组成的人工下垫面取代自然下垫面形成了独特的城市气候,即便是公园、植物园、动物园中的自然物也无一不受人工的控制。系统所需要的能源和物质完全要靠系统以外来提供,系统是高度开放的。

作为典型的人工生态系统,城区的生态系统与自然生态系统相比在食物网结构上趋于简单化和年轻化,因此与自然生态系统相比很不稳定,易受到人类的干扰和出现不可逆转的退化。自然生态系统具有抗干扰和趋于稳定的能力,越是生物种类多样,生态系统就越稳定。这是因为在生态系统内部存

---

① 这部分内容主要参考:刘燕生. 北京市生态环境建设战略对策初探. 环境保护,1985(07).

在着多个能量流通和物质循环的通道,生物种类越多,食物链就越多且交织成复杂的食物网,系统在受到干扰后就越容易得到恢复。而城市生态系统,作为一种人工生态系统,是人们按照自己的目的而建立的生态系统。在这个系统中,除了观赏性的树木花草,完全缺乏自然生态系统中能量流通的渠道。城市生态系统需靠系统以外甚至很远的其他农业生态系统来提供最初的食物能量,而系统本身却不存在第一级食物生产者——绿色植物,消费者也只有人类自己,其他一切与人类有竞争的野生食草、食肉动物一概被有意识地驱逐或消灭,因此食物的能量层级只剩一级,能量流通渠道在城市内部基本只有一个且不完整。城市生态系统这种完全的人工生态系统,因为缺乏自然生态系统所具备的起码条件,变得很不稳定,非常容易受到干扰。同时,由于城市地区的生产活动主要是依靠植物能量和矿产进行的非农业经济活动,在人们的非农业生产以及集中化生活中消耗的能量和资源巨大,而在这一过程中释放出来的大量废弃物难以自然降解和消除,因此形成严重的污染,这也是城市生态系统共有的特点。

北京中心城区的生态系统充分体现了上述一般城市生态系统所共有的不完整和不稳定的特点。同时随着近年来北京城市的飞速发展,城市人口激增,人口的大规模聚集更加挤占了第一级生产者——绿色植物的生存空间,即便城市的绿地再多,也严重不足。而随着北京人口规模短期内只增不减,北京的城市生态系统变得更加脆弱,易受干扰,城市生态系统失衡问题十分严重,主要表现为两类环境问题:一类是城市污染,另一类是本身的绿化系统难以满足环境进化的要求。

(2) 第二层——农业生态系统

农业生态环境圈大致包括北京城市功能发展新区所在的大兴区、通州区、顺义区、昌平区和房山区5个区所在地,在地貌上主要包括广大平原地区和近山浅山平缓坡谷地带。这一范围内除了一些城镇、乡镇和集镇等居民比较集中的地区外,有很大的农业用地,形成另一种人工生态系统类型——农业生态系统。农业生态系统典型的特征是,大量不同类型的自然生态群落被单一的农田所代替,过量垦殖容易造成水土流失,同时过量的化肥农药的采用和灌溉等,容易造成土地质量退化等生态问题。

北京市在农业生态圈的主要生态问题，表现为如下几个方面：一个是耕地面积不断减少。近年来由于城镇发展较快，建筑用地占用大量农田，耕地面积不断减少。从1990年到现在，耕地面积减少了181.3千公顷。第二个是水土流失比较严重，同时，土地退化比较明显。农业上大量施用化学肥料，而且氮肥施得多，磷肥施得少，钾肥几乎不施，且施用的有机肥料数量少，质量差。结果是土壤结构被破坏，有机质含量低，土壤肥力下降。此外，滥施农药也导致了土壤、作物和水源的污染。

(3) 山地自然生态环境圈

除了上述二圈之外的广大山区，主要范围大致包括密云县、延庆县、门头沟区、平谷区、怀柔区5个县区。主要特点是人烟稀少，交通不便，经济不发达，人为活动对自然生态系统的影响小，因此这一圈可以看做是山地自然生态系统。在偏远的山区还残存一些天然生态系统，主要以百花山、灵山、松山、云蒙山、雾灵山和喇叭沟门等地区，野生动植物较为丰富。对整个北京地区的生态系统平衡起着重要作用。目前其主要问题是由于长期的能源缺乏，当地居民大量砍樵搂草、砍伐林木，使自然植被破坏，生态群落退化，野生动植物资源减少，对整个区域的可持续发展构成潜在的威胁。

2.3.2 北京市当前的主要生态环境问题

从20世纪50年代以来，由于人口的迅猛增长和科学技术的飞速发展，人类既有空前强大的建设和创造能力，也有巨大的破坏和毁灭力量。一方面，人类活动增大了向自然索取资源的速度和规模，加剧了自然生态失衡，带来了一系列灾害。另一方面，人类本身也因自然规律的反馈作用，而遭到"报复"。因此，环境问题已成为举世关注的热点，无论是在发达国家，还是在发展中国家，生态环境问题都已成为制约经济和社会发展的重大问题。北京作为中国的首都和世界特大都市，其人口的过度集中与膨胀也造成了多重资源、环境压力，技术落后、产业结构不合理造成的工业化过程中资源的浪费，人们的环保意识淡漠以及消费方式不合理、法律法规不健全、城市规划与管理不完善等多种原因也使北京面临着一系列的生态环境问题，这严重制约了北京市的可持续发展。

生态环境问题一般来说，主要包括环境污染和生态退化两个方面，北京市这两方面环境问题都存在。但是以第一类问题更为显著和突出。

1. 北京的城市环境污染

随着社会生产力的发展和科学技术的进步,人类征服自然的能力越来越大,对环境的影响也越来越显著。城市环境质量的优劣,取决于多种因素的相互作用,如地理、气候等自然因素,以及经济发展水平、科技水平、市政设施、城市管理、污染治理技术等一系列条件。近年来北京市人口规模不断增大,在一定的技术水平下,人口规模越大,人口密度越高,活动强度越大,产生的污水、废气、固体垃圾也就越多,对环境的污染也越严重。

作为发展中国家的首都和迅速发展的经济中心城市,北京市长期受到环境问题的困扰,其中尤以大气污染最为严重,水体污染、垃圾和噪声污染也很突出,其中城乡结合部的环境质量最差。从1998年起北京市政府在中央的支持下对城市的大气环境和水环境进行了全面质量改进,基本上扭转了环境质量严重恶化的趋势,但环境问题仍不容乐观,目前仍有很多指标尚未达到国家标准,甚至在全国排名非常靠后。

北京市目前的环境污染主要表现在三方面:

第一,北京市的水环境不理想,地表水污染严重,地下水水质不断恶化,水位严重下降,全市规划市区中的大部分地区地下水处于超采和严重超采状态。而北京市属于重度缺水城市,本就稀缺的水资源更不利于水污染的防治,也加重了由于过度开采导致的地面下沉和地下水位下降。据统计,全市每天排放废水近374万吨,其中生活污水的排放量要多于工业污水。北京市的废水排放量逐年增长非常迅速,2006年全市排放工业废水10 170万吨,生活废水排放94 824万吨,其中生活废水已经占到全部废水排放量的90.3%。到2010年全市废水排放量达到136 414.52万吨,其中工业废水排放量8 197.99万吨,仅占总排放量的6%,而生活废水排放量达到128 216.53万吨,占到全部废水排放量的94%之多。可见生活污染已远远超过工业污染,成为污水的第一大来源,且比重逐年递增。

北京市2010年共监测地表水五大水系有水河流83条段,长2 006.6公里,达标河段长度百分比仅为54.4%。其中:Ⅱ类、Ⅲ类水质河长占监测总长度的55.5%,Ⅳ类、Ⅴ类水质河长占监测总长度的1.3%,劣Ⅴ类水质河长占监测总长度的 43.2%。在五大水系中，潮白河水系水质最好，达标河段长度百分比为 94.8%，永定河水系、蓟运河水系达标长度百分比分别为 73.8%、50.2%，而大清河水系和北运河水系水质总体较差，达标长度百分比分别为 21.6%和 16.7%。

据 2010 年北京市环境状况公报，2010 年北京市共监测有水湖泊 22 个，水面面积 720 万平方米，达标湖泊水面面积百分比为 83.2%。其中：Ⅱ类、Ⅲ类水质湖泊占监测湖泊水面面积的 76.2%；Ⅳ类、Ⅴ类水质湖泊占监测水面面积的 17.5%；劣Ⅴ类水质湖泊占监测水面面积的 6.3%。同时，2010 年监测的 16 座有水水库的达标库容百分比为 89.2%。其中：Ⅱ类、Ⅲ类水质水库 15 座，占监测总库容的 89.5%，Ⅳ类水质水库 1 座，占监测总库容的 10.5%。根据污染指标高锰酸盐指数显示，密云水库和怀柔水库水质符合饮用水源水质标准，营养级别属于中营养，而官厅水库水质仍为Ⅳ类，不符合规划水质要求。

第二，北京市大气污染严重，北京市造成大气污染的污染物，主要来自直接燃煤和地面扬尘，以及汽车尾气和工厂排放的有毒有害废气。据世界卫生组织全球监测网监测，北京市是世界上大气污染最为严重的 10 个大城市之一，环境质量不容乐观。近年来随着北京市人口的急剧增加，机动车保有量也大幅度增长，北京市大气污染的复合型特征日益明显，由于机动车尾气排放对大气的污染日趋突出，氮氧化物成为与二氧化硫、烟尘、工业粉尘并列的主要污染源，加重了污染程度和防治难度。

世界卫生组织 1998 年对 53 个国家 272 个城市的大气总悬浮颗粒物、二氧化硫、氮氧化物等进行测定，北京市被列入全球十大污染城市，位居第三位。目前，北京大气污染复合型特征日益明显，随着机动车尾气排放对大气的污染日趋突出，氮氧化物成为与二氧化硫、烟尘、工业粉尘并列的主要污染源，更加重了污染程度和防治难度。北京的地形和气候特点也加重了大气污染。由于北京三面环山的簸箕状地形，加上二环以内高楼林立致使污染物难以扩散，只有刮大风和下大雨后才能有大量的新鲜空气进入。北京市经常出现逆温和静风天气，尤其是在冬季，这非常不利于污染物扩散。此外，北京长期以煤为主要原料，大气中的绝大多数二氧化碳和总悬浮颗粒都来自于燃煤，加重了大气污染。且北京城市布局不合理，62%的人口分布在面积不到9%的城六区，另外80%以上的建筑，60%的工业产值和80%的能源消耗也都集中在城市中心，导致污染物排放过于集中，不易扩散。而随着北京市的经济发展和市民生活水平提高，各类汽车数量猛增，交通的拥堵不畅也进一步增加了尾气排放，使氮氧化物成为北京大气的主要污染源。

近年来通过大力整治，北京的空气质量已得到一定的改善，大气中主要污染物浓度均有不同程度的下降。在北京社会经济快速发展、地区生产总值增长的同时，二氧化硫排放量由2001年的20.1万吨降至2006年的17.6万吨，削减了12.4%，2010年又从2006年的17.6万吨下降到了11.5万吨，减少了34.65%。二氧化硫年日均值也从2001年的0.064毫克/立方米降到2010年的0.032毫克/立方米，减少了50%。二氧化氮年日均值也从2001年的0.071毫克/立方米减少到2010年的0.057毫克/立方米，降低了近20%。可吸入颗粒物年日均值从2001年的0.165毫克/立方米逐步下降到2010年的0.121毫克/立方米，减少26.7%。化学需氧量排放量从2001年的17.0万吨下降到2006年的11.0万吨，削减了35.3%，而2010年又从2006年的11.0万吨下降到9.2万吨，削减了20%。空气质量二级及好于二级的天数也从2001年的185天增至2010年的286天，连续十年增长了61.6%。说明北京近年来环境质量在很大程度上得到了改善（见表2—13、图2—6、图2—7）。

第三，北京市固体废物的产生量相当大，尤其是生活垃圾的排放问题严重，目前北京已被大量垃圾山包围，大面积耕地也被垃圾所覆盖。而北京市土地资源本就有限，工业废渣和生活垃圾的堆放，不仅侵占了土地资源，还严重污染了地表水、地下水和土壤。

2010年北京固体废弃物产生总量为1 903.82万吨。其中工业固体废弃物产生量为1 268.92万吨，比2001年的1 136万吨增加了132.92万吨；工业固体废弃物的排放量0.06万吨，相比2009年0.09万吨的工业固体废弃物排放量减少了33.3%；工业固体废物处理量（包括综合利用和处置量）由2005年的279.44万吨增长到2010年的780.25万吨，增长了1.8倍。近年来，工业固体废弃物的产生量持续增加，而工业固体废弃物的排放量却持续走低，

表 2—13　　　　　　　　大气污染指标（2001—2010 年）

年份	可吸入颗粒物年日均值（毫克/立方米）	二氧化硫年日均值（毫克/立方米）	二氧化氮年日均值（毫克/立方米）	化学需氧量（COD）排放量（万吨）	二氧化硫（SO_2）排放量（万吨）	空气质量二级及好于二级天数（天）	空气质量二级及好于二级天数的比例（%）
2001	0.165	0.064	0.071	17.0	20.1	185	50.7
2002	0.166	0.067	0.076	15.3	19.2	203	55.6
2003	0.141	0.061	0.072	13.4	18.3	224	61.4
2004	0.149	0.055	0.071	13.0	19.1	229	62.6
2005	0.142	0.050	0.066	11.6	19.1	234	64.1
2006	0.161	0.053	0.066	11.0	17.6	241	66.0
2007	0.148	0.047	0.066	10.7	15.2	246	67.4
2008	0.122	0.036	0.049	10.1	12.3	274	74.9
2009	0.121	0.034	0.053	9.9	11.9	285	78.1
2010	0.121	0.032	0.057	9.2	11.5	286	78.4

数据来源：《北京统计年鉴（2011）》。

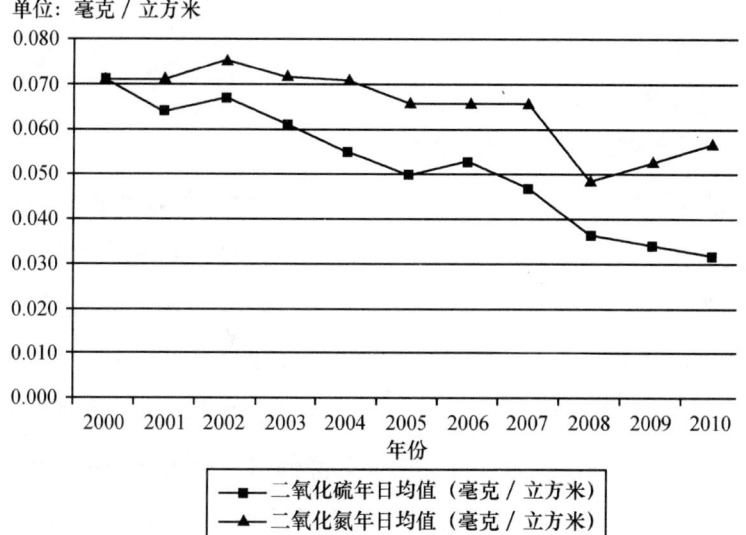

图 2—6　二氧化硫、二氧化氮年日均值（2000—2010 年）

数据来源：《北京统计年鉴（2011）》。

这与近年来北京市产业结构优化，发展高新技术，加强资源利用的效率，提高工业固体废弃物的再利用率有着很大关系。同时，随着人口增加以及人民

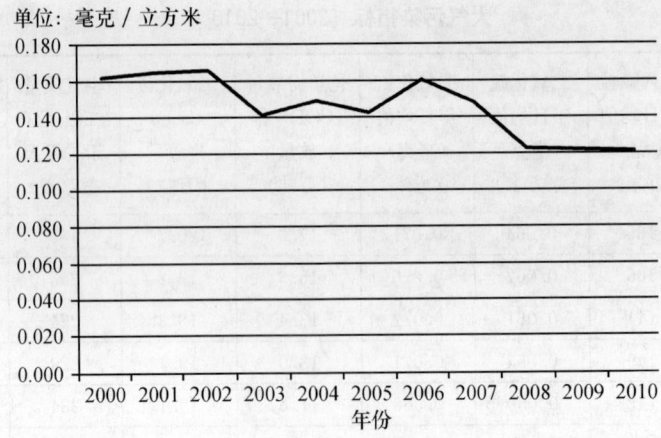

图 2—7　可吸入颗粒物年日均值（2000—2010 年）

数据来源：《北京统计年鉴（2011）》。

群众消费水平的提高，城市生活垃圾量也在不断增加，2010 年城市生活垃圾产生量为 634.9 万吨，随着科学技术的发展，经济水平的提高以及科学管理的运用，城市生活垃圾无害化处理率也在逐步提高，2010 年已经达到了 96.9%。

2. 生态退化

(1) 森林覆盖率低，风沙危害严重

由于北京市周边面临沙漠或者沙化土地的侵袭。在地面裸露多风的季节，沙尘进入城市与城市的污染物相混合，造成了更加严重的复合性污染，加大了污染治理的难度。每到冬、春季节，尤其是春季，因北京气候干旱多风，加上地面裸露面积大，常出现扬沙、浮尘以及沙尘暴等沙尘天气，其中，以浮尘天气为最多，沙尘暴天气比较少见。所谓沙尘天气是指本地或附近尘沙被风吹起，使空气混浊、大气能见度显著降低的一种天气现象。根据其强度由高到低可依次分为沙尘暴、扬沙和浮尘三个等级。例如，2012 年 3 月 31 日下午到傍晚北京出现了浮尘天气，北京各地区污染物浓度先后达到 500 微克/立方米以上，部分地区出现 1 000 微克/立方米左右的高值，造成当日北京的空气质量只达到三级。

北京城市绿地面积本就相对较少，不能有效地吸收污染物，对人的健康损害也就因而加重。近年来北京市开始大力治理城市环境问题，加强植树造林、园林绿化，增加城市绿地面积，提高城市绿化率，以期改善北京城的生态环境。北京市2010年年末公园绿地面积从2001年的7 554公顷增加到2010年的19 020公顷，公园绿地面积十年内增加了2.5倍，同时城市绿化覆盖率也由2001年的38.78%增加到2010年的45%。通过一系列生态环境的改造，北京的生态退化现象得到了一定的缓解与改善，然而由于北京自然环境禀赋不足，仅仅靠提高城市绿化率难以有效改善生态退化问题（见表2—14）。

表2—14　　　　　园林绿化及森林情况（2001—2010年）

年份	年末公园绿地面积（公顷）	人均公园绿地面积（平方米/人）	城市绿化覆盖率（%）	林木绿化率（%）	年末园林绿地面积（公顷）
2001	7 554	10.07	38.78	44.0	30 224
2002	7 907	10.66	40.57	45.5	32 572
2003	9 115	11.43	40.87	47.5	38 475
2004	10 446	11.45	41.91	49.5	36 755
2005	11 365	12.00	42.00	50.5	38 877
2006	11 788	12.00	42.50	51.0	45 495
2007	12 101	12.60	43.00	51.6	46 320
2008	12 316	13.60	43.50	52.1	46 993
2009	18 070	14.50	44.40	52.6	61 695
2010	19 020	15.00	45.00	53.0	62 672

数据来源：《北京统计年鉴（2011）》。

（2）水资源严重紧缺和不足，与水污染互相强化

北京市水资源严重匮乏，水资源总量很少，人均水资源占有量更少。随着北京市经济的发展和人口规模的迅速扩大，水资源的需求量在不断增加，人均水资源占用量在不断减少，用水紧缺问题日益严重。

随着人口增加和经济的发展，北京市的用水量增长很快。2010年全市工业和城市生活用水量已达19.9亿立方米，若遇枯水年，可利用的水资源严重短缺，供需矛盾更为突出。近些年来，北京市城乡总用水量已超过本地区实际可利用水资源的最大限度，不足之数主要是靠利用污水灌溉农田和超量开采地下水来维持的。供水压力过大给北京的生态环境带来了严重后果。例如20世纪70年代以来由于大量开采地下水，已经累计超采了40亿立方米，致使城区和近郊形成了1 000多平方米的漏斗，地下水位平均下降4.3米，中心

城区下降40米，并导致东郊地面下沉。50年代郊区泉流广布，如今全部消失，一些湖泊只好依赖地面水补给。北京平原地区地下水埋藏深度高于山区地下水的掩埋深度，平原和山区地区的地下水水位都在不断下降。2010年年末地下水平均埋深为24.92米，与1980年年末相比，地下水位下降17.68米，相比1960年，地下水位下降了21.73米。从地下水下降的面积看，全市平原区地下水位53%的区域是在下降区（水位下降幅度大于0.5米），而相对稳定区（水位变幅在-0.5~0.5米）的面积却在不断下降。2010年地下水埋深大于10米的面积为5 466平方公里，地下水降落漏斗（最高闭合等水位线）面积1 057平方公里，比2009年增加10平方公里，严重下降区的面积仍在不断扩大。同时，地下水资源掩埋深度的不断加深，地下水位不断下降也加大了地下水资源的开发利用难度，并导致地面下沉。而在水污染方面，由于北京属于重度缺水城市，降雨较少，河流流量较小，城市污染物混入河流，造成河流被污染。而水污染又进一步加剧了供水紧张的程度。

第三章 北京市人口—资源—环境关系的理论分析

3.1 人口与资源环境的相互作用机制与途径

3.1.1 人口对资源环境的作用途径

人口的数量、结构、分布等范畴，经过合理的抽象，都可以用人口规模的影响加以说明。因为人口的性别、年龄结构影响可以通过一套换算权数折算为人口数量，因此人口在理论框架中成为其统计学定义的人类数量总体。至于人口的地理分布，实际上在缩小具体研究的地域口径时便可以得到反映。因此，在研究人口变动与资源环境关系及其作用机制时，用人口数量变动与资源环境的关系来加以抽象概括是合理的（郭志刚，2000）。因此，本章在研究人口与资源环境关系机制时，将主要从人口数量增长的角度进行抽象。

人口与资源环境的关系及其相互间的作用机制比较复杂。人口通常主要是通过生产过程间接对资源环境产生作用的。但是近年来，人口的消费对环境的作用日益受到重视，例如家庭交通工具的使用、能源的消费、粮食的消费、木材的消费、生活垃圾等对环境的污染等方面。从人口增长的角度说，人口增加，一方面可能带来人们对新的资源利用技术的开发，另一方面会加速资源的消耗。

人口数量变动对资源环境的影响，首先表现在由人类的生产方式和生活方式引起的资源环境后果的倍乘效应。这个倍乘效应可以表述为：在假定人这种抽象的社会动物对环境的影响后果为某个量时，人口数量的作用表现为对这种抽象的人的作用的倍增（当人口数量增大时）或者倍减（当人口数量减少时）。这个作用可以借用下面这个著名的人口环境关系公式加以说明：

$$I = PAT$$

其中，I 是资源压力或环境指标，P 是人口规模，A 是人均产出或者人均消费水平，T 是单位产出或者消费产生的环境破坏，相当于技术水平。我们看到，A 和 T 实际上代表了人们的行为方式，而 P 就是人口规模。

这个公式说明，在同样的消费水平和行为方式下，如果 A 和 T 保持不变，那么人口数量（P）越多，对环境的总的作用强度就越大。因此，人口规模增加对资源环境所起的作用，就如一个放大器，随着人口规模增加，将环境影响后果成倍地扩大。

但是，这个公式并没有考虑到人口（P）、生活消费（A）和技术（T）等之间的相互作用，因此仅仅认为人口变动对环境的影响后果就是倍乘作用，显然是偏颇的。实际上，人口的作用，除了对于后面的人类活动方式起到倍乘的作用外，还通过人口规模的压力，对人类活动方式本身产生激化作用。例如，在贫困地区，在人口压力小的时候，人类对环境的影响较小，但当人口增长到一定规模，人们的行为方式就会发生很大变化，就可能以掠夺性和破坏性的方式使用资源。另外，就人类的社会发展来说，工业化的发展，以及 20 世纪的绿色革命等，可以说在一定程度上是人口规模增加产生的巨大压力推动的。

由此可见，人口变动对资源环境的作用，一方面通过直接的乘积作用放大人类活动方式带来的环境后果，另一方面通过刺激人类活动方式来间接地影响环境。即人口数量的变化，可以刺激和影响人均产出水平（A）和技术（T），然后综合地作用于环境。可见，人口变动对环境的影响后果，通过两个途径起作用。笔者将一个称为是人口的倍乘作用，另一个称为人口对行为影响的激发作用（见图 3—1）。

目前发达国家资源的人均消耗水平高，但由于人口本身进入低增长阶段，人口总量和增长小，因此人口变动对环境资源的倍乘和激发影响都相对较小，而发展中国家正好相反，人均消耗和排放水平虽然低，但人口规模大且增长

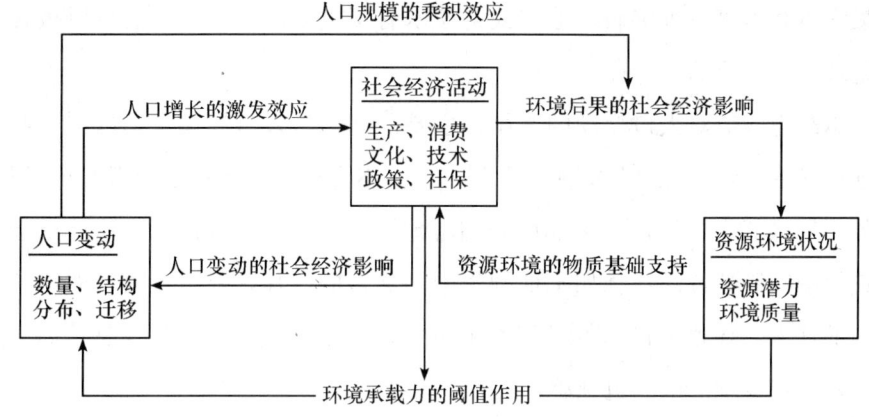

图 3—1 人口与环境的相互作用机制

快，人口转变尚未完成，因此人口的倍乘和激发效应相应也大。人口的作用正如上面分析的，一方面产生乘积效果，一方面刺激人们的行为方式，在双重作用下，使得发展中国家和地区的人口环境后果更加严重。如果人类活动方式是在比较落后的生产水平下，落后的技术以及人口素质低下，人口产生的作用就是强化环境的负面效果。

3.1.2 资源环境对人口的作用机制和途径

资源环境对人口的作用和影响，是指资源环境条件怎样影响着人口的数量、分布和结构等，并形成怎样的人口状况和特征。

1. 环境对人口变动的影响，主要体现在它对人口数量的变动产生了一个阈值的作用

环境对人口变动的影响，最重要的体现是环境给人口增长提供了一个上限，即最大的资源环境承载力。虽然学术界对于人口承载力的研究颇有争议，但是不可否认的是，一些不可替代的非恒定资源，如全球水资源和土地资源，其总量是一定的，而且可用部分不断减少，而人的生活不能离开食物和水。因此，无论科技怎样发展，单位面积上的产出也是有上限的，这就决定了地球对人口的承载力是有限的，这一点学界已达成共识，争议较大的是如何通过计算得到现实的和潜在的承载力。

具体到一个国家或者地区，环境对人口的承载一般也有上限，只不过随着国际贸易的往来，这种限制被扩展到更广阔的区域。但这并不能说明全球

的最大承载力可以被突破，除非太空技术有了重大的突破，人们可以被转移到地球之外的星球上生存。

承载力阈值对人口变动的作用，主要体现了对人口规模变动的限制和分布迁移等的影响。尤其是一些关系到人们基本生存的重要资源或者环境条件，例如干旱区的水资源，山区的可利用土地资源，极端的气候等，这些都会成为最短缺限制性资源，犹如木桶理论中的最短的一片，限制着人口的增长和人口的迁入，导致人口密度不能无限扩大。资源环境条件越是优越，阈值越大，对人口变动的限制也越小；反之，则越大。

2. 环境通过社会经济、制度文化等多种媒介因素对人口规模增长、空间分布和结构等发生直接或者间接的影响

我们知道，人口虽然具有自然属性，但是本质上是具有社会属性。人口的增长变动并不像一般动物那样，直接地受制于食物和其他基本生活必需品的供给制约。实际的人口变动，是由复杂的生育决策和死亡过程共同实现的，在国家或区域间，还受到人口迁移的影响，因此人口数量的多寡、结构怎样、分布怎样，并不完全受制于直接生活资料的多少，还受到生产过程、就业、政策等多方面的影响。例如出生率主要受到生育观以及政策的影响，而生育观又受到就业、保障、收入等多方面的影响，并不是由食物来决定的。死亡率虽然受到环境的影响，但在环境条件许可的情况下，更多受到医疗卫生水平和技术的影响。另外人口的迁移原因也很多，并不完全是自然环境条件作用的结果。在人口的这个变动过程中，自然环境只是在为社会经济发展提供物质条件的基础上，通过经济社会的发展来间接地影响人口的自然增长和迁移变动。

3.1.3 人口与资源环境的关系框架

可以用一个简单的示意图来表征人口与资源环境之间的相互作用关系（见图3—1）。总体来说，人口与环境之间的确是存在密切的关系，但是这种关系，既有直接的作用，也有间接的通过社会经济活动所起的作用。人口变动对环境的影响主要通过两个途径实现，一个是人口增长后对社会经济活动的激发作用，另一个是人口规模在该作用上的乘积作用，二者合起来构成人口对环境的作用。而环境对人口的影响，一方面是通过社会经济活动间接地

影响人口的数量规模变动,另一方面则通过环境承载力对人口的变动起到约束和限制的作用。

3.2 北京市人口因素对资源环境的影响之表现

3.2.1 人口变动对北京市水资源的压力

水资源的特点是不可再生、不可替代和总量有限,而且污染后具有不可逆性。而人类的生存发展又是离不开水资源的。

我们采用图3—2来表征人口规模增长对北京市水资源产生压力的主要作用机制。可以看到,人口对水资源的压力,主要通过两个途径发生:一个是人口压力增加水资源消耗,另一个是对水资源的污染。这两个方面在北京市都表现得比较突出。

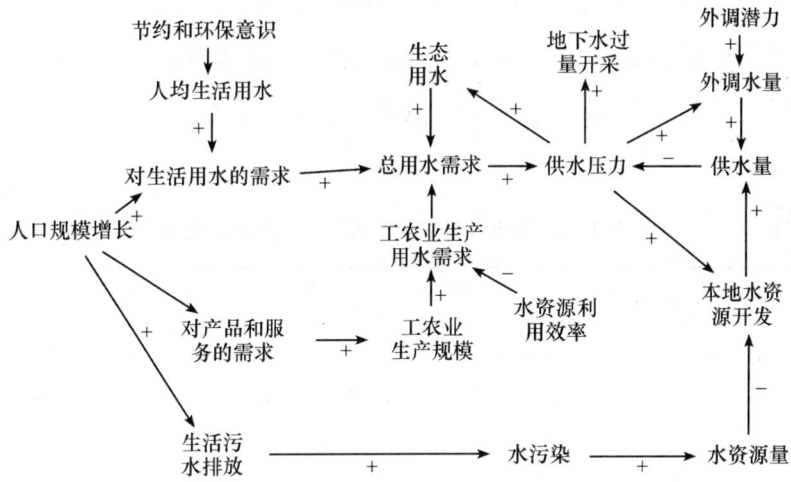

图3—2 人口规模增长对水资源压力和水环境的主要影响途径

从人口对水资源的需求压力来说,将通过直接和间接两个渠道对水资源产生需求,一个是在人均生活用水一定的前提下,人口规模增加,则必然导致生活用水的增大,从而产生对总的水资源需求的增加。另一个是间接途径,即人口增加,则对其他产品和服务的需求也会增加,从而通过经济活动导致生产用水和环境用水的增加。然而,因为就北京市一个城市来说,总的供水量是有限的,因此不断增大的需求之间将会产生矛盾,导致供水压力增大,并引起一些问题,例如地下水开采过量、挤占生态用水等。此外,由于人口

增加，引起生活污水排放量的增大，在一定的治理水平下，将会使可用的清洁水资源量减少，从而产生对水资源的不利影响，减少清洁水的供给。

如前所述，北京市水资源比较匮乏。这一方面体现了自然条件的限制，本身总量就有限；另一方面，则从水资源与快速增加的人口数量之间的相互对比中可以得到充分体现。主要体现在以下几个方面：

第一，人口规模增加导致人均占有水资源日益下降，水资源压力持续增大。

我们从过去十年的人均水资源量上来看，北京市人均水资源从2001年的138.62立方米下降到2002年的113.13立方米，之后又由2003年的126.34立方米稍有上升，直到2006年的139.78立方米，但之后到2007年又上升到了145.74立方米。2008年人均水资源攀升到201.77立方米，但是伴随着北京市人口的增加，特别是外来人口的大幅增加，导致人均水资源下降到2010年的117.74立方米。2001—2010年，平均的人均水资源量为140.18立方米，其中只有2008年因为来水量丰富，其余均在155立方米/人以下（见表3—1）。

表3—1　　近10年来北京市人口增长与人均水资源的变化态势

年份	常住人口（万人）	水资源总量（亿立方米）	人均水资源（立方米/人）
2001	1 385.1	19.2	138.62
2002	1 423.2	16.1	113.13
2003	1 456.4	18.4	126.34
2004	1 492.7	21.4	143.36
2005	1 538	23.2	150.84
2006	1 581	22.1	139.78
2007	1 633	23.8	145.74
2008	1 695	34.2	201.77
2009	1 755	21.84	124.44
2010	1 961.9	23.1	117.74

数据来源：《北京市统计年鉴（2011）》。

如果按照多年的平均水资源量39.9亿立方米来看，则随着人口的增加，人均水资源量呈现直线的下降趋势（见图3—3）。

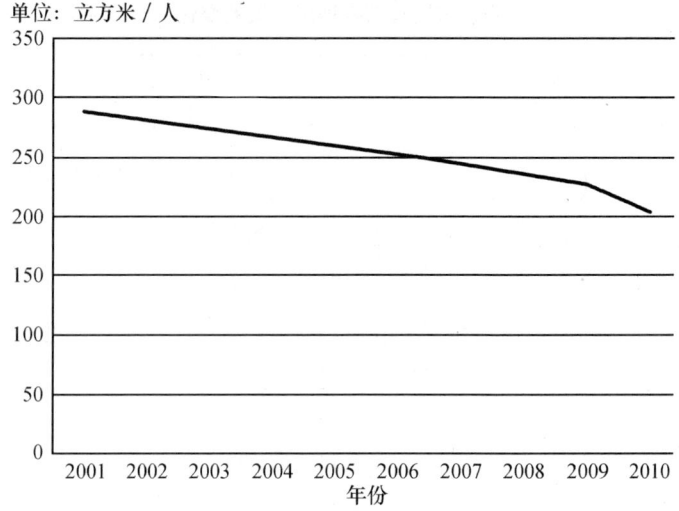

图3—3 北京市人均水资源占有量变化曲线(以多年平均水资源量计算)

数据来源:《北京市统计年鉴(2011)》。

第二,随着人口规模的增大,生活用水规模及其在总用水中的比重持续增大。

近年来,北京市总用水量有所下降,主要是由于工业用水和农业用水量下降导致的,但生活用水量及其比重却持续增大,生活用水已经超过全市年取水量的1/3,2006年占到近40%。2010年这个数字已经攀升到42%,此时的生活用水,甚至已经超过了全年供水总量的2/5以上(见表3—2)。与此同时,根据北京市2011年统计年鉴数据,北京市万元GDP用水量由1997年的226立方米下降到2006年的42.25立方米,约为不到我国平均水平的1/5。而到"十一五"期间北京市万元GDP水耗由2005年49.50立方米下降到2010年24.94立方米,累计降低49.62%,并且提前三年完成"十一五"万元GDP水耗降低目标。北京市工农业用水已经有了很大压缩,再减少的余地很小。因此,随着人口规模的增加和生活水平的提高,将会导致生活用水的继续增大,而且人均生活用水很难降低,依靠人们的节约意识也只能做到有限减少。因此,生活用水量需求随着人口规模增加的趋势似乎不可避免,而工业用水下降的空间也有限,最终总用水量还会持续增加。

表 3—2　　　　　　北京市近年来各种用水量的变化　　（单位：亿立方米）

年份	全年 总量	农业用水 总量	比重（%）	工业用水 总量	比重（%）	生活用水 总量	比重（%）	环境用水 总量	比重（%）
2001	38.9	17.4	44.7	9.2	23.7	12	30.8	0.3	0.8
2002	34.6	15.5	44.8	7.5	21.7	10.8	31.2	0.8	2.3
2003	35.8	13.8	38.5	8.4	23.5	13	36.3	0.6	1.7
2004	34.6	13.5	39	7.7	22.3	12.8	37	0.6	1.7
2005	34.5	13.2	38.3	6.8	19.7	13.4	38.8	1.1	3.2
2006	34.3	12.8	37.3	6.2	18.1	13.7	39.9	1.6	4.7
2007	34.8	12.4	35.6	5.8	16.7	13.9	39.9	2.7	7.8
2008	35.1	12	34.2	5.2	14.8	14.7	41.9	3.2	9.1
2009	35.5	12	33.8	5.2	14.6	14.7	41.4	3.6	10.1
2010	35.2	11.4	32.4	5.1	14.5	14.8	42	4	11.4

数据来源：《北京市统计年鉴（2011）》。

第三，人口增多导致生活污水排放量的持续增加，引起水污染加剧，进一步加剧了水资源的压力。

从表 3—3 可以看出，北京市的污水排放总量逐年增加，其中生活污水的排放量也是逐年增加的，而且在污水排放总量中的比重也大致呈现上升趋势。从人均污水排放量和人均生活污水排放量的变化上看，二者均呈现上升趋势，如 2006 年到 2009 年生活污水排放量由 59.98 万吨/人增加到 75.27 万吨/人。

表 3—3　　　　　　年污水排放总量变化情况

年份	污水排放总量	生活污水排放量（万吨）	生活污水排放量的比重（%）	人均污水排放量（万吨/人）	人均生活污水排放量（万吨/人）
2006	129 138	94 828	73.43	81.68	59.98
2007	129 820	98 682	76.01	79.50	60.43
2008	132 095	104 892	79.41	77.93	61.88
2009	136 511	132 100	96.77	77.78	75.27
2010	141 651	128 217	90.52	72.20	65.35

数据来源：《北京市统计年鉴（2011）》。

3.2.2 人口变动对北京市土地资源的压力驱动和影响

人口与土地资源的关系主要表现在：土地为人类提供了以下几方面的功能：生产粮食的耕地，堆放废弃物的场地，生活生产（包括居住、道路交通、厂房、娱乐等）的场所。

土地的基本特性是：总量有限性、不可替代性、土地利用类型之间的相互替代性。因此，相对于任何一个区域，随着人口和经济的增长，必然会对土地资源构成很大的压力。其后果之一可能是各类可利用土地面积的绝对减少，原因主要是土地的退化，包括各种形式的土地退化，如盐渍化、水土流失、沙漠化、肥力下降等；后果之二是各类用地的相对变化，主要是耕地、林地和草场面积的减少。除了退化减少外，另外一个主要原因是其他建设用地面积的挤占。

城市人口的增加对土地资源的压力主要来源于三个方面：

第一，随着人口增加，住房用地随之增加，因此导致建筑用地不断增加。城市人口增加必然激发居民居住用房的需求，而居住用房需求作为城市总用地需求的一部分，必然带来一定程度的土地压力的增加。

第二，人口增加后，配备相应的基础设施和公共服务设施用地。而城市人口增加之后，从政府城市建设方面来看，随人口聚集相应而来的必然是交通用地等基础设施以及城市绿地方面的公共服务设施用地的需求。因此这也造成了对城市土地资源的部分压力。

第三，解决就业的产业发展还要用地。就业会吸引人口一定程度上的聚集，当然，人口增加之后会引致产业的扩充，而产业扩充必然也带来以工作场所为主的产业用地的需求增加，这样又构成了土地压力的一个重要来源。

如图3—4所示，一个城市土地资源的压力，一方面来自于需求增大，另一方面自来于供给有限。从需求上来说，几乎所有的需求都与人口增长有关。人口的增加，会导致住房、绿地、交通设施及其他各种用地需求的增加。另一方面，城市的用地规模是一个硬约束，不可能在空间上调入，因此资源是有限的。这样，随着人口的增加，就会使得需求越来越大，超过土地的供给，就会造成一系列的环境问题，例如挤占耕地、绿地等，同时，会造成交通拥堵和环境恶化。当然，这里需要说明的是，人口是造成土地资源需求增加的

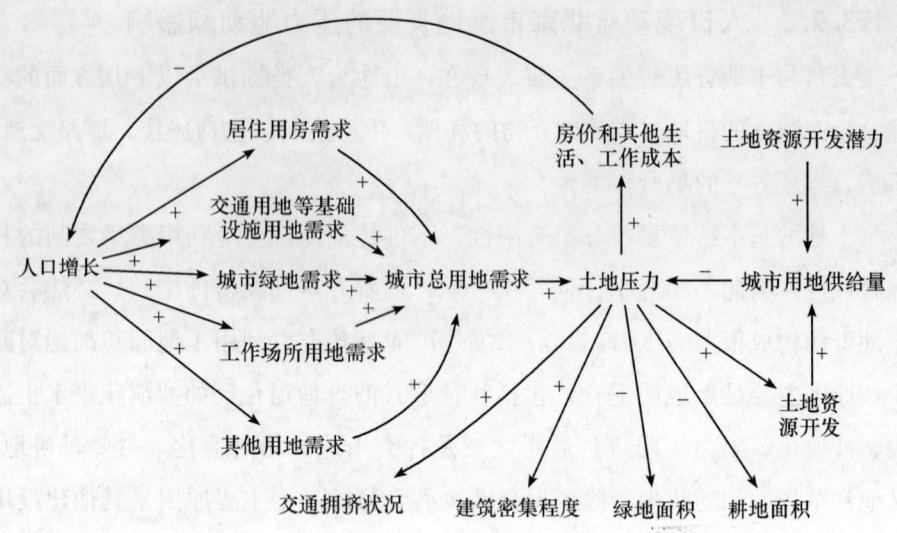

图 3—4 人口增长对土地资源的压力机制和传导途径

原因,但不是唯一原因,在人口规模不变的情况下,也会由于人们消费水平的增加,对土地资源利用的效率以及其他因素等造成土地需求量的扩大,只不过如果附加上人口增加的作用,这个总的影响将会可怕地成倍扩大。

目前北京市人口变动对土地资源的压力和矛盾表现为:

首先,随着人口的增加,人均土地面积直线下降。北京市人均土地资源面积仅为全国平均水平的1/6。随着人口的增加,北京市的人均土地资源占有面积日益减少。2000年北京人均占有土地1 203.47平方米,2006年下降到1 037.98平方米/人。而2010年仅为836.74平方米/人。

其次,人口增加导致的需求不断增加,与供给之间的矛盾大大加剧了。据有关学者测算,每增加10万人需要综合占地大约20平方公里。从实际情况看,北京市土地面临着供给有限而需求无限的状态,因为北京市面临的是全国的甚至是全球的住房需求。

最后,随着人口增长和经济发展,土地利用结构发生了很大变化。

(1) 建设用地急剧增加。1996年全市建设用地2 600平方公里,2008年增加到3 375平方公里,增加了775平方公里,年均增加70平方公里(见表3—4)。而根据中国统计年鉴,1996年建设用地中的市辖区建设用地面积476.8平方公里,2009年增加到1 349.8平方公里,13年间增加了873平方

表 3—4　　　　　北京市近年来建设用地及人均建设用地的变化

年份	面积（平方公里）		人均面积（平方米/人）	
	总建设用地	城镇建设用地	总建设用地	城镇建设用地
1992	2 282	675	207	82.41
2004	3 197	1 182.3	214	79.21
2005	3 230	1 200	210	78.02
2006	3 273	1 254.2	207	79.33
2007	3 326	1 289.3	204	78.95
2008	3 377	1 310.9	199	77.34

数据来源：《中国统计年鉴》。

公里，年均增长 67 平方公里。由于北京城市快速发展，市区以及远郊区县的许多地方的建筑面积都不断增加，例如从 2000—2006 年，建筑用地共增加了 2 853 平方公里，其中 2 779 平方公里是由耕地转化而来。

（2）耕地面积迅速减少。根据中国统计年鉴数据，1996 年北京市耕地面积 34.4 万公顷，2008 年下降到 23.2 万公顷。在这 12 年间耕地面积共减少了 11.2 万公顷，平均每年下降 0.93 万公顷，其中就有大量的耕地被转化为建设用地。

（3）水域面积的不断减小。由北京统计年鉴渔业水域面积数据分析，2006—2010 年水域面积总共减少了 741.5 公顷，即 74 150 平方公里，使得生态环境质量受到一定的影响。

3.2.3　北京市人口变动对能源资源的压力

能源的特点是不可再生和总量有限。人口与能源的关系主要表现为：随着人口的增加和生活耗能的消耗增大，带来能源紧缺以及能源污染的增加。能源不仅与人口规模有关，也与人口的结构，包括家庭的结构，人口的素质等关系更为密切。

如前所述，北京市属于能源紧缺地区，一次能源主要是储量较少的煤炭和少量的水电及地热等。北京市发展所需要的能源绝大多数依靠外部调入。然而随着人口的增加，全市对能源的需求日益增加，给原本紧张的能源供应带来更大压力。此外，由于本地能源供给不足，主要依靠外地能源供应，因此能源供应面临着外部剧烈竞争的压力。

1990年以来,北京市能源消费规模不断提高,消费量在全国仅次于上海,2005年为5 521.9万吨标煤,比1990年增加2 812.2万吨,年平均增长率4.9%。而2010年已达到6 954.1万吨标煤,相比于2005增加了25.9%,年平均增长率4.7%。由此可见,北京市能源消费规模是逐年增长的(见表3—5)。

表3—5 北京市1990—2010年能源消费总量及人均能源消费情况

年份	能源消费总量（万吨标煤）	人均能源消费（公斤标煤/人）
1990	2 709.7	2 495.13
1991	2 872.0	2 625.19
1992	2 987.5	2 710.93
1993	3 264.6	2 935.82
1994	3 385.9	3 009.71
1995	3 533.3	2 824.18
1996	3 734.5	2 965.32
1997	3 719.2	2 999.37
1998	3 808.1	3 057.24
1999	3 906.6	3 107.39
2000	4 144.0	3 039.02
2001	4 229.2	3 053.36
2002	4 436.1	3 117.01
2003	4 648.2	3 191.55
2004	5 139.6	3 443.13
2005	5 521.9	3 590.34
2006	5 904.1	3 734.41
2007	6 285.0	3 848.77
2008	6 327.1	3 732.80
2009	6 570.3	3 743.78
2010	6 954.1	3 544.57

数据来源:《北京市统计年鉴(2010)》。

与此同时,人均能源消费量也呈现大幅度提高,从1990年的人均2 495.13公斤标煤/人,上升到2000年的3 039.02公斤标煤/人,2010年进一步上升到3 544.57公斤标煤/人。尤其是生活用能的增加,更不容忽视。根据北京市2011年统计年鉴数据,2008年人均生活用能为642.6千克标准煤,

2009 年增长到 676.4 千克标准煤，增长了 5.3%，2010 年为 661.8 千克标准煤（见表 3—6）。

表 3—6　　　　　　　人均生活用能源（2008—2010 年）

项目	人均生活用能源		
	2010	2009	2008
合计（千克标准煤）	661.8	676.4	642.6
煤炭（千克）	150.0	158.6	153.7
电力（千瓦时）	749.8	746.7	698.9
液化石油气（千克）	11.6	13.2	13.2
天然气（立方米）	54.6	57.1	55
汽油（升）	167.3	168.3	

数据来源：《北京市统计年鉴（2011）》。

北京市近十年来的全年全社会用电量也在逐年提高，每年平均增长 10%。2001 年的全社会用电量为 3 999 415 万千瓦时，到 2010 年达到了 8 099 029 万千瓦时，增幅量达到 50.6%。城乡居民生活用电也大幅增加，2001 年仅为 539 314 万千瓦时，2010 年这一数字增加到 1 393 346 万千瓦时，翻了 1.58 倍（见表 3—7）。可见，随着北京市经济的迅速发展与人口的急剧增加，对电力的需求越来越大。但是北京仅有少量的水力发电资源，电力供应的很大部分是从外省调入，电力能源供应十分紧张。

表 3—7　　　　　　北京地区用电量（2001—2010 年）　　　（单位：万千瓦时）

年份	全社会用电量	城乡居民生活用电	城市	乡村
2001	3 999 415	539 314	439 058	100 256
2002	4 399 637	626 042	517 386	108 656
2003	4 676 056	702 921	574 623	128 298
2004	5 131 804	805 335	647 474	157 861
2005	5 705 364	889 210	706 405	182 805
2006	6 115 719	958 731	768 884	189 847
2007	6 670 089	1 066 759	862 604	204 155
2008	6 897 189	1 163 091	949 878	213 213
2009	7 391 465	1 287 952	982 720	305 232
2010	8 099 029	1 393 346	951 811	441 535

数据来源：《北京市统计年鉴（2011）》。

3.2.4 人口增加对北京环境污染的作用和机制

图 3—5 是人口增加对城市环境污染的作用机制图,从图中可以看到,人口增长通过直接生活用能的需求、直接生活垃圾和污水的排放,以及交通和其他消费的需求,直接间接地导致了对各种污染物质排放量的增加,从而引起环境污染的加剧。

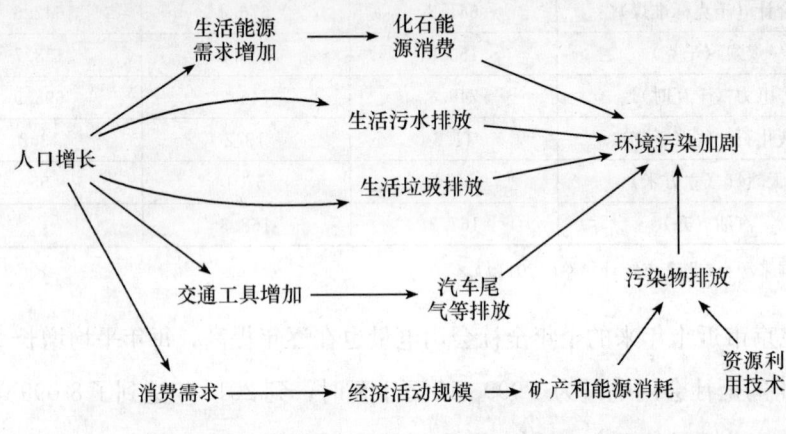

图 3—5 人口增长对城市环境污染的作用途径

目前,北京市人口增长对环境质量的压力主要表现在如下几个方面:

首先,生活垃圾排放量逐年增加。按照北京市 2011 年统计年鉴,北京市自 2004 年生活垃圾排放量大致呈上升趋势,其中 2004 年为 495.5 万吨,到 2006 年为 585.1 万吨,而 2008 年达到 672.8 万吨的高峰(见图 3—6)。从北京郊区垃圾填埋场分布看,几乎已包围了整个城市,且占用了大量优质农田。与日俱增的垃圾已经成为首都发展中的一个大问题。

其次,人口增加及收入水平提高引起的消费模式的改变,加剧了环境污染。随着人口的增加和收入水平的提高,直接带动的是消费模式的转变,推动了居民对电子产品更新换代的速度,造成大量电子产品及元器件遗弃,其含有的高浓度毒性物质极大污染了人们所赖以生存的生态环境。

收入的提高增加了人民对私家车购买的欲望,近年来北京市私家车的数量快速增加,据北京市 2011 年统计年鉴,仅民用汽车的规模就由 1995 年的 58.94 万辆发展到 2002 年的 133.93 万辆,7 年的时间规模翻了一倍多,到 2004 年私家车的拥有量已突破 200 万辆大关,而 2009 年和 2010 年分别已达

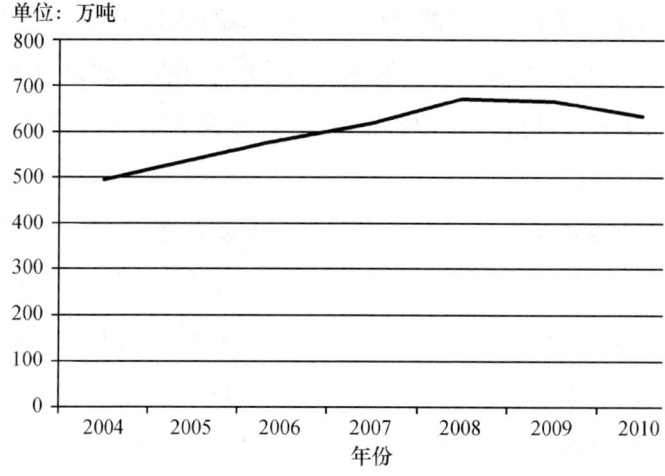

图 3—6　北京市近年来生活垃圾产生量

数据来源：北京市水务局（http://www.bjwater.gov.cn），北京市市政市容管理委员会（http://www.bjmac.gov.cn/pub/guanwei）。

到 401.9 万辆和 480.9 万辆，2010 年是 2009 年的 119.7%。庞大的汽车群体对能源生了庞大的需求，排放出的一氧化碳、碳氢化合物、氮氢化合物、细微颗粒剂等有害气体污染了大气环境、破坏了空气的质量。

3.3　北京资源环境对人口变动的影响机制和途径

3.3.1　资源环境对北京市人口规模的制约

北京市的资源和环境对人口规模的影响，主要体现在资源环境条件对北京市的人口承载力存在着阈值。人口的增长超过了承载力，就会发生各种不良的环境后果，并进而反作用于人口的各个方面。

关于北京市的资源环境承载力，目前学者们主要从水资源和土地资源，以及综合角度进行测算。例如北京市社会科学院（2000）根据北京市水资源严重短缺的实际情况，运用短边原理，从定性和定量分析两个角度将水资源确定为北京市人口容量众多决定因素的短边，之后在考虑了可用水总量、用水结构、居民生活可用水量和人均用水标准等因素后，得到 2005 年水资源可支撑的北京市人口总量为 1 277.77 万人，其中市区可容纳人口总量为 818.25 万人。范英英等为北京市测算的 2010 年人口容量为 1 527 万人。孟凡德等通过估算,认为北京市水资源量的承载能力为:最佳人口规模133.33万人,最大人口规模只有235.29万人。冯海燕等估算的结果是,北京市2020年可以承载1 778万人;可见这些从水资源角度计算的承载力结果相差很大,但一般不超过2 000万人。

另外,一些学者从土地资源也对北京市承载力进行了估算。王双的结论是,2010年,北京市人口承载力1 635万~1 791万人;2020年为1 748万~1 996万人。中国国土资源经济研究所测算结果表明:北京市市域土地资源可承载的人口适宜规模为2 051万~2 344万人左右,中心区可承载合理人口规模904万~986万人,核心区合理人口承载规模145~174万人左右,认为核心区人口已经超载,而中心区和市域范围内尚有较大承载潜力。

总之,无论是从哪些角度,学者们一般认为北京市的实际人口增长已经超过了承载力,处于超载状态。然而,关于这些研究,目前也有学者提出质疑甚至否认人口承载力的存在,原因是这些承载力结果不仅相差巨大,而且很难得到验证。即怎样证明这些承载力存在,如何判断已经超载?然而从北京市的资源紧缺和严重的环境污染问题上,大多数学者对此还是持肯定态度的,只是因为人口承载力尤其是北京这样的特大都市的承载力,因为其高度开放性,以及各种人为影响因素的不确定性,使得人们很难从技术上进行精确的计算。但是,这并不能说明人口承载力就不存在。

本书在第三篇里面专门分析了北京市的资源环境人口容量,在此先不做赘述。

3.3.2 资源环境对人口分布的影响

北京市的资源环境条件除了对人口规模有所制约以外,还突出体现在对人口空间分布所产生的作用上。

1. 降低居住环境的舒适度,排斥居住人口,阻碍城市化。现代人越来越重视居所周围的生态环境。居民对优美环境的追求是导致大城市郊区化的主要动因。一般来说,生态环境恶化会通过排斥居住人口而影响城市化。这种影响通常有两种表现:一是阻碍甚至逆转城市化。城市生态环境恶化通过"劣币驱逐良币效应",把具有良好经济实力和文化素质的居民"驱逐"出中心城区,并使技术和资金也随之流失,最终造成城市的衰退。二是改变城市空间结构。城市中心一般人口密度高,生态环境压力大,一些富裕居民纷纷到郊区寻求适宜生活环境,而居住地的外迁带来城市地域空间结构的改变(黄金川等,2003)。

2. 通过降低生态环境要素的支撑能力,抑制城市化。比如,城市会因污染型缺水而影响到城市化进程。城市因缺水而提高用水价格,会提高生活和生产成本,降低城市竞争力,从而抑制城市发展。

3. 通过生活成本的提高影响人口的高度密集。例如市中心房价过高,人们将会向郊区转移。再如因城市缺水、用水紧张,久而久之将必然提高用水价格,会提高生活和生产成本,降低城市竞争力,从而抑制人口城市发展。

目前就北京市来说,因为相对于外地城市的优势比较突出,尤其相对于周边省份的农村来说,无论是就业机会、收入和基础设施条件等,都有很大差距,但是户籍制度的限制,导致大多数农民工并没有在北京长久定居的打算,因此房价高还没有对农村来京的人口产生显著地影响。但是随着户籍制度的改革以及中国城乡发展的进一步均等化,生活成本提高对无论是农民工还是其他迁移者在北京的迁入和高密度集聚,都会日益显示出其越来越大的影响。而在北京市内部不同区域来说,则因为中心城区的生活成本压力过大,人们逐渐向周边交通条件好,住房或租房成本低廉的近郊区例如大兴、通州等区域转移,已经有比较明显的趋势。

第二篇

北京市人口变动对环境资源影响的实证研究

第四章 北京市人口变动对环境污染的定量研究——以碳排放为例

近一个世纪以来，矿物燃料（如煤、石油等）被大量使用，森林被大肆砍伐和焚烧，其排放出大量的二氧化碳等多种温室气体，这是造成全球气候变暖的主要原因。政府间气候变化问题小组根据气候模型预测，到2100年为止，全球气温估计将上升1.4~5.8℃（2.5~10.4华氏度）。根据这一预测，全球气温将出现过去10 000年中从未有过的巨大变化，其后果会使全球降水量重新分配、冰川和冻土消融、海平面上升等，既危害自然生态系统的平衡，更威胁人类的食物供应和居住环境（IPCC，2007）。

1992年，为了阻止全球变暖趋势，联合国制定了《联合国气候变化框架公约》（United Nations Framework Convention on Climate Change），简称《框架公约》（UNFCCC）。该公约于同年在巴西城市里约热内卢签署生效，是世界上第一个为全面控制二氧化碳等温室气体排放，以应对全球气候变暖给人类经济和社会带来不利影响的国际公约，也是国际社会在对付全球气候变化问题上进行国际合作的一个基本框架。依据该公约，发达国家同意在2000年之前将他们释放到大气层的二氧化碳及其他"温室气体"的排放量降至1990年时的水平。另外，这些每年的二氧化碳合计排放量占到全球二氧化碳总排放量60%的国家还同意将相关技术和信息转让给发展中国家。截至2004年5月，已有189个国家正式批准了上述公约。

1997年12月在日本京都召开的《框架公约》第三次缔约方大会上达成了《京都议定书》。该议定书要求30多个附件一国家（包括发达国家和经济转型国家）在2008—2012年，温室气体的排放量比1990年减少5.2%，在得到占发达国家1990年二氧化碳排放总量的55%以上的缔约发达国家批准后，于2005年2月16日正式生效。这标志着国际社会进入了一个实质性减排温室气体的阶段，人类发展史上首次具有了一个国际法律框架，用以限制人类活动对地球系统的碳循环和气候变化的干扰，减少碳排放成为缔约国家社会经济发展和生产经营活动的重要目标之一。

全球气候变化问题已经引起了全社会的普遍关注，成为国际政治博弈的中心议题，更是关系到人类可持续发展的重大问题，尽管还存在一些不确定因素，但大多数科学家仍认为及时采取预防措施是必需的。2007年，联合国政府间气候变化专门委员会（IPCC）在第四次评估报告中指出，"二氧化碳是最重要的人为温室气体"（IPCC，2007）。控制二氧化碳排放已成为减缓全球气候变暖的重要手段，一些倡导低碳生活的口号成为人们关注的热点，如"绿色出行""发展低碳经济""构建低碳城市"等。

改革开放以来，国民经济持续增长，在经济高速增长和社会转型的大背景下，我国的人口发展和居民生活消费方式正发生着深刻变化。北京作为政治经济文化的中心，更是经历了社会发展的深刻变革和经济增长的巨大改变，与此同时，带来的资源能源的巨大消耗和环境污染的加剧也日益凸显，使得可持续发展受到严重的制约。因此，探讨新环境、新背景下的北京市人口变动、经济社会发展与资源环境之间的关系显得尤为重要。

本章通过选取碳排放为环境污染指标，定量描述北京1978—2009年以来的总体碳排放量，以及近5年分行业、分产业、生产生活消费和城乡碳排放量，对北京市能源消耗及碳排放有一个比较清晰和全面的认识。然后进一步分析了影响北京市碳排放量的因素，通过IPAT展开公式选择人口因素、人口结构因素、财富因素和技术因素进行回归分析，定量地揭示其影响程度。在现有研究的基础上，进一步拓展了对于人口结构因素的认识，加深了对北京市分产业、生产生活及城乡碳排放的研究，为经济产业布局及政府开展节能减排工作提供决策依据。主要目的是揭示人口变动与碳排放之间的作用机理,并通过实证研究揭示其影响程度。本书的主要意义在于在人口规模与碳排放关系的基础上,进一步揭示人口变动等因素与碳排放之间的相互影响和作用,为这一领域的研究提供理论参考。

4.1 相关文献回顾与评述

低碳经济已经成为国际社会发展的大趋势,碳排放领域也越来越多地受到人们的关注,许多学者致力于研究碳排放的影响因素。目前的研究主要集中在以下几个方面:

4.1.1 经济发展和碳排放的关系

魏下海等(魏下海等,2011;许广月,2011;宋德勇等,2009)主要研究碳排放环境库兹涅茨曲线拟合,结果表明人均GDP与碳排放量之间呈现出明显的"倒U形"曲线;另外一些研究集中在运用技术方法对碳排放的驱动力的分析和实证研究上(徐国泉,2006;杜婷婷等,2007)。

4.1.2 能源消费与结构和碳排放的关系

能源消费与碳排放有着非常直接的关系,因此在这方面的研究成果比较多,而且该方面的研究全国各个地区都有一定的研究。主要集中在基于因素分解法对能源消费碳排放因素进行分解分析(宋杰鲲,2011;赵敏,张卫国等,2009;王俊松等,2010;朱勤等,2009),结果表明能源消费强度对碳排放具有一定作用,但是其作用方向和程度尚不稳定。

4.1.3 产业结构和碳排放的关系

产业结构作为非常重要的经济因素和技术因素,在碳排放的研究中,得到了广泛的重视,分析三次产业结构调整和工业内部结构对于碳排放的影响,并针对工业方面提出节能降耗的措施(张丽峰,2008),或者通过分析产业结构演变来分析对碳排放的影响。第二产业对碳排放增速效应贡献最大,优化产业结构,大力发展第三产业,转向低能耗碳排放是中国低碳经济发展的必由之路(肖惠敏,2011;李国志,2010)。

4.1.4 人口发展和碳排放的关系

这方面的文章主要研究人口总量对碳排放的影响,大致可以概括为两个方面:(1)人口总量与碳排放之间的因果关系及其作用机理;(2)定量评估人口总量对碳排放的影响。在因果关系和作用机理的讨论上,主要集中在人口增长是否与碳排放之间存在因果关系(Knapp T.等,1996;Lantz V.等,2006),这种影响是否是全球温室气体排放增长的主要驱动力(Satterthwaite,2009),以及人口增长对温室气体排放产生影响的方式(Birdsall,1992)等。在定量评估人口总量对碳排放影响的研究中,Ehrlish P. R.等提出的环境压力等式(IPAT)(1971)及其扩展式(STIRIPAT)被广泛运用,来计算全球碳排放对人口总量变化的碳排放系数(Eugene A.等,2004;Cole Matthew等,2004)。

随着对人口和碳排放关系认识的深入,近期的文献开始关注人口结构变化对碳排放的影响,学者选取的人口结构指标主要有年龄结构、城市化水平和家庭规模等(PachauriShonali,2008;O'Neil等,2004;Clark等,2010;陈佳瑛等,2009;彭希哲和朱勤,2010)。研究表明,人口城镇化对碳排放具有显著影响作用(Jiang, Lewen等,2004;Pachauri Shonali等,2008;Massimo Filippini等,2004;Satterthwaite,2009)。人口年龄结构与碳排放关系主要集中在人口老龄化对碳排放的影响,这方面的研究仍旧处于起步阶段,主要是通过考察不同年龄组的消费储蓄特征,以及劳动力供给等状况与碳排放之间的关系。一般研究认为,不同年龄组的直接和间接消费需求不同,人口老龄化对长期碳排放有抑制作用(Michael Dalton等,2008)。在分析方法上,主要为分解分析法和回归分析法。这些研究拓展并深化了人们对人口与碳排放关系的认识。

目前关于北京市人口、经济与环境污染关系的研究较多,但也都集中在使用环境库兹涅茨曲线分析上,首先分析北京市目前经济发展状况,然后分析目前的环境污染状况,最后把二者加以比较来判断北京市目前环境污染处于何种状态,以及可通过何种手段加以调节。陈妍、杨天宇通过研究北京市大气污染现状与经济发展的关系判定经济发展对大气污染的影响,选取二氧化硫排放量与人均 GDP 为考察对象。研究表明:(1)北京市经济增长与大气中二氧化硫含量之间的关系符合环境库兹涅茨曲线模型;(2)能源结构的调整会对环境库兹涅茨曲线有较大影响。吴玉萍、宋键峰通过对北京市近 20 年

《IPCC2006 国家温室气体清单指南》的方法是分能源消费量与其二氧化碳排放系数相乘后折算,其计算能源消费排放的公式为:

$$C = \sum_{i=1}^{7} E_i \times P \times A_i$$

式中:C 为能源消费碳排放;E_i 为第 i 种能源的消费量,10^4 吨标准煤;P 为标准煤热值;10^4 吨标准煤为 $2.93 \times 10^5 \, GJ$;A_i 为第 i 种能源二氧化碳排放系数;i 为能源种类。

其中:

(1) 能源消费碳排放总量即为各类化石能源的终端消费量(不包括用做原料的化石能源),电力、热力等二次能源消费的碳排放均来自其生产过程中化石能源的能量转换与能量损失,因此不计算在内。此外,在计算中不计加工转换过程,运输和配送中损失能源的碳排放量。由于无法收集到完整时间段的各类能源终端消费数据,因此选用了覆盖时间段的几类主要能源,包括原煤、焦炭、原油、汽油、柴油、燃料油和液化石油气。由于这些能源占终端能源消费总量的比例较高,可以认为近似等于能源消费总量。

(2) 能源实物量数据的标准量折算采用《中国能源统计年鉴(2008)》所附的"各种能源折标准煤参考系数"。

(3) 碳排放计算中各类能源的碳排放系数采用国家发改委能源研究所(2003)采纳的碳排放系数,具体数值见表 4—1。

表 4—1　　　　　　　IPCC 能源碳排放系数表

能源种类	碳排放系数	能源种类	碳排放系数
原煤	0.755 9	燃料油	0.618 5
洗精煤	0.755 9	其他石油制品	0.585 7
焦炭	0.855 0	液化石油气	0.504 2
其他焦化产品	0.544 9	天然气	0.448 3
原油	0.585 7	焦炉煤气	0.354 8
汽油	0.553 8	炼厂干气	0.460 2
煤油	0.571 4	其他煤气	0.354 8
柴油	0.592 1	水电、核电	0.0

注1:能源的碳排放系数采用 IPCC 碳排放计算指南中的省缺值。

注2:原始数据以 J 为单位,为与统计数据单位一致,将能量单位转化为标准煤,转化系数为 $1 \times 10^4 \, t$ 标准煤等于 $2\,193 \times 10^5 \, GJ$。

4.2.2 影响碳排放的相关因素

一般说来，影响碳排放的因素有很多，主要有能源消费和结构因素、人口因素、经济因素和技术因素等。能源消费和结构是推动经济增长的重要因素，同时它也是造成环境污染和温室气体排放的重要因素。

1. 人口因素

人口增长一直以来被认为是造成环境污染和环境质量下降的主要因素，很多学者也对其和碳排放的相关性做了研究，表明人口增长并不是碳排放的主要因素，而经济因素如人均 GDP 和产业结构因素才是导致碳排放量大幅增加的最主要因素（朱勤等，2009）。目前，随着对人口因素的进一步认识，人口因素渐渐被人们纳入到碳排放的研究中来，IPCC 报告指出人口城镇化、年龄结构和家庭户规模对碳排放的影响是显著的，其对碳排放的影响机理和作用需要进一步分析。

人口数量是人口的最基本要素，也是考察人口与碳排放关系的基本角度。Birdsall（1992）认为人口增长对温室气体排放产生的影响主要存在两种方式，一是人口总量的增加会对能源产生更大的需求，比如工业生产、生活消费的增加，以及交通工具的大量投入等，因此能源消费产生的温室气体排放也就越多；二是快速的人口增长可能导致森林破坏，改变土地利用方式等，这些都导致了温室气体排放量的增加。目前人口总量对碳排放影响的研究主要是探讨人口总量与碳排放之间的因果关系及其作用机理，以及对人口总量对碳排放影响的定量分析。

联合国人口基金会（UNFPA）发布的《世界人口状况 2009》指出：温室气体排放量与人口增长速度、家庭规模、年龄构成、城乡人口比例、人口性别和地理分布，以及人均收入等因素存在内在联系，可以对气候变化产生长远影响（UNFPA，2009）。人口对于能源消费的影响主要是通过其生产和消费行为体现的，人口总量的增加对能源消费的提高有着不可忽视的作用，但是若只考虑人口规模单一因素的影响，则假定了每个人具有相同的生产和消费模式，得出的结果也是不甚准确的。因此在考察能源消费的研究中，应当引入人口结构对其产生的影响。

城市化和碳排放的关系是一个具有争议的问题。有的研究认为城市化导致了碳排放的增加（彭希哲、朱勤，2010），有的研究则得出不同的结论（Jones，1989，2004；Parikh 和 Shukla，1995）。这种争议的根源在于城市化对碳排放可能存在两种不同的效应。一方面城市化通过高度集中的人口和经济活动形成能源消费的规模效应（Gottdiener 和 Budd，2005），降低人口出生率（Martine，2009），促进环保技术创新（Brown 和 Southworth 等，2008），增加土地使用强度（考斯顿，2001）等，一直会减少碳排放；另一方面，城市化通过工业化带来的生产和生活性能源消费的增加，以及土地利用方式的改变导致碳排放增加。考虑以上两种效应，在城市化初始时期，城市化通过能源消费的规模效应有助于提高能源利用效率；随着城市化水平的提高，城市化通过工业化和生活方式的改变导致碳排放的增加；当经济发展到较高水平时，城市发展模式改变和技术进步使得其有助于减少碳排放。

产业结构与碳排放具有比较强的相关性（张丽峰，2008；肖惠敏 2011；李国志，2010）。产出规模作为总量在一定阶段内基本上与碳排放呈正相关关系，但产业结构因素却对碳排放产生较大影响。以农业为代表的第一产业、以工业为代表的第二产业和以服务业为代表的第三产业的比重不同，就导致不同的碳排放量。在产出规模既定的情况下，如果第二产业所占比重比较大，那么碳排放量会比较大，这是因为第二产业（与其他产业相比）所需要的能源较多。所以，在一定条件下，第二产业与碳排放呈现正相关关系。在本书的研究中，将人口的产业结构，即从事三产业的人口数量作为产业结构的近似替代量来说明产业结构变动与碳排放之间的量化关系。

年龄结构是指一定时期内各年龄组人口在全体人口中的比重，它是过去和当前人口的自然变动与机械变动的对人口发展的作用结果，也是受经济社会发展影响的结果。劳动年龄人口比重反映的是劳动适龄人口占总人口的比重，很多学者从人口年龄结构不同而其消费—储蓄模式的不同对碳排放的影响展开研究，研究认为，不同年龄组特征造成的直接和间接能源消费需求不同。一般情况下，人口老龄化对长期碳排放有抑制作用，而劳动适龄人口增加会对碳排放量增加产生显著影响（Michael Dalton 等，2008）。

家庭和个人都是能源消费的基本单位，家庭规模的变化有可能对碳排放产生显著的影响。通过对中国 1978—2009 年家庭模式变化对碳排放影响的实证分析，表明家庭规模与总户数对于碳排放具有较大影响力，家庭户单位体现出包括了人均单位未能包括的家庭行为模式，从而可能成为更适合居民能源消费产生的碳排放的分析单位（陈佳瑛等，2009）。

2. 经济因素

当前我国正处于社会转型期，居民消费水平与消费模式正在发生着深刻的变化。人口因素影响碳排放的主要途径是一定的生产与消费模式，有研究指出，是最终消费而不是生产，才是导致温室气体大量排放的根本原因（樊纲等，2010）。初步的计量经济学分析表明，近30年来我国居民消费对碳排放增长的贡献率约为35%（朱勤等，2010）。科学测算我国居民消费相关碳排放量，考察其规模与结构的变动特征、影响因素与发展趋势，对于提高减排政策的科学性与针对性无疑具有积极意义。

3. 技术因素

技术进步一般可以通过三种途径影响温室气体排放：第一，由于大量节能产品的生产和应用，减少了对于化石能源的消费，进而减少温室气体的排放；第二，通过利用新技术，如风力发电技术、生物质技术等开发利用新能源，提高能源利用效率，增加对可再生等非化石能源的利用；第三，通过技术水平的提高，经济增长方式会逐渐发生变化，从以能源为物质要素投入的经济增长方式，向以知识为要素投入的经济发展方式转变。

4.3 北京市碳排放的状况与特征

根据上述概念和公式，本书对北京市的碳排放进行了计算。经研究分析，目前北京市碳排放呈现出如下几个特点。

4.3.1 1978—2009年碳排放持续上升，从2008年开始有所缓解

根据以上介绍的碳排放方法，因为无法收集到完整时间段的各类能源终端消费数据，因此选用了覆盖时间段的几类主要能源，如煤炭、石油和天然气三种能源，由于这些能源占终端消费能源消费总量比例比较高，也已认为近似等于能源消费总量，但是比实际能源消费总量要小，是保守估计值。在计算中不计加工转化过程，运输和配送中损失能源的碳排放量。能源实物量数据的标准量折算采用《中国能源统计年鉴（2008）》所附的"各种能源折算

标准煤参考系数"折算为万吨标准煤后,与各类能源碳排放系数相乘后计算出北京市1980—2009年碳排放总量,以及煤炭、石油、天然气三种能源各自的碳排放量(见表4—2、图4—1)。

表4—2　　　　　　　北京市能源消费总量及碳排放量

年份	能源消费总量（万吨标准煤）	分能源碳排放量（吨碳）			碳排放总量（吨碳）
		煤炭	石油	天然气	
1980	1 907.70	941.65	374.31	0.00	1 315.95
1981	1 902.60	933.38	384.45	0.00	1 317.83
1982	1 920.40	956.62	377.93	0.00	1 334.55
1983	1 984.70	1 014.16	369.66	0.00	1 383.81
1984	2 144.10	1 102.09	396.83	0.00	1 498.93
1985	2 211.40	1 148.39	401.52	0.00	1 549.90
1986	2 400.00	1 237.26	441.38	1.08	1 679.72
1987	2 475.80	1 296.92	439.37	1.11	1 737.40
1988	2 612.60	1 380.43	456.00	1.17	1 837.60
1989	2 653.20	1 393.86	463.09	4.76	1 861.70
1990	2 709.70	1 448.12	455.49	4.86	1 908.47
1991	2 872.00	1 543.54	474.36	5.15	2 023.05
1992	2 987.50	1 601.10	496.94	5.36	2 103.39
1993	3 264.60	1 786.62	516.26	5.85	2 308.74
1994	3 385.90	1 934.91	471.98	6.07	2 412.96
1995	3 533.30	1 981.75	519.43	6.34	2 507.52
1996	3 734.50	2 032.49	588.38	8.37	2 629.25
1997	3 719.20	2 046.66	562.01	10.00	2 618.67
1998	3 808.10	2 115.73	544.22	22.19	2 682.14
1999	3 906.60	2 114.35	576.60	43.78	2 734.73
2000	4 144.00	2 258.50	584.94	57.59	2 901.03
2001	4 229.20	2 279.36	592.01	89.11	2 960.48
2002	4 436.10	2 250.03	706.72	111.37	3 068.11
2003	4 648.20	2 424.37	691.50	114.61	3 230.48
2004	5 139.60	2 556.35	836.85	147.46	3 540.66
2005	5 521.90	2 671.36	934.68	173.28	3 779.32
2006	5 904.10	2 749.15	1 037.41	222.33	4 008.89

续表

年份	能源消费总量 (万吨标准煤)	分能源碳排放量（吨碳）			碳排放总量 (吨碳)
		煤炭	石油	天然气	
2007	6 285.00	2 860.00	1 133.79	253.58	4 247.37
2008	6 343.70	2 833.43	873.94	150.61	3 857.98
2009	6 570.30	2 905.54	895.23	157.80	3 958.57

数据来源：1. 能源消费总量来源于历年《北京市统计年鉴》及《国家能源统计年鉴》。
2. 碳排放量是根据历年《北京市统计年鉴》及《国家能源统计年鉴》和上文中的计算方法计算而得，不足年份用线性内插法补齐。

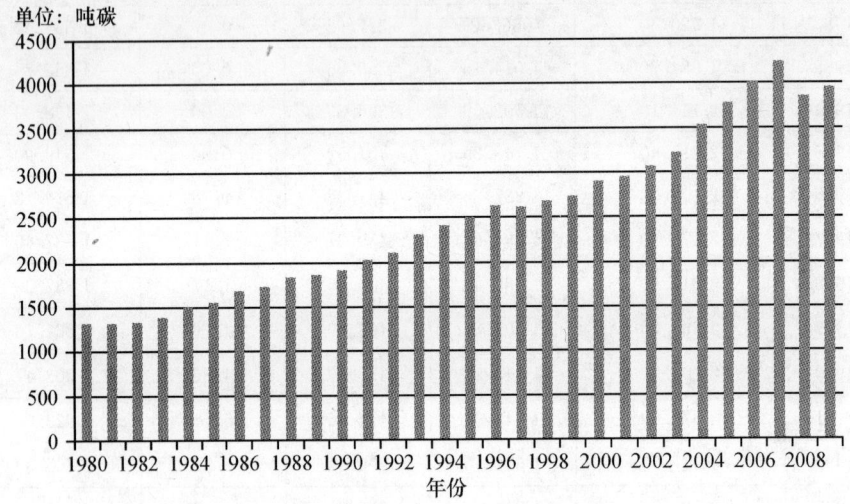

图 4—1　北京市 1980—2009 年碳排放总量

数据来源：碳排放量根据历年《北京市统计年鉴》能源消费总量，通过 IPCC 系数法计算而得，不足年份用线性内插法补齐。

从图 4—1 中可以看到，北京市 1980—2009 年的碳排放量逐年提高，从 1980 年的 1 315.95 万吨上升到 2007 年的 4 247.37 万吨，近 30 年的时间内增长了 3 倍多，以平均 3.93% 的速率在增长，2008 年较往年有所下降，比 2007 年下降了 388.4 万吨，但是 2009 年又恢复上涨趋势，增加了 100.6 万吨。这可能与 2008 年北京举办奥运会期间对于环境治理的力度加大有关。

4.3.2　1980—2009 年 30 年来北京煤炭产生的碳排放量最大，近年来能源消费结构发生重要调整

进一步分析，北京市各类能源在 1980—2009 年产生的碳排放量，我们可

以看到，煤炭产生的碳排放量最大，到2009年为2 905.54万吨，其碳排放量是石油的3.2倍，是天然气的18.4倍。并且，从1980—2009年煤炭消耗产生的碳排放量增长率持续增高，其平均增长率为4%。石油产生的碳排放量也是逐年增高，从1980年的374.31万吨增长到2007年的最高点1 133.79万吨，后又有所下降，到2009年达到895.23万吨，其平均增长率为3.4%。值得注意的是从2002年起，石油消费产生的碳排放量有显著的提高，这可能与机动车辆大幅增加有关。天然气消费产生的碳排放量的平均增长率比较高，为34%，可以看到，1980—1985年碳排放量几乎为零，从1986年其开始增加，到1996年碳排放量还不到10万吨，但是1997—2001年5年间快速增长，突破了100万吨，此后一直不断增长，这可能与国家大力提倡使用清洁能源有关，所以天然气的使用量大幅增加，其产生的碳排放量也随之上涨，但是相较煤炭而言，在一定程度上减少了碳排量。从图4—2中可以清晰地看到这种变化趋势。

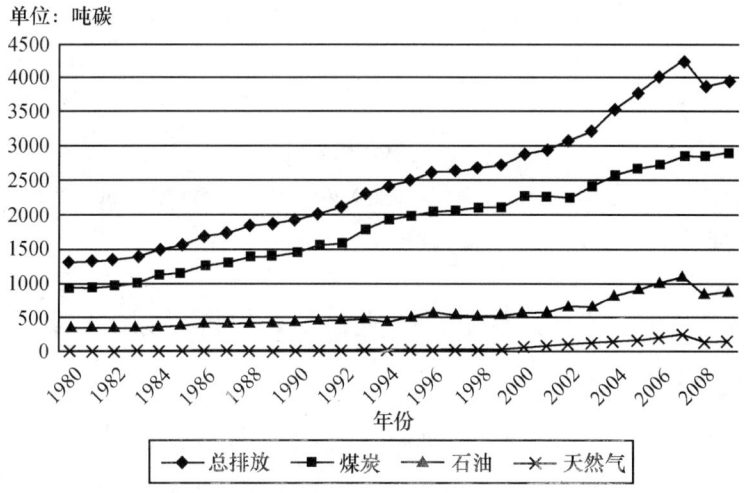

图4—2 北京市1980—2009年分能源碳排放量趋势图

数据来源：分能源碳排放量根据历年《北京市统计年鉴》分能源消费量，通过IPCC系数法计算而得，不足年份用线性内插法补齐。

可以看到，1978—2009年北京市碳排放量总体趋势是上升的，这与人们的生活水平不断提高，资源能源的消耗量不断加大有很大关系，具体原因在下面几章中将会有进一步分析。从能源消费量的角度看，能源消费量不断增加;从分能源消费比重来看,煤炭消费所占比重为69.04%左右,石油消费所占比重为28.53%,并没有太大的变化,而天然气消费的比重从1986年的0.1%增加到了近10%,将近100倍(见图4—3)。所以,1978—2009年,碳排放的增加量与能源消费的增加,和能源结构的转变有非常大的关系。一方面能源消费量的增加使得碳排放量不断攀升,另一方面,能源结构的调整在一定程度上缓解了这种趋势。

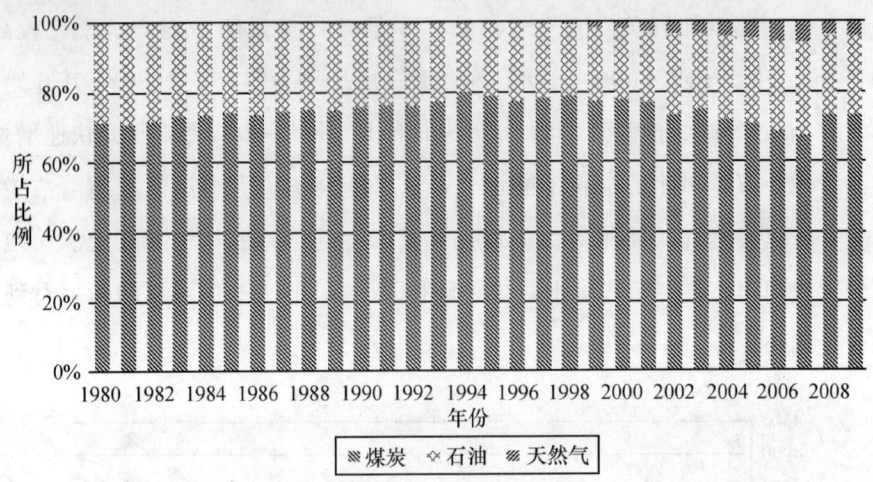

图4—3 分能源碳排放比重图

数据来源:分能源碳排放量根据历年《北京市统计年鉴》分能源消费量,通过IPCC系数法计算而得,不足年份用线性内插法补齐。

4.3.3 第二产业碳排放量一直最高,但逐年减少;第三产业的碳排放量则逐年增加

按产业划分,北京市2005—2009年碳排放量见表4—3和如图4—4所示。第二产业的碳排放量所占比重最大,但是这一比重逐渐减少;第三产业碳排放量所占比重逐年增加,2009年碳排放量是2005年的1.76倍;第一产业碳排放比重略微有所提高。

北京市第二产业GDP比重从2005年的29.08%下降到2009年的23.5%,下降了不到5个百分点,第三产业的GDP比重从2005年的69.65%增加到2009年的75.53%,增加了将近6个百分点,说明北京市的产业结构在不断调整,第二产业在减少,第三产业在增加。与之相对应的,北京市第二产

表 4—3　　　　　　　　2005—2009 年分产业碳排放量

年份 项目	2005	2006	2007	2008	2009
第一产业	26.936	37.197	38.711	38.433	35.653
第二产业	1 788.571	1 668.746	1 662.968	1 467.835	1 484.55
第三产业	467.079	638.53	685.705	707.03	824.223

数据来源：按照上文所述方法，根据 2005—2009 年《北京统计年鉴》数据计算而得。

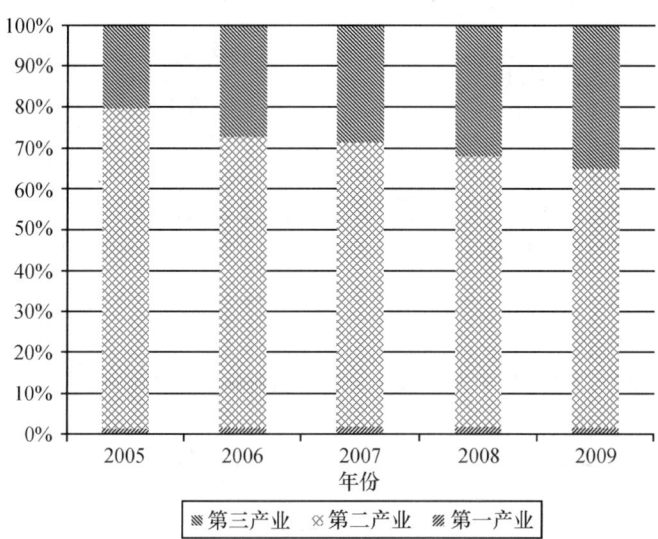

图 4—4　2005—2009 年分产业碳排放量

数据来源：分能源碳排放量根据历年《北京市统计年鉴》分能源消费量，通过 IPCC 系数法计算而得，不足年份用线性内插法补齐。

业的碳排放量从 2005 年的 1 788.57 万吨下降到 2009 年的 1 484.55 万吨，下降了约 304 万吨，而第三产业的碳排放量从 2005 年的 467.1 万吨增加到了 2009 年的 824.2 万吨，增加了约 357 万吨，其碳排放增加量超过了第二产业碳排放的减少量，总碳排放量仍然是增加的，因此，产业结构的调整对于碳排放量的减少作用尚未体现出来。

4.3.4　生产性碳排放量远高于生活消费的碳排放量

按生产消费和生活消费划分，生产消费占碳排放量绝大部分，而生活消费所占比重只在 10% 左右；生产消费在 2008 年最低，为 2 213.3 万吨标准煤，而其他时间的碳排放量基本持平；生活消费的碳排放量 2005—2009 年是持续增加的（见表4—4、图4—5）。

表4—4　　　　　2005—2009年北京市生产生活消费碳排放

（单位：万吨标准煤）

项目	2005年	2006年	2007年	2008年	2009年
生产消费	2 282.585	2 344.474	2 387.384	2 213.297	2 344.426
生活消费	240.977	278.518	311.746	320.595	383.183

数据来源：按照上文所述方法，根据2005—2009年《北京统计年鉴》数据计算而得。

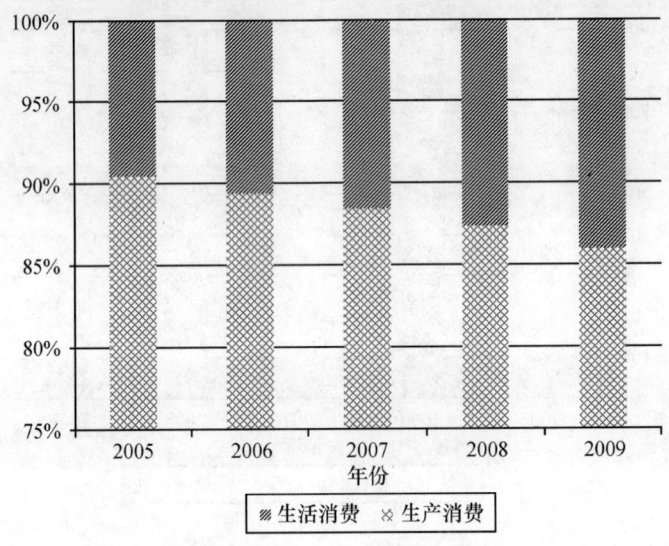

图4—5　2005—2009年北京市生产生活消费碳排放

数据来源：分能源碳排放量根据历年《北京市统计年鉴》分能源消费量，通过IPCC系数法计算而得，不足年份用线性内插法补齐。

4.4　北京市人口因素对碳排放影响的定量分析

4.4.1　模型的选择

环境压力等式IPAT（Ehrlish P. R. 等，1971）是定量反映人类活动对环境影响的等式，即$I=P\times A\times T$，其中I为环境压力，包括能源、资源消耗和废弃物排放等；P为人口规模；A为富裕程度；T为技术，一般以单位GDP产出的环境压力来衡量。该等式建立了人文因素与环境影响之间的账户恒等式。IPAT模型由美国生态学家埃里奇（Ehrlich）和康默纳（Comnoher）于

20世纪70年代共同提出。它可以看做是一个简单计量模型的扩展,即在人口规模P(POPULATION)与经济增长A(AFFLUENCE)后增加了一个技术指标T(TECHNOLOGY),综合这三种因素对环境污染因素I(IMPACT)的相互影响关系形式为$I=P\times A\times T$。

目前IPAT模型在环境污染问题和气候变化中应用较多,用以确定人口因素在某个环境因素中的影响程度和重要性,也可用以进行未来的模拟预测。IPAT模型可以直接应用,方法比较简便,也可以通过一定的方法转变为随机统计模型进行统计分析。直接应用IPAT模型时,主要采用以下三种形式:(1)直接比较给定模型各个自变量P、A、T在一段给定的时间内最初和最终的数值比,观察各个驱动因子变化程度的大小,来说明他们对环境的影响。(2)对公式$I=P\times A\times T$两边求微分,并以差分方式表达为:$\Delta IPI=\Delta PPP+\Delta APA+\Delta TPT$,就可以将环境污染因素$I$的增长率表达成每一个自变量各自的增长率之和。(3)假定某个特定的自变量保持不变,然后观察其他自变量变化时环境污染因素I的变化情况;或者保持其他变量都不变,输入特定的自变量不同的变化量,观察和比较环境污染因素I的变化。IPAT模型的优点是应用很简单,模型可用性已被检验且得到了广泛承认,凡是与人口因素相关的表示人口状况变化的指标都可以选取以表示P,同样的也可以选取很多相关的指标用以表示A和T,使得模型的应用范围相当广泛。但是IPAT模型在使用中也有一些缺点:第一,这个方程无法准确表达右边几个变量之间的相互作用关系,尤其当右边各因子对环境的作用方向相反的时候,将会产生相互抵消的作用,模型无法反映这种状况。第二,将互相影响的各驱动变量当做相互独立因子来处理,与现实不相符。第三,模型没有考虑其他因素的影响,例如体制、社会经济发展水平。因而一些学者将P、A、T作为直接最临近影响因素,而社会经济等作为最终原因进行解释。

有一些学者针对IPAT模型提出了改进:(1)因为IPAT模型只能通过改变一个因素,来保持其他因素固定不变来分析问题,其结果只是对因变量等比例的分析。为了解决这一问题,蒂兹(Dietz)和罗萨(Rosa)用社会统计分析工具对IPAT公式进行了改进,公式为:$I=aP^bA^cT^de$,简称为STIR-PAT(Stochastic Impacts by Regression on Population, Affluence and Technology）模型。该模型通过对人口、财富和技术的回归，对环境的影响进行随机估计。其中，A 和 T 为人均经济因素和技术因素带来的环境污染，a、b、c、d 为限制参数，e 为残余条件。这个函数形式表明了自变量与因变量之间的非线性关系，在其等号两边同时取对数，得到 $\ln I = \ln a + b\ln P + c\ln A + d\ln T + \ln e$。这使得在考虑到每个人类学因素条件下对环境影响的弹性计算变得简单，这种改进的随机形式模型现在得到了广泛的应用。（2）舒尔茨（Schulze）和他的同事发现，动作性选择会影响环境冲击，但变动性选择的作用并不直接地从公式 $I=PAT$ 中看出。公式指出关于未来生育率的变动性选择，一个理性的个人只能通过减少财富或使用更有效率的技术来降低环境污染。按人均计算的环境污染也决定于变动中的行为。因此公式改进为 $I=P\times B\times A\times T$，因为动作性的选择可以直接由个人处得知。舒尔茨（Schulze）指出富裕和技术并不主动影响行为性决定。（3）大卫·威利（David Willey）于 2000 年发现消费也被生活方式和组织所影响，发达国家的较先进组织会使个人降低消费，相反，发展中国家却会鼓励消费，因此在 $I=P\times A\times T$ 模型中加入了生活方式（STYLE）指标，将公式改进为 $I=P\times L\times O\times T$，即人口、生活方式、组织、技术。

本书采用了 STIRPAT 模型，并将 STIRPAT 模型中的人口因素进行扩展，为了考察人口结构变动对碳排放的影响，并且考虑到数据的可得性，引入人口结构的相关指标：二、三产业从业人员比重，人口城镇化率，人口年龄结构，扩展后的 STIRPAT 模型的表达式为：

$$\ln I = \ln a + b_s(\ln P_s) + b_t(\ln P_t) + c(\ln A) + d(\ln T) + \ln e \tag{1}$$

其中，I——环境影响，用碳排放表示，单位为万吨标准煤；P_s——人口规模，单位为万人；P_t（$t=1,2,3$）——人口结构，分别以二、三产业从业人员比重，人口城镇化率，劳动人口年龄比重代替；A——财富因素，用人均 GDP 表示，单位为元/人；T——技术因素，用碳排放强度表示，即单位 GDP 碳排放量，单位为吨标准煤/万元 GDP。

由于数据来源的限制，本书的数据是从 1978—2009 年 30 年的样本，因此自变量的选取以不超过 4 个为宜，因此分别选取人口结构的因素放入到 STIRPAT 中，建立方程如下：

反映人口总量，二、三产业从业人员比重，人均 GDP，碳排放强度与碳排放的关系的方程：

$$\ln I = C + b_s(\ln P_s) + b_1(\ln P_1) + c(\ln A) + d(\ln T) + \ln e \qquad (2)$$

其中 P_1 代表二、三产业从业人员比重。

反映人口总量、人口城镇化率、人均 GDP、碳排放强度与碳排放的关系方程：

$$\ln I = C + b_s(\ln P_s) + b_2(\ln P_2) + c(\ln A) + d(\ln T) + \ln e \qquad (3)$$

其中 P_2 代表人口城镇化率。

反映人口总量、人口年龄结构、人均 GDP、碳排放强度与碳排放的关系方程：

$$\ln I = C + b_s(\ln P_3) + b_2(\ln P_3) + c(\ln A) + d(\ln T) + \ln e \qquad (4)$$

其中 P_3 代表人口年龄结构。

4.4.2 数据的描述与检验

1. 数据的描述

本书确定的样本区间为 1980—2009 年。碳排放总量是根据历年《北京市统计年鉴》《中国能源统计年鉴》《新中国 60 年资料汇编》按照 IPCC 推荐的表观消费量（IPCC，2006）整理、计算而得；人口总量，二、三产业从业人员比重，人口城镇化率均根据历年《中国人口统计年鉴》和《北京市统计年鉴》计算而得；人均消费额摘自历年《北京市统计年鉴》，并根据 2000 年不变价格进行调整；碳排放强度即单位 GDP 的碳排放量，根据碳排放量和《中国统计年鉴》中的历年 GDP 经计算而得，并且根据 2000 年不变价格进行了调整。计算中有个别年份数据不全情况的，采用线性内插值进行粗估（见表 4—5）。

表 4—5　　1980—2009 年北京市人口、消费及碳排放变动趋势

年份	碳排放总量（万吨碳）(I)	总人口数（万人）(P_s)	二、三产业从业人员比重（%）(P_1)	人口城镇化率（%）(P_2)	劳动人口年龄比重（%）(P_3)	人均 GDP（元/人）(A)	碳排放强度（吨碳/万元 GDP）(T)
1980	1 315.95	904.30	75.60	57.62	64.40	5 294.02	1.64
1981	1 317.83	919.20	77.10	58.02	64.50	5 204.06	1.66
1982	1 334.55	935.00	78.50	58.18	64.60	5 495.52	1.54

续表

年份	碳排放总量（万吨碳）(I)	总人口数（万人）(P_s)	二、三产业从业人员比重(%)(P_1)	人口城镇化率(%)(P_2)	劳动人口年龄比重(%)(P_3)	人均GDP（元/人）(A)	碳排放强度（吨碳/万元GDP）(T)
1983	1 383.81	950.00	78.80	58.63	64.70	6 292.27	1.36
1984	1 498.93	965.00	80.00	59.07	64.80	7 273.56	1.27
1985	1 549.90	981.00	82.30	59.73	64.90	7 775.77	1.30
1986	1 679.72	1 028.00	83.20	60.41	65.80	8 133.02	1.36
1987	1 737.40	1 047.00	84.10	60.84	65.30	8 629.58	1.33
1988	1 837.60	1 061.00	84.90	61.26	65.30	9 578.48	1.35
1989	1 861.70	1 075.00	84.70	61.77	65.30	9 875.59	1.44
1990	1 908.47	1 086.00	85.50	73.48	64.30	10 270.37	1.42
1991	2 023.05	1 094.00	85.70	73.86	64.10	11 184.83	1.41
1992	2 103.39	1 102.00	87.00	74.32	62.90	12 358.88	1.36
1993	2 308.74	1 112.00	89.60	74.73	64.20	13 767.84	1.42
1994	2 412.96	1 125.00	89.00	75.20	63.50	15 488.83	1.43
1995	2 507.52	1 251.10	89.40	75.63	64.00	16 325.16	1.33
1996	2 629.25	1 259.40	89.00	76.06	66.40	16 831.48	1.31
1997	2 618.67	1 240.00	89.20	76.48	65.10	18 615.68	1.18
1998	2 682.14	1 245.60	88.50	76.89	66.60	20 495.50	1.08
1999	2 734.73	1 257.20	87.90	77.29	66.10	22 586.07	0.99
2000	2 901.03	1 363.60	88.20	77.54	69.00	24 122.00	0.92
2001	2 960.48	1 385.10	88.70	78.06	71.90	25 690.31	0.82
2002	3 068.11	1 423.20	90.00	78.56	70.30	28 053.32	0.72
2003	3 230.48	1 456.40	91.10	79.05	70.40	30 354.13	0.65
2004	3 540.66	1 492.70	92.80	79.53	71.10	33 814.08	0.60
2005	3 779.32	1 538.00	92.90	83.62	71.30	36 789.82	0.56
2006	4 008.89	1 581.00	93.40	84.33	71.50	40 285.24	0.52
2007	4 247.37	1 633.00	93.50	84.50	72.80	44 313.71	0.46
2008	4 485.85	1 695.00	93.60	84.90	72.30	46 617.60	0.59
2009	4 724.33	1 755.00	93.76	85.00	72.40	48 921.49	0.55

数据来源：1. 碳排放根据前述公式由作者计算而来；人居消费额、碳排放强度均按照2000年不变价格换算。

2. 其他数据来源于《中国能源统计年鉴》、历年《北京市统计年鉴》《新中国60年资料汇编》。

2. 数据检验

一般而言,为了避免出现伪回归现象,对于时间序列的数据可用的前提是序列平稳,因此,首先需要对这些序列进行平稳性检验。对于非平稳序列,如果存在协整关系,那么回归结果也可以判定是有意义的。此外,如果自变量之间存在的多重共线性,会导致回归方程估计参数的方差较大,这也会影响对总体参数的判断。因此,还需要对每个自变量进行多重共线性的检验。

运用ADF单位根检验方法可以对各变量的对数序列进行平稳性检验,其原理是假设序列含有一个单位根,当ADF值小于5%临界值时表明拒绝原假设,序列是平稳的;DW(Durbin-Waton)值是检验一组时间序列中自相关(autocorrelation)程度的统计量。"一阶自相关"是指残差之间的自相关性,残差之间的独立性是对方程进行回归的基本要求之一,如果残差之间存在自相关,会影响回归系数的标准误差,一般认为,DW值为1.8~2.1方程不存在自相关性。其检验结果见表4—6。

表4—6　　　　　　　　数据检验结果

变量	差分次数	DW值	ADF值	5%临界值	1%临界值	结论
$\ln I$	1	2.14	−3.66	−3.58	−4.32	I(1)*
$\ln P_s$	1	1.96	−4.63	−2.97	−3.69	I(1)*
$\ln P_1$	1	2.09	−4.07	−2.97	−3.69	I(1)*
$\ln P_2$	1	2.00	−5.35	−2.97	−3.69	I(1)*
$\ln P_3$	1	2.01	−6.40	−2.97	−3.69	I(1)*
$\ln P_4$	1	1.99	−5.00	−2.97	−3.70	I(1)*
$\ln A$	1	1.81	−3.26	−3.58	−4.32	I(1)*
$\ln T$	1	2.09	−2.43	−1.95	−2.65	I(1)*

从上表可以看出,碳排放总量,总人口数,二、三产业从业人员比重,人口城镇化率,劳动人口年龄比重,平均家庭户规模,人均GDP,碳排放强度的ADF值均小于5%临界值,DW值也在规定范围内,说明各个因素均为一阶单整序列。运用约翰森协整检验方法对数据进行协整检验,检验结果表明在较高的置信度下(Prob分别为0.0001、0.0014和0.0237),变量之间存在协整关系。因此,对于所建立的STIRIPAT扩展模型(2)、(3)和(4)采用的数据均通过检验,满足进行回归分析的要求。

4.4.3 计算结果与分析

1. 对因变量共线性的处理方法

STIRPAT模型是一个多变量的模型,一般在经济领域的回归分析中存在着这样一个问题,由于各个自变量之间会存在一定的相关关系,从而导致经济学模型的自变量之间往往存在不同程度的共线性关系。一般地,对于采取时间序列数据作为样本的经济问题、以简单线性形式建立的计量模型,都会存在多重共线性,若选择截面数据做样本时,问题不那么严重,但依然存在。那么得到的连加形式的STIRPAT模型也存在这样的问题,因为人口因素与经济因素之间、经济因素与技术水平因素之间都存在一定的线性相关。

计量经济模型一旦出现多重共线性,如果仍采用普通最小二乘法估计模型参数会产生如下不良影响: (1)完全共线性下参数的估计量不存在; (2)一般共线性下普通最小二乘法估计量非有效;(3)参数估计经济含义不合理;(4)变量的显著性检验失去意义;(5)模型的预测功能失效。产生前两条后果的原因是在多个时间序列变量组成的自变量矩阵中,由于其中的两个或多个变量之间存在线性相关关系,导致矩阵的特征值为0或近似于0,这样自变量对于因变量的解释作用会有所重叠,在回归分析的过程中无法得出有效的参数估计或者参数估计完全失效。产生第三条后果是因为若模型中的两个或多个自变量具有线性相关,那么它们中的变量就可由另外的变量表征。这时,各个变量的参数并不能准确反映各自与因变量之间的结构关系,而是反映它们对因变量的共同影响。所以各自的参数失去了应有的经济含义,那么在此基础上也就出现了后两条后果。

克服多重共线性的方法有以下三种: (1)排除引起共线性的变量。找出引起多重共线性的变量然后将其剔除,是最有效的方法,但是在剔除了有影响的变量后,其余变量对因变量的解释意义就发生了变化,因此在本书中并不采用。(2)差分法。对于以时间序列数据为样本、以直接线性关系为模型关系形式的模型,将原自变量转换为差分形式来有效消除多重共线性,因为一般的经济数据增量之间的线性关系远比总量之间的线性关系要弱。但是这种方法也有其局限性,若有的自变量在特殊时刻出现了非单调的变化,则可能使差分出现负值,这样虽然不影响回归分析,但在STIRPAT模型中由于要用到对数变换，要求所有数值均为正数，所以这种方法也不可取。（3）岭回归法（Ridge Regression）。多重共线性的主要后果是参数估计量具有较大的方差，所以才去适当方法减小参数估计量的方差，虽然不能完全消除模型中的多重共线性，但能消除其影响后果。岭回归分析实际上是一种改良的最小二乘法，是一种专门用于共线性数据分析的有偏估计回归方法。Horel 于1970 年提出了岭回归估计方法，该方法放弃最小二乘的无偏性，损失部分信息，以放弃部分精确度为代价来寻求效果稍差但更符合实际的回归方程。故岭回归所得剩余标准差比最小二乘回归要大（王祎俊，2010）。

考虑到各因素之间存在多重共线性的关系，其后果是参数估计量具有较大的方差，如果采取适当的方法减小参数估计量的方差，虽然没有完全消除模型中的多重共线性，但是却消除了多重共线性造成的不良后果（李子奈，2002），因此，本书采取岭回归的方法进行估计。

岭回归的基本思想是当自变量间存在共线性时，解释变量的相关矩阵行列式近似为零，是奇异的，也就是说它的行列式的值也接近于零，此时最小二乘估计将失效。采用岭回归就人为地把最小特征根由 $\min(\lambda_i)$ 提高到 $\min(\lambda_i+k)$，在自变量标准化矩阵的主对角线上加入一个非负因子 K，使回归系数的估计稍有偏差，而估计的稳定性能显著提高，这样有助于降低均方误差，并且回归系数的标准差也比最小二乘法估计的要小，以此来解决多重共线性的问题。当 $K=0$ 时即为通常所说的最小二乘估计（OLS 估计）。当 $K=1$ 时，将把多重共线性的影响降到最低，但是会使自变量损失很多解释信息。一般情况下，K 取 0~1 的数值，以 0.05 为步长。形象地说就是在自变量的矩阵对角线上每个元素都加上一个正数，形成一个山脊一样，用式 $b(K)$ 来估计 b，这种估计参数的方法，称为岭回归估计法。

在岭回归分析中关键问题是如何选择 K 值，K 值的选取没有一个固定的方法，可以参照岭迹图选取，当岭迹图趋近于平缓时，也就是说当 K 取值使得消除多重共线性的影响作用不再明显时，即可认为 K 值的选取是合适的，如果继续增大 K 值，会使模型损失更多的有用信息而消除多重共线性的作用却不再明显（王祎俊，2010）。

2. 计算结果

（1）方程 2 的回归结果

按照岭回归的计算原理，对方程（2）进行岭回归分析计算的结果见表 4—7。

表 4—7　　人口规模，二、三产业从业人员比重，人均 GDP 与
碳排放量岭回归结果

K	RSQ	LNP	LNP$_1$	LNA	LNT	VIF_1	VIF_2	VIF_3	VIF_4
.000	.996	.404 694	.105 138	.578 179	.090 073	60.04	14.08	78.02	10.21
.050	.993	.335 976	.249 072	.353 869	−.062 84	2.619	2.784	2.147	2.733
.100	.991	.303 165	.267 036	.316 162	−.106 12	.953 6	1.549	.736 6	1.602
.150	.989	.286 509	.269 053	.297 690	−.128 15	.514 9	1.061	.396 9	1.122
.200	.988	.275 768	.266 769	.285 750	−.141 61	.335 4	.794 5	.262 4	.850 1
.250	.986	.267 835	.263 082	.276 891	−.150 55	.244 1	.626 3	.194 9	.674 4
.300	.984	.261 464	.258 954	.269 764	−.156 73	.191 1	.511 1	.155 8	.552 4
.350	.981	.256 063	.254 748	.263 729	−.161 10	.157 2	.427 9	.130 8	.463 4
.400	.979	.251 312	.250 615	.258 437	−.164 21	.134 1	.365 5	.113 7	.396 1
.450	.977	.247 026	.246 612	.253 682	−.166 40	.117 6	.317 1	.101 3	.343 8
.500	.974	.243 087	.242 760	.249 335	−.167 90	.105 2	.278 9	.092 0	.302 2
.550	.971	.239 421	.239 062	.245 309	−.168 88	.095 7	.248 0	.084 6	.268 5
.600	.968	.235 973	.235 514	.241 541	−.169 46	.088 0	.222 6	.078 8	.240 8
.650	.965	.232 706	.232 107	.237 990	−.169 71	.081 8	.201 5	.073 9	.217 7
.700	.962	.229 594	.228 833	.234 621	−.169 70	.076 6	.183 6	.069 8	.198 2
.750	.959	.226 615	.225 682	.231 410	−.169 49	.072 2	.168 4	.066 3	.181 6
.800	.956	.223 753	.222 646	.228 337	−.169 11	.068 4	.155 4	.063 2	.167 3
.850	.953	.220 996	.219 717	.225 388	−.168 59	.065 1	.144 0	.060 5	.154 9
.900	.949	.218 333	.216 887	.222 548	−.167 96	.062 2	.134 1	.058 1	.144 0
.950	.946	.215 756	.214 150	.219 809	−.167 24	.059 6	.125 4	.056 0	.134 4
1.00	.942	.213 257	.211 500	.217 161	−.166 44	.057 3	.117 6	.054 0	.125 9

表中，K 代表插入的消除多重共线性的 K 值；VIF 为方差膨胀因子，其值在大于 10 时，表明回归模型具有很强的多重共线性；RSQ 为拟合系数，越接近 1 表示拟合程度越高；LNP、LNP_1、LNA、LNT 分别代表岭回归后各变量的标准回归系数。

从表中可以看到，当 $K=0$ 时，即普通的最小二乘法回归模型，其膨胀因子均大于 10，方程存在较严重的多重共线性；当 K 取值为 0.05 时，方差膨

胀因子 VIF 的值开始小于 10，通过岭回归的方法消除了多重共线性；当 K 取值在 0.15 左右时，自变量回归系数开始趋于稳定，且 Sig 值均远小于 0.05，方程的参数估计量均显著，说明岭回归结果趋于稳定，所以可认为 K 取值为 0.15，此时可得到方程 4 中的几个参数估计量（见表 4—8）。

表 4—8　　　　　　　　方程 4 参数估计量结果

	B	SE（B）	Beta	T=B/SEB	Sig. T
$\ln P$	0.563 447	0.029 022	0.286 510	19.414 349	0.000 000
$\ln P_1$	1.710 898	0.134 723	0.269 053	12.699 405	0.000 000
$\ln A$	0.163 922	0.007 135	0.297 690	22.974 772	0.000 000
$\ln T$	−0.123 768	0.021 043	−0.128 153	−5.881 641	0.000 002
C（常数项）	−2.363 681	0.247 338	0.000 000	−9.556 468	0.000 000

从表 4—8 中可以看到方程的标准回归系数（$Beta$）分别为 0.286 5、0.269 0、0.297 7、−0.128 2；回归系数（B）分别为 0.563 4、1.710 9、0.163 9、−0.123 8。

所得到的 STIRPAT 模型的对数形式如下：

$$\ln I = 0.563\ 4\ln P_s + 1.710\ 9\ln P_1 + 0.163\ 9\ln A - 0.123\ 8\ln T - 2.363\ 7 \tag{5}$$

（2）对方程 3 的岭回归结果

按照岭回归的计算原理，对方程（3）进行岭回归分析计算的结果见表 4—9。

表 4—9　　　　人口规模、人口城镇化率、人均 GDP 与
碳排放量岭回归结果

K	RSQ	P	P_2	A	T	VIF_1	VIF_2	VIF_3	VIF_4
.000	.996	.406 561	.049 120	.650 335	.113 211	60.84	15.89	91.09	11.39
.050	.992	.345 432	.232 670	.354 754	−.069 38	2.641	2.642	1.923	2.671
.100	.990	.308 844	.255 339	.315 370	−.113 96	.963 6	1.496	.643 5	1.547
.150	.988	.290 595	.259 664	.296 785	−.135 54	.520 4	1.041	.346 8	1.087
.200	.986	.278 991	.258 851	.284 950	−.148 32	.339 0	.789 5	.231 2	.827 0
.250	.984	.270 520	.256 206	.276 224	−.156 61	.246 2	.628 3	.173 9	.659 3
.300	.982	.263 782	.252 859	.269 222	−.162 23	.193 1	.516 5	.140 4	.542 4

续表

K	RSQ	P	P_2	A	T	VIF_1	VIF_2	VIF_3	VIF_4
.350	.980	.258 114	.249 263	.263 293	−.166 11	.158 9	.434 8	.119 2	.456 7
.400	.978	.253 159	.245 618	.258 092	−.168 80	.135 6	.373 0	.104 7	.391 7
.450	.975	.248 712	.242 016	.253 414	−.170 64	.118 9	.324 8	.094 1	.340 9
.500	.973	.244 644	.238 498	.249 132	−.171 83	.106 3	.286 4	.086 1	.300 4
.550	.970	.240 869	.235 084	.245 160	−.172 54	.096 6	.255 2	.079 8	.267 5
.600	.967	.237 329	.231 779	.241 439	−.172 87	.088 9	.229 5	.074 7	.240 4
.650	.964	.233 984	.228 584	.237 927	−.172 91	.082 6	.208 0	.070 4	.217 7
.700	.961	.230 803	.225 494	.234 592	−.172 72	.077 3	.189 8	.066 8	.198 4
.750	.958	.227 764	.222 506	.231 410	−.172 34	.072 9	.174 2	.063 7	.182 0
.800	.955	.224 848	.219 615	.228 363	−.171 80	.069 0	.160 8	.061 0	.167 8
.850	.952	.222 043	.216 816	.225 435	−.171 15	.065 7	.149 1	.058 6	.155 5
.900	.948	.219 336	.214 103	.222 615	−.170 39	.062 8	.138 8	.056 4	.144 7
.950	.945	.216 719	.211 472	.219 892	−.169 56	.060 1	.129 8	.054 4	.135 2
1.00	.941	.214 184	.208 918	.217 258	−.168 66	.057 8	.121 8	.052 6	.126 7

如前文分析,由表 4—8 可以看到当 K 取值在 0.15 左右时,岭回归结果趋于稳定,所以可认为 K 取值为 0.15,此时参数估计量见表 4—10。

表 4—10 方程 5 参数估计量结果

	B	SE(B)	Beta	T=B/SEB	Sig. T
$\ln P$	0.571 482	0.031 016	0.290 595	18.425 136	0.000 000
$\ln P_1$	0.724 166	0.062 223	0.259 664	11.638 199	0.000 000
$\ln A$	0.163 424	0.007 090	0.296 785	2.050 843	0.000 000
$\ln T$	−0.130 898	0.220 110	−0.135 535	−5.947 035	0.000 002
C(常数项)	−0.412 626	0.129 603	0.000 000	−3.183 771	0.001 933

从表 4—10 中可以看到方程的标准回归系数（Beta）分别为 0.290 6、0.259 7、0.296 8、−0.135 5;回归系数（B）分别为 0.571 5、0.724 2、0.163 4、−0.130 9。

所得到的 STIRPAT 模型的对数形式如下:

$$\ln I = 0.571\,5\ln P_s + 0.724\,2\ln P_2 + 0.163\,4\ln A - 0.130\,9\ln T - 0.412\,7 \quad (6)$$

（3）对方程 4 的岭回归结果

按照岭回归的计算原理，对方程（4）进行岭回归分析计算的结果见表 4—11。

表 4—11　　　　人口规模、人口年龄结构、人均 GDP 与碳排放量岭回归结果

K	RSQ	LNP	LNP$_3$	LNA	LNT	VIF_1	VIF_2	VIF_3	VIF_4
.000	.996	.499 012	−.093 40	.632 146	.056 352	77.08	13.77	63.71	17.85
.050	.993	.456 730	−.061 39	.531 038	−.042 09	2.006	2.968	2.009	3.554
.100	.986	.417 199	−.021 31	.478 887	−.081 89	.858 9	1.644	1.027	1.587
.150	.980	.388 677	.009 542	.441 452	−.105 36	.535 5	1.104	.697 9	.929 5
.200	.973	.366 808	.033 005	.412 821	−.120 93	.385 4	.811 3	.524 0	.625 9
.250	.967	.349 298	.051 110	.390 004	−.131 88	.299 4	.630 1	.415 3	.458 9
.300	.962	.334 820	.065 314	.371 253	−.139 83	.244 0	.508 0	.341 2	.356 5
.350	.957	.322 546	.076 622	.355 469	−.145 73	.205 7	.421 3	.287 8	.288 6
.400	.952	.311 932	.085 733	.341 921	−.150 15	.177 7	.357 1	.247 8	.241 0
.450	.947	.302 602	.093 146	.330 105	−.153 47	.156 5	.308 0	.216 8	.206 2
.500	.942	.294 291	.099 224	.319 660	−.155 96	.139 9	.269 6	.192 3	.179 8
.550	.938	.286 803	.104 236	.310 324	−.157 80	.126 2	.238 2	.172 5	.159 3
.600	.933	.279 992	.108 386	.301 896	−.159 13	.115 8	.213 7	.156 3	.143 0
.650	.929	.273 747	.111 830	.294 225	−.160 05	.106 8	.192 9	.142 7	.129 7
.700	.924	.267 981	.114 691	.287 192	−.160 64	.099 1	.175 5	.131 2	.118 7
.750	.920	.262 624	.117 066	.280 703	−.160 97	.092 6	.160 8	.121 4	.109 5
.800	.916	.257 620	.119 033	.274 683	−.161 07	.087 0	.148 1	.113 0	.101 6
.850	.912	.252 926	.120 655	.269 070	−.160 99	.082 0	.137 2	.105 6	.094 9
.900	.908	.248 504	.121 982	.263 814	−.160 76	.077 7	.127 7	.099 1	.089 0
.950	.903	.244 322	.123 058	.258 872	−.160 40	.073 8	.119 3	.093 4	.083 9
1.00	.899	.240 356	.123 918	.254 211	−.159 93	.070 3	.111 9	.088 3	.079 3

由表 4—11 可以看到当 K 取值在 0.25 左右时，岭回归结果趋于稳定，所以可认为 K 取值为 0.25，此时参数估计量见表 4—12。

表 4—12　　　　　　　　方程 6 参数估计量结果

	B	SE (B)	Beta	T=B/SEB	Sig. T
lnP	0.686 926	0.038 835	0.349 298	17.688 167	0.000 000
$\ln P_1$	0.411 932	0.230 881	0.051 110	1.784 171	0.043 270
lnA	0.214 755	0.012 807	0.390 004	16.768 910	0.000 000
lnT	−0.127 364	0.023 613	−0.131 876	−5.393 736	0.000 007
C（常数项）	−0.393 012	0.378 407	0.000 000	−1.038 596	0.154 467

从表 4—12 中可以看到方程的标准回归系数（Beta）分别为 0.349 3、0.051 1、0.390 0、−0.131 9；回归系数（B）分别为 0.686 9、0.411 9、0.214 8、−0.127 4。

所得到的 STIRPAT 模型的对数形式为：

$$\ln I = 0.686\,9\ln P_s + 0.411\,9\ln P_3 + 0.214\,8\ln A - 0.127\,4\ln T - 0.393\,0 \tag{7}$$

上述 3 个模型的显著性检验结果显示 RSQ 分别为 0.989 4、0.988 0 和 0.967 4，具有较好的拟合优度，F 检验显著，各自变量回归系数的方差膨胀因子均小于 10，回归系数符号符合经济学意义，模型具有较好的拟合度。

根据模型估计的结果显示，各自变量标准回归系数的绝对值衡量作为衡量北京市近 30 年来碳排放的影响因素的程度，其由高到低的顺序为：人均 GDP（29.7%～39.0%），人口规模（28.7%～34.9%），二、三产业从业人员比重（26.9%），人口城镇化率（26.1%），碳排放强度（12.8%～13.6%），人口年龄结构（5.1%）。因此，总的来说，以人均 GDP 为代表的财富变化率对碳排放的影响最大；人口因素对碳排放的影响为第二位的，其中人口规模因素的影响超过了所选取的几个人口结构指标的影响，人口结构因素中二、三产业从业人员比重和人口城镇化率影响较大，而人口年龄结构的因素相比较之下影响还比较小；以碳排放强度为代表的技术因素变化率对碳排放产生了负向影响，这可以理解为碳排放强度驱动下二氧化碳减少，被其他因素引起的二氧化碳排放增长所抵消。

4.5 本研究的基本结论与政策建议

4.5.1 基本结论

1. 人均GDP对碳排放的贡献度最高，是北京市碳排放量增加的主导因素

由以上分析结论可以看到，人均GDP代表的财富因素或者说是经济因素对碳排放的贡献率最高，为29.7%～39.0%，说明人均GDP变化对北京市碳排放量增长的解释力最高。人均GDP对碳排放量增加的解释可以从两个方面考虑：一是直接碳排放，主要来自生活用能源消耗等；二是间接碳排放，主要来自支撑消费需求的整个国民经济产业的发展所产生的碳排放量。因此，这一影响因素高过其他因素也就不难解释了。

人均GDP在一定程度上反映了经济发展的水平，另一方面也反映了消费水平和消费结构的变化。我们看到，北京的GDP水平明显高于其他城市，1980年北京的人均GDP为5 294.02元/人，仅次于同期上海的人均GDP水平6 420.49元/人，远高于全国人均GDP水平1 629.18元/人（均按照2000年不变价格折算），并且近三十年来持续保持增长态势，稳居第二位的水平。因此，其经济发展水平在全国来讲都是非常高的，经济的发展带动了消费需求的扩张，生产生活的各个环节的能源消费也持续增加，就北京而言经济因素对碳排放的影响也是最大的。

2. 人口规模对碳排放的贡献度第二，仅仅略低于经济因素的影响

根据上文分析的结果，人口因素目前并不是对北京市碳排放贡献度最高的因素，但是其对于碳排放的影响也还是比较大的，其对碳排放的贡献度达到了28.7%～34.9%，这与许多文章中的结论是一致的。从人口规模变化的角度来看，1980—2009年，北京市人口总量从904.3万人增长到1 755万人，增长了近1倍，年均增长率为2.3%。由于国家计划生育政策的效果，人口增长率大幅下降，而且人们生育意愿也发生转变，北京市的人口自然增长率从1978年以来一直呈逐年下降的趋势，但是人口增长的绝对量依然很大，20世纪90年代以来北京市每年人口平均增长34万人。人口绝对数量的增长在其他因素不变的条件下必然会使得相对应的能源消费增长，而与之相对应的碳排放量也从1980年的1 315.93万吨增加到2009年的3 958.57万吨，增长了3倍多，年均增长率为3.9%。因此，碳排放量的持续增长由此可以得到一定

的解释。

3. 二、三产业从业人员比重对碳排放的影响低于人口规模，产业结构的变化对北京市该阶段碳排放表现出的正效应，说明以产业结构调整的方式推动节能减排的目标并没有实现

根据模型回归的结果，以二、三产业从业人口比重为代表的北京市产业结构对于碳排放的贡献度低于人口总量和家庭规模户的影响。北京市二、三产业从业人员比重从1980年的75.6%增加到2009年的93.76%，增加了24%，北京市绝大多数的人口是从事工业和服务业的，农业从业人口很低，而碳排放量从1980—2009年增加了3倍多，说明二、三产业的迅速发展是碳排放增长的重要驱动力之一。

二、三产业从业人口的比重的变化率不断增大，反映了从事二、三产业的人口增大，工业化经济规模不断扩大，经济规模的扩大会直接导致更多的能源需求和更多的污染和环境破坏的发生；另一方面，与之相伴的可能是产业结构的变化和技术进步，这些对改变环境污染有减缓的作用。从分析中可以看到，北京市二、三产业从业人员比重的变化率对碳排放的增加有比较高的贡献率，其比重30年来增加了24%，而碳排放量从1980—2009年增加了3倍多，说明工业化进程对碳排放的影响比较大，而其结构上的改变所产生的负效应还没有真正地显现出来。

进一步分析，产出规模作为总量在一定阶段内基本上与碳排放呈正相关关系，但产业结构因素却对碳排放产生较大影响。以农业为代表的第一产业、以工业为代表的第二产业和以服务业为代表的第三产业的比重不同，导致碳排放量不同。在产出规模既定的条件下，如果第二产业所占的比重较大，那么碳排放量也会较大，这是因为第二产业与其他产业相比所需能源较多。如上文中对北京市三次产业碳排放的分析，可以知道，北京市的第三产业碳排放的增加量仍旧超过了第二产业碳排放的减少量，总体的碳排放量是增加的，说明北京市的产业结构调整尚未达到节能减排的作用，与后面进行的定量分析基本吻合，也进一步说明了北京市产业化发展导致了碳排放量的增加，而产业结构调整，第三产业的发展尚未在减少碳排放量上起到作用。

4. 人口城镇化率对碳排放的影响略低于二、三产业从业人员比重，但是

在今后一段时间内人口城镇化进程给碳排放带来的压力不会减缓

人口城镇化率变量在此模型中主要反映的是由于人口城乡结构的变化所引发的居民生产和消费行为对碳排放的影响。北京市1980年的人口城镇化率为57.2%，而2009年北京市的人口城镇化率已经达到了85.0%，增长了近30%，此期间的碳排放量增加了2 642.6万吨碳，增加了近3倍。人口城镇化水平因与居民消费水平及消费模式的显著相关性，几乎所有研究表明，人口城镇化对碳排放具有显著影响。

一般认为，人类活动所导致的碳排放有三个主要来源（即所谓碳源）：化石能源燃烧的二氧化碳排放、水泥制造过程中化学物质分解产生的二氧化碳排放以及由于土地利用变化造成林地碳汇减少而引致的二氧化碳排放。而人口城镇化进程与这三个碳源均有密切的联系。首先，能源的生产性消费以工业和城镇为主，同时，与人口城镇化进程相伴的居民消费水平的提高和生活方式的改变使得对生活性能源消耗的直接与间接需求增长；其次，城镇化的推进使得城镇基础设施及居民住宅建设的需求量相应增大，拉动了水泥行业的生产和消费，由此产生碳排放相应的增长；最后，人口城镇化进程往往伴之以耕地、林地的占用，使得土地利用变化导致的碳排放相应增加。

说明人口城镇化进程通过以上三种方式直接导致了碳排放的增长，也就是说，即使人口总量停止增长，只要越来越多的人口变成城市居民，伴随着从农村向城市的生活方式转变，无论人均碳排放还是碳排放总量都会不可避免地持续上升。尽管北京市人口城镇化进程明显高于其他城市，其城镇化度也相对比较高，但是目前人口城镇化率与发达国家城市相比还有一定差距。可以预见，在未来很长一段时间内，北京市人口城镇化进程仍旧会给碳排放增长带来一定的压力，如何在推动城市化进程中融合低碳发展的理念与举措，显然是一个值得研究者和决策者们深入探讨并付诸实现的重要议题。

5. 人口年龄结构对碳排放的影响在人口因素中最小

人口年龄结构因素对碳排放的贡献率为5.1%，在人口结构的几个因素中最小。本书选择的人口年龄结构的指标是劳动适龄人口比重，三十年来，北京市的劳动适龄人口比重是不断增加的。人口年龄结构变化对碳排放的影响是一种间接作用，也是通过生产和消费对碳排放产生影响，一方面反映了劳动适龄人口对经济建设和社会发展提供了丰富的劳动力供应，是经济快速增长的重要动因之一。北京市近30年来经济水平迅速提高，并且许多外来劳动力的流入为北京的经济建设发展提供了重要保障，反映出其对碳排放增加的一定影响。另一方面，劳动适龄人口也通过消费影响碳排放，这方面的影响机理比较复杂，主要是从消费者生命周期和消费—储蓄率的角度进行分析。

6. 技术因素对北京市碳排放的影响呈负相关关系

碳排放强度变化对北京市该阶段的碳排放贡献率表现出负相关关系，碳排放强度指标以单位GDP的碳排放量来表征能源系统的投入和产出特性，反映了能源经济活动的整体效率。一般来说，碳排放强度与产业结构、能源结构及技术进步等多种因素密切相关，提高能源效率等技术进步因素对减少碳排放有非常积极的作用，但是我国产业技术水平较低、长期依赖于劳动密集型产业，技术进步解释力比较低，在其驱动下减少的二氧化碳排放，被其他因素引起的碳排放增长所抵消，因此碳排放强度对二氧化碳排放的整体驱动作用呈反向。

4.5.2 政策建议

1. 人口总量控制始终是减少碳排放的重要措施

人口是最基本的生产者和消费者，人口数量与碳排放呈比较强的正相关关系，通过人口总量的控制来减少碳排放量应始终得到关注。比如，印度的人口基数巨大，人口增长率也非常高，所以人均碳排放量很高，使印度成为世界第四大温室气体排放国之一。而我国也面临着同样的问题，虽然我们的人均排放量远低于发达国家，但是和印度一样，我国庞大的人口规模和持续的人口增长仍旧是我国成为世界最大的温室气体排放国之一的重要原因。当然，如果我国的人口增长速度像30年前一样，那么目前的碳排放量会更大，近十年间的人口增长率放缓无疑是我们对应对全球气候变化的重要贡献之一。计划生育的实施无疑是对我国人口减缓发挥了巨大作用的重要举措，人口总量控制仍旧是碳减排战略里重要的一个方向。

人口政策的制定必须要考虑人口对环境资源的压力，但是人口问题必须通过统筹的方法来解决，不能忽视人口发展的内在规律。得益于计划生育政策的实施，北京市自然出生率逐年降低，并且居民的生育意愿也在不断降低，但是，北京市人口总量仍旧在不断攀升。1978年的常住人口为871.5万人，据"六普"最新数据显示，到2010年常住人口增加到1 961.9万人，是1978年的2.5倍，年平均增长率为2.6%；与此同时，北京市外来人口从1978年的21.8万人增长到704.5万人，增长了32.3倍，年平均增长率为16.3%。这说明，外来人口的增加是北京市人口大幅增长的一个重要原因之一，有序调控外来人口对于减少碳排放和缓解资源环境压力显得尤为重要，也是未来北京市人口政策制定的关键问题。

2. 通过引导消费模式向可持续的消费方向发展来减少碳排放

上文研究分析显示，消费水平对碳排放量的增长具有一定的影响作用，而且这种影响力比较高。消费水平的背后隐藏着居民消费能力和其带动的产业生产能力，并且人口和其他因素的作用都是以此为依托的，所以消费水平的影响对碳排放有着不可忽视的重要作用。但是，长期以来，我国居民的消费率（即消费水平占GDP的比重）长期偏低，说明我国的国民消费没有成为拉动经济增长的主引擎，产业性碳排放仍旧占据主导地位。

但是，产业部门节能减排的推进力度和速度在不断加快，近几年来，国家积极推行拉动内需的消费政策，以及人口结构调整的不断深化，居民消费对碳排放的影响力必然将逐渐扩大，消费性碳排放与生产性碳排放的比重会有所变化，消费性碳排放水平上升，生产性碳排放水平下降，因此，在未来一段时间里这一因素可能会对碳排放的影响逐渐增大。正如，根据发达国家近几年的统计数据表明，居民直接与间接的生活能耗已经超过工业部门，成为碳排放的新的增长点。比如，欧盟的家庭能源需求在20世纪90年代就已经超过工业部门的能源需求。所以，对于人口的消费性碳排放也应该及早纳入到碳减排的工作计划中来，逐步转变节能减排的重点一直集中在产业部门的情况。

总之，由于经济和人口发展的必然规律和政策性的倾斜，居民消费水平的提高是必然的，其对未来经济的发展的重要作用也不容忽视。经济发展和社会和谐的目的是让百姓共享改革开放成果，我们不能期望以降低居民消费水平来制定相关的节能减排政策措施，而是着重引导居民消费模式向可持续发展的消费方向转变，强调适度消费、绿色消费等健康的、可持续的消费模式。

3. 加大产业结构调整力度,发挥第三产业高附加值、低能耗的产业特征是减少碳排放量的重中之重

解决碳排放量不断增长的关键是引导产业结构向低能耗的方向转变,在遵循经济规律的条件下,可以大力发展低能耗、高附加值的第三产业,以提高经济运行的整体效益。在发达国家工业化过程中,生产性碳排放量所占比重比较大,能源供应业、工业、交通运输业、林业和农业这五大工业类产业是全球碳排放的主要来源,因此,这五大部类是研究碳减排的重点。但是,正如上文中分析显示,北京市的碳排放的重头仍旧在第二产业,产业结构调整对于碳排放减少的作用尚未体现出来,所以,制定相应政策,加快其调整优化的步伐理应成为北京市下一阶段节能减排的重点工作。

节能减排的主要目标应为加快推进产业结构调整,减少高物耗、高耗能、高排放和高污染的高碳产业发展,促进新型低碳产业的发展,全力推进发展资源节约型和环境友好型的产业,大力发展低碳产业,如低碳农业、低碳工业和低碳服务业等,使其成为北京市的支柱产业;同时,要转变能源消费方式,调整能源消费结构,加大可再生类能源消费,从根本上解决经济增长与高能源消耗和碳排放之间的联系。

4. 合理布局,正确引导生产和消费行为,寻求可持续化发展的城市化模式

在目前人口增长规模和速度得到有效控制的情况下,人口结构的改变有可能成为控制碳排放增长的新途径,根据上文的分析,随着人口城镇化率的逐年提高,城市化发展给节能减排带来更多的压力。因此,在城市化进程中,统筹规划、合理布局以及正确引导生产和消费行为,寻求可持续化发展的城市化模式是北京市开展低碳城市建设的重点,也是制定相关政策的重要依据。

城市化进程中,产生的能源消耗量的增加和消耗结构的变更是不可避免的,因此,提高能源利用效率和优化能源消费结构就显得尤为重要。能源消费结构的变化是一个缓慢过程,一般在较长时间的内,不会发生颠覆性的改变,所以,应把能源结构的调整和提高与能源效率有机结合起来,把提高煤炭等的化石能源利用效率改进放在优先的位置上,这样有利于尽快降低城市

化发展过程中的碳排放强度。此外，城市和农村的消费模式上有很大的不同，这就需要政府倡导鼓励和宣传绿色集约型的生活方式，广大人民群众也应积极参与绿色出行、节约能源等，为减少碳排放量改善环境质量作出一份贡献，建立起可持续的生活方式和消费模式，来应对气候变化，改善我们共同的生存环境。

5. 技术进步是节能减排的重要推动力

能源强度效应对碳排放显示出的负效应使我们可以对节能减排的前景保持乐观，在目前能源消费持续增长、能源结构和产业结构调整比较困难的情况下，提高能源效率就只能主要依赖于技术进步，提高能源效率已经成为推进节能减排的最重要手段。我们看到，第二产业的能源效率远低于其他产业，无疑应成为能源效率提高的重中之重。所以，应该大力推进科技进步，充分发挥科学技术创新带来的效益，减少人为的温室气体排放，这是应对气候变化的重要手段，也是经济增长的重要因素和碳减排的重要推动力。

推动技术改进的政策包括政府加大对先进节能技术的倾斜性投资，推动资源能源的开采、转换及利用环节的创新技术的研发与推广。同时，也应从法律层面对能源效率的持续提高加以保障，如尽快促成制定各行各业的《节能法》实施细则，加大贯彻《节能法》的实施力度；在国际方面，加快推动发达国家向我国进行技术转让，用以减少温室气体减排，帮助我国提高生产力水平和能源利用效率，并且鼓励企业积极参与节能减排技术的研发和应用。

第五章 北京市生态足迹变动及其影响因素分析

生态足迹方法是近年来兴起的一种研究可持续发展的方法，最初是由William E. Rees教授和Mathi Mackernagel博士提出的，任何已知人口（某个人、一个城市或一个国家）的生态足迹是生产这些人口所消费的所有资源和吸纳这些人口所产生的所有废弃物所需要的生态生产性土地面积（张志强，2000）。它作为现有的最全面的衡量生态资源数量的指标，与可持续发展理论相结合将全世界面临的生态问题推进到了定量研究的阶段。自提出之后，这一理念就得到全球很多研究学者和科研机构的广泛认可，并广泛应用于可持续发展研究方面。

北京市是我国最重要的政治、经济、文化中心，近年来各方面的发展都取得了巨大进步。1980—2010年，北京市的地区生产总值增长了100倍之多，高于全国88倍的水平。这一发展还体现在它快速增长的人口方面，1980年北京市人口总数为904.3万人，而2010年这一数据已经达到1 961.9万人，短短30年增加了1 000多万人。随着经济水平的提高、人口数量的增加，北京市也面临着越来越多的生态环境问题。由于北京市经济快速发展、居民消费水平大大提高，生产、生活的资源消耗、废弃物排放都越来越多，使得北京市生态环境压力越来越大。而北京市又是一个资源匮乏型城市，它的土地面积有限，随着人口的不断增加，人均土地面积越来越小；水资源也一直是制约北京市发展的一个重要因素,近年来始终处于水资源紧张状态;北京市的能源资源也主要依靠外部调入获得。北京市面临的这些问题都与可持续发展紧密联系在一起,因此研究北京市生态足迹问题具有十分重要的现实意义。

现在已有多位学者应用生态足迹方法对北京市的可持续发展进行了研究。在定量测算方面,张颖计算了北京市1990—2003年的生态足迹和生态承载力,得到1990—2003年期间北京市始终存在生态赤字,处于不可持续发展状态(张颖,2006)。王亚菲将投入产出分析技术引入生态足迹模型,得到2005年北京市生态足迹总需求为3 853.8万公顷,约为北京市生态生产性土地总面积的23倍(王亚菲,2009)。靳之更定量研究了北京、沈阳、哈尔滨三个城市2003—2006年的生态足迹和生态承载力的变化规律和特征,也指出北京市人口负荷超过其生态容量,生态承载力不能满足生态足迹的需求(靳之更,2009)。除定量计算北京市生态足迹外,还有学者引入相关指标对生态足迹进行分析。高君、程会强计算了北京市2002—2007年的生态足迹数据,得到北京市人均资源消费已经严重超出了其土地本身的供给能力。但文章指出虽然生态赤字的存在已经说明北京市的发展处于不可持续状态,但还不能确切说明北京市发展的不可持续程度。文章采用生态足迹指数、单位面积的生态足迹地区生产总值、生态足迹多样性指数三个指标对北京市可持续发展程度进行了评价,结果均显示北京市已经处于严重的不可持续状态(高君、程会强,2010)。

也有一些学者对生态足迹方法进行了创新,例如吴燕等改进计算方法,将生态足迹和水足迹这两个综合指标放在一起评价了北京市居民食物消耗对自然资本(土地和水)的需求情况。结果表明,北京市的土地资源和水资源都不能满足居民需求,需要从其他地方输入(吴燕、王效科,2011)。周文华等将生态足迹方法应用到水资源研究,认为北京的水资源利用是不可持续的(周文华、张克锋,2006)。张远索等采用改进过的生态足迹模型对北京市的人地关系现状进行了分析,表明北京市近十年来耕地生态赤字逐年加大(张远索、张占录,2011)。

从现有文献来看,研究大多集中在北京市生态足迹计算、对生态足迹这一指标进行分析及生态足迹计算方法的创新应用方面。而对生态足迹变动的影响因素进行的研究还不多见，只有少数文章通过定性描述的方式对其影响因素进行了分析，进行定量研究的文章更是几乎没有。生态足迹变动是表征北京市可持续发展变化的重要指标，研究其影响因素对认识北京市可持续发展变化情况、改善北京市生态环境有重要的现实意义。

本章首先对北京市生态足迹现状进行了分析。利用生态足迹方法计算得到2010年北京市生态足迹状况，通过对2010年的人均生态足迹、人均生态承载力的分析，表明北京市仍处于严重的不可持续发展状态。本书通过研究北京市公布的统计数据资料，认为依据现有资料能够计算得到北京市1980—2010年共31年的生态足迹值，这一时序数列满足了进行定量分析的要求，进而可以引入计量模型进行分析。本章希望应用计量模型研究的方法更为清晰直观地考察北京市生态足迹变动的影响因素，从而为改善北京市可持续发展状况提供政策依据。

5.1 生态足迹方法的介绍

5.1.1 生态足迹方法简介

生态足迹法作为一种资源利用分析工具，用生态空间大小表示人类对自然资本的消费及自然系统能够提供的生态服务功能，从而对人类活动的可持续性做出评价。它是基于以下两个基本事实：（1）人类可以确定自身消费的绝大多数资源及其所产生的废弃物的数量；（2）这些资源和废弃物流能转换成相应的生物生产面积（徐中民、张志强，2000）。生态足迹分析法由两个账户组成：生态足迹和生态承载力。

生态足迹是指给定人口和经济条件下，维持资源消费和吸收废弃物所需的生物生产性土地面积（徐中民、程国栋，2006）。生态足迹在核算中首先需要将各个消费项目分别折算为耕地、草地、林地、水域、建筑用地、碳吸收用地6种土地使用类型①，每类消费项目对应的土地类型可见下文计算过程中。由于各类生物生产性土地面积的生态生产力不同，要将这些具有不同生

---

① 消耗某种资源所需要的生态生产性土地面积计算方法为将当期该种资源的实际消费量除以该土地类型的全球平均产量。

态生产力的土地面积转化为以全球公顷为单位的、具有相同生态生产力的面积，需要对计算得到的各类生态生产性土地面积乘以一个"均衡因子"。通过均衡因子，可以将某类土地利用面积转化成相应的具有全球平均生物生产力的面积当量。均衡因子等于某类土地利用的最大潜在生产力与地球上所有生物生产性土地的平均生产力之比（中国生态足迹报告 2010 技术手册）。本书均衡因子系数引用世界生态足迹网站 2010 年国家账户生态足迹核算方法指南，分别为：耕地 2.51，草地 0.46，林地 1.26，建筑用地 2.51，水域 0.37，碳吸收用地 1.26。

生物承载力是指在某一地区的地理边境内，在当下管理和科技水平下，可供利用的生物生产性土地和水域面积的总和（中国生态足迹报告 2010 技术手册）。由于不同国家或地区的资源禀赋不同，单位面积同类型生物生产性土地的生态生产力的差别也很大。因此，不同国家和地区同类生物生产性土地的面积是不能直接进行对比的，需要对不同类型的土地进行调整。不同国家或地区的某类生物生产性面积所代表的区域产量与世界平均产量的差异可用"产量因子"来校正。产量因子反映了各类土地利用的区域生产力与全球生产力之间的差别，它等于一个国家或区域某类生产性土地的平均生产力与该类土地利用的全球生产力之比（中国生态足迹报告 2010 技术手册）。本书采用的产量因子见下文计算。一般情况下，出于科学的考虑，在生物承载力中要扣除 12% 的土地面积作为生物多样性的保护面积。

最后，各种类型的土地都会通过产量因子和均衡因子折算为以全球公顷为单位的生态生产性土地，这样在所有地区或国家之间以及所有使用类型的土地之间就可以进行比较。

当一个地区的生态承载力小于生态足迹时，即出现"生态赤字"；当其大于生态足迹时，则产生"生态盈余"。生态赤字表明该地区的人类负荷超过了其生态容量，要满足现有水平的消费需求，该地区要么从地区之外进口所欠缺的资源以平衡生态足迹，要么通过消耗自身的自然资源本来弥补供给流量的不足。

5.1.2　生态足迹的计算方法

生态足迹计算分以下几步：

第一步，计算各种消费项目的人均生态足迹分量。公式为：

$$A_i = C_i/Y_i = (P_i + I_i - E_i)/(Y_i \times N)$$

式中：i 为消费项目的类型；A_i 为第 i 种消费项目折算的人均生态足迹分量（hm²/人）；C_i 为第 i 种消费项目的人均消费量；Y_i 为生物生产性土地生产第 i 种消费项目的全球年平均产量（kg/hm²）；P_i 为第 i 种消费项目的年生产量；I_i 为第 i 种消费项目年进口量；E_i 为第 i 种消费项目的年出口量；N 为人口数。

第二步，计算人均生态足迹，公式为：

$$ef = \sum r_j A_i \quad (j=1,2,\cdots,6)$$

式中：ef 为人均生态足迹（hm²/人）；r_j 为均衡因子。

区域人口的生态足迹总量为：$EF = N \times (ef)$

式中：EF 为总人口的生态足迹（hm²）

第三步，计算人均生态承载力。公式为：

$$ec = \sum a_j \times r_j \times y_j \quad (j=1,2,\cdots)$$

式中：ec 为人均生态承载力（hm²/人）；j 为生态生产性土地类型；a_j 为人均生物生产面积；r_j 为均衡因子；y_j 为产量因子。

区域生态承载力：$EC = N \times (ec)$

式中：EC 为区域总人口的生态承载力（hm²）。

第四步，计算生态赤字或生态盈余。对比计算得到的生态足迹值和生态承载力的值，如果生态足迹超过了区域所能提供的生态承载力，就会出现生态赤字；如果生态足迹小于区域的生态承载力，则表现为生态盈余。

5.2 北京市生态足迹现状及变动轨迹

5.2.1 北京市2010年生态足迹的计算

从自然资源的角度来看，某一地区人口消费的资源主要是生物资源、能源资源和建筑用地。因此，在核算某一地区生态足迹时，需要先分别核算其生物资源生态足迹、能源资源生态足迹和建筑用地生态足迹，然后加总得到其生态足迹总量。从现有的生态足迹文献来看，不同学者在计算生态足迹时对消费项目的选择有一定差异,本书结合现有文献采用的指标及数据可得性考虑,选择的生物资源消费包括粮食、蔬菜、植物油、猪牛羊肉、家禽、蛋类、奶及奶制品、水产品、食糖、酒、干鲜瓜果等,能源消费包括原煤、焦炭、原油、汽油、柴油、燃料油、液化石油气、天然气、电力等。建筑用地消费包括北京市建筑用地这一项。

1. 北京市2010年生物资源生态足迹的计算

生物资源的生态足迹是对以上提到的十一种食品消费所需生态足迹的核算。北京市2010年各类食品的消费量由2011年北京市统计年鉴可以查询得到。需要说明的是,由于北京市2011年统计年鉴中只给出了3 000户农民平均每人每年生活消费品的消费量,并没有统计城镇居民生活消费品的消费量,又鉴于生物资源大部分是食品,所以本书根据2010年城镇居民和农村居民食品支出的比例估算得到城镇居民生物资源的消耗量,即城镇居民各类食品消费量与农村居民各类食品消费量的比例等于城镇居民与农村居民食品支出的比例。全球平均产量值由联合国粮食规划署的统计资料获得。根据上文生态足迹的计算公式即可得到2010年北京市的生物资源生态足迹。

表5—1详细列出了北京市2010年生物资源消费数据和生态足迹分量的计算结果。

2. 能源资源的生态足迹

通常,化石能源的开发利用意味着存量的枯竭和废气物的产生,因此,从流量评价的角度,针对化石能源的开发利用,可从提供消耗能量的替代物和吸收产生的废气物所需要的土地面积这两个角度来处理化石能源用地。自然系统对二氧化碳具有明显的吸收能力,现有账户框架对化石能源用地普遍采用的方法为计算吸收二氧化碳所需要的土地面积(徐中民、程国栋,2006)。根据北京市能源消耗平衡表,北京市消耗的能源主要包括原煤、洗精煤、焦炭、原油等十三项。在计算中需要各项能源的年消费总量和其相对应的全球能源平均足迹(见表5—2)。所有能源消费项目需要折算的土地类型均为碳吸收用地。除电力外,将能源消耗折算为碳吸收用地首先需要计算各类能源所产生的热量,然后利用得到的热量值换算成碳吸收用地的面积。计算过程为:

表5—1　　　　　　　北京市2010年人均生物资源生态足迹

生物资源	土地使用类型	全球平均产量（千克/公顷）	总消费量（万千克）	生态足迹总量（万公顷）	人均生态足迹（公顷/人）
粮食	耕地	2 744	392 011.574	142.861	0.073
蔬菜	耕地	18 000	365 156.357	20.286	0.010
植物油	耕地	431	34 315.000	18.489	0.009
猪牛羊肉	耕地	74	65 273.097	882.069	0.450
家禽	耕地	764	11 935.652	15.623	0.008
蛋类	耕地	400	39 163.858	97.910	0.050
奶及奶制品	草地	502	42 147.772	83.960	0.043
水产品	水域	29	18 276.467	630.223	0.321
食糖	耕地	4 997	3 729.891	0.746	0.000
酒	耕地	7 164	58 932.282	8.226	0.004
干鲜瓜果	林地	18 000	148 076.684	8.226	0.004

数据来源：1.《北京市统计年鉴（2011）》。
2. 总消费量为农村居民消费总量与城镇居民消费总量的加总。

表5—2　　　　　　　北京市2010年能源消耗的生态足迹

能源类型	消费量（万吨）	折算系数（Gj/吨）	全球平均能源足迹（Gj/公顷）	生态足迹总量（万公顷）	人均生态足迹（公顷/人）
原煤	2 415.406	20.934	55	919.348	0.469
洗精煤	220.525	20.934	55	83.936	0.043
焦炭	220.446	28.47	55	114.111	0.058
原油	1 116.287	36.669 1	93	440.142	0.224
汽油	371.529	43.124	93	172.278	0.088
煤油	392.630	43.124	93	182.062	0.093
柴油	237.420	42.705	93	109.022	0.056
燃料油	66.686	50.2	71	47.149	0.024
液化石油气	46.209	50.2	71	32.672	0.017
天然气	536.510	38.978	93	224.861	0.115
其他石油制品	190.130	41.868	93	85.595	0.044
电力（亿千瓦时）	830.904	—	84.47 (ha/Gwh)	701.865	0.358
其他能源	518.700	36.19	71	264.391	0.135

数据来源：《北京市统计年鉴（2011）》。

总人口的生态足迹（公顷）＝消费量（万吨）×折算系数/全球平均能源足迹（Gj/公顷）

对于电力消耗，本书采用在全世界较为流行的将百万瓦时的电力直接折算为碳吸收用地的系数。具体运算方法：

总人口的生态足迹（公顷）＝消费量（亿千瓦时）×84.47（公顷/百万千瓦时）×100

3. 建筑用地的生态足迹

建筑用地包括各种人居设施及道路所占用的土地。在统计年鉴数据中，只能查询得到北京市2008年建筑用地的面积，考虑到城市土地面积的变化十分有限，且北京人口基数较大，所以暂用2008年的数据代替2010年的数据。具体计算公式如下：

人均生态足迹（公顷/人）＝全市总计建筑用地总面积（公顷）/总人口数（人）

根据2009年北京市统计年鉴公布数据，2008年北京市18个区县和全北京市的建筑土地面积共3 377.15公顷，计算得到人均建筑用地的生态足迹值为0.017公顷。

4. 生态足迹的总和

上文计算得到了北京市2010年消耗的自然资源所需要的各种土地类型的面积，此时需要均衡因子来调整，得到以全球公顷为单位的各种类型土地面积，调整之后将各项相加才能最后得到2010年北京市人均生态足迹。表5—3展示了利用均衡因子调整后的北京市人均生态足迹。

如表5—3所示，经过均衡因子的调整，之前得到的以公顷为单位的生态足迹已经换算成以全球公顷为单位的生态足迹，这样无论是不同的土地使用类型之间还是不同生产力水平的国家、地区之间，它们的土地面积都以全球公顷为单位，可以进行直接的累加或者比较。

5. 北京市2010年生态承载力计算

生态承载力是指某一地区实际能够提供的生态生产性土地的面积。需要指出的是，生态承载力计算所需数据来源于北京市土地利用变化情况分析报告，而此报告最新数据仅更新到2009年年初。考虑到一个城市各种类型土地

表5—3　　　　　　　　北京市2010年人均生态足迹

土地类型	人均生态足迹（公顷/人）	均衡因子	调整后的人均生态足迹（全球公顷）
耕地	0.547	2.51	1.372
草地	0.101	0.46	0.046
林地	0.004	1.26	0.005
建筑用地	0.017	2.51	0.043
水域	0.321	0.37	0.119
碳吸收用地	1.722	1.26	2.169
总计（全球公顷）	—	—	3.76

数据来源：《北京市统计年鉴》。

面积在短时间内不会发生较大变化，一年内的差异不会相差太多，因此本书利用2009年北京市的生态承载力代替2010年的进行分析。表5—4列出了考虑到生物多样性保护的2010年北京市人均生物承载力计算。

表5—4　　　　　　　　北京市2010年人均生物承载力水平

土地类型	土地面积（万公顷）	产量因子	均衡因子	均衡面积（全球公顷）	调整后人均生物承载力（全球公顷/人）
耕地	23.169	1.74	2.51	101.187	0.052
草地	0.205	0.51	0.46	0.048	0.000
林地	68.708	0.86	1.26	74.452	0.038
建设用地	33.771	1.74	2.51	147.493	0.075
水域	2.086	0.74	0.37	0.571	0.000
人均总生物承载力（gha/人）	—	—	—	—	0.165
12%生物多样性保护土地面积（gha/人）	—	—	—	—	0.020
最终人均生物承载力（gha/人）	—	—	—	—	0.15

数据来源：1. 北京市土地利用变化情况分析报告。
2.《北京市统计年鉴（2011）》。

5.2.2　北京市2010年生态足迹情况分析

1. 北京市人均生态足迹与人均生态承载力对比分析

通过对比2010年北京市人均生态足迹和人均生态承载力的值可以看到，北京市存在严重的生态赤字，生态赤字值达到了3.61全球公顷。也就是说北京市每个人需要 3.76 全球公顷土地才能满足其一年的需要,而北京市自身仅能提供 0.15 全球公顷,人均生态足迹达到了人均生态承载力的 25 倍之多。但国际上的一些主流研究也指出,生态足迹的作用是测算人类活动对环境的影响程度,生态足迹与生态承载力的比较结果表明的是人类是否对生态过度利用,并不是一个可持续的测量指标,也不是一个环境可持续的测量指标(Wackernagel M.,Moran D.)。从这一认识我们可以得到北京市存在严重的生态过度利用现象,但并不足以判断北京市处于不持续发展的状态。

生态赤字部分主要靠进口和枯竭自然资源获得。通过贸易的促进,北京市的生物资源和能源很多是从外地引进的,这样一来北京市的生态环境压力就转移到了经济欠发达地区。但不可能所有的压力都能够通过贸易转移,贸易更多的是进口资源,而对于排放则基本全部都是北京市的生态环境来承担,从另一个角度来说,是北京市进口了资源消费产生的压力,这些对北京市的可持续发展构成了很大的威胁。

2. 北京市人均生态足迹各种用地类型构成分析

生态足迹是由耕地、草地、林地、渔业用地、建设用地、碳吸收用地等六种类型的土地构成的,图 5—1 展示的是北京市人均生态足迹各部分的构成情况,从中可以看到哪些是影响北京市生态足迹的关键。

从图 5—1 中看到,碳吸收用地对生态足迹影响最大,影响次之的是耕

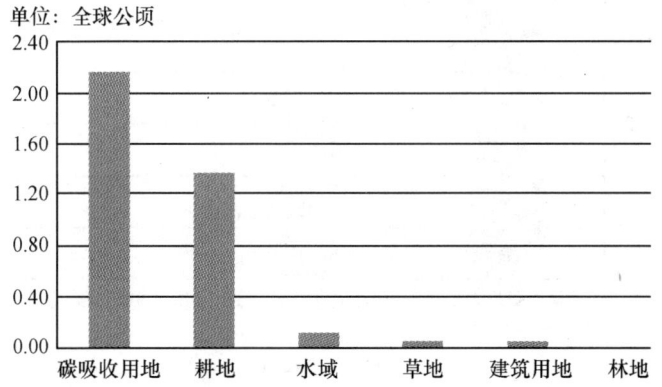

图 5—1 北京市 2010 年人均生态足迹各种用地类型构成

数据来源:以上生态足迹分量根据 2011 年北京市统计年鉴生物资源、能源资源和建筑用地消费量计算得到。

地，而水域、草地、建筑用地、林地的影响相对要小很多。碳吸收用地占到了北京市人均生态足迹总量的57.69%，达到了一半以上。通过对比来看，这一比例高于53%的世界平均水平，说明北京市的能源消耗比例高于世界平均水平。耕地是次于碳吸收用地的第二大影响因素，占据了36.49%的比例。整体上看，北京市的生态足迹在各种土地类型存在十分不均衡的状态，仅仅碳吸收用地和耕地两项就占据了94.2%的土地利用总量。

3. 北京市人均生态足迹构成分析

生态足迹计算过程中表明生态足迹主要是对人类消耗的生物资源、能源资源和建筑用地的汇总。考察一个地区三种资源消耗类型的组成情况，可以帮助人们更为清楚地认识一个地区的资源消耗结构，从而可以更有针对性地改善生态环境压力。

图5—2显示的是计算过程中得到的三个部分的分量。可以看到，北京市能源消耗生态足迹是三类消费中最多的，生活消费生态足迹略小，建筑用地生态足迹是最小的。能源消耗生态足迹占到了人均生态足迹的57.7%，这表明北京市消耗的能源资源对北京市生态环境产生的压力占到了影响总量的一半以上。因此，北京市需要提高资源利用效率，加强节能减排力度，增加清洁能源利用，以降低能源消耗，改善生态环境。

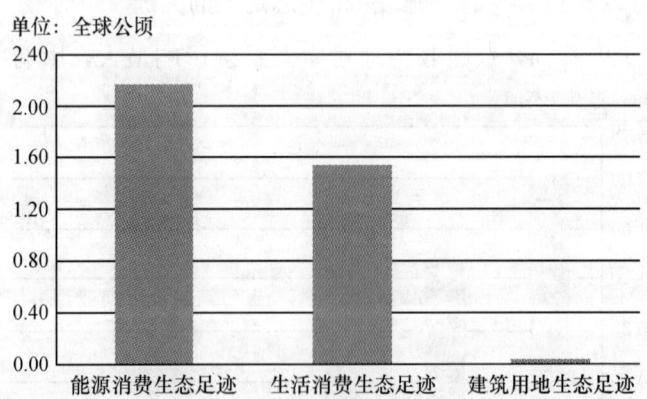

图5—2 北京市人均生态足迹构成

数据来源：以上生态足迹分量根据2011年北京市统计年鉴生物资源、能源资源和建筑用地消费量计算得到。

5.2.3 北京市 1980—2010 年生态足迹变动轨迹

改革开放是我国发展过程中一个重要的转折点，自 1980 年以来，北京市人口、经济、技术等多方面都发生了巨大的变化，人均生态足迹自然也发生了巨大的变化。为了得到北京市自 1980 年以来生态足迹的变动情况，本书尝试计算了 1980—2010 年北京市的生态足迹值，希望可以考察生态足迹的长期变动趋势。

在计算过程中，由于统计数据不够完善，统计年鉴中统计项目前后不能很好衔接等问题，本书在计算中采取了一些近似估计计算的方法。主要有：（1）生物资源消费的统计中，1980—1997 年北京市统计年鉴中城镇居民和农村居民消费的粮食、蔬菜等生物资源消费是分别统计的，但 1998 年及以后统计年鉴中只公布了农村居民消费量，因此本书对城镇居民消费的生物资源进行了估计。鉴于居民食品支出核算包括的项目主要就是各种生物资源的消费支出，因此本书以城镇居民食品支出与农村居民食品支出的比值作为系数，利用农村居民消耗的生物资源量估算得到了城镇居民消耗的量。（2）能源消费统计中，统计项目只包括了原煤、原油、汽油、煤油、柴油、天然气和电力七大种类的能源消耗，这样可以避免由于统计项目过多，使统计口径前后不一致。且从现有文献来看，很多学者在计算生态足迹时也只选择了这些统计项目。其中 1990—2010 年的能源消耗为北京市统计年鉴中查询得到的实物消耗量，单位为万吨。1980—1989 年的能源消耗量为北京市统计年鉴中查询得到的标准煤消耗量，在计算中利用标准煤产热量系数计算得到能源产热量，进而得到能源生态足迹值。（3）建筑面积统计中，根据统计年鉴仅能得到少数几年的建筑面积数据，因此本书利用城镇居民人均建筑面积这一数据进行了替代。考虑到人均建筑面积与建筑面积有很大的相关性，且建筑面积在生态足迹中的占比很小，进行这样的替代是有一定科学性的。由于以上所提到的估算方法，计算中消费项目并不全面，因此计算结果会比实际值偏小。但考虑到全部年份均是用一种估算方法，得到的数据会出现系统性的偏差，整体会偏小，但对于各年之间的大小关系，及整体的变动趋势影响则不大，数据具有连续性和可比性，可以进行序列分析。

利用前文相同的方法，根据北京市 1980—2010 年统计数据计算得到北京市人均生态足迹值和生态足迹总量值。需要说明的是，由于北京市是一个对外依存度非常高的城市，其生物资源、能源资源绝大部分都是从外界获取的，其自身的生态承载力高低对其生物资源利用并没有决定性影响，且本书意在考察对北京市生态环境压力的影响因素，因此只计算了北京市1980—2010年生态足迹值，而未计算其生态承载力值。

计算得到的北京市1980—2010年人均生态足迹值和生态足迹总量值见下文分析。

5.2.4 北京市1980—2010年人均生态足迹变动情况

图5—3展示了1980—2010年北京市人均生态足迹的变化情况。从图中可以看到，北京市的人均生态足迹经历了一个先上升后变得较为平缓的过程。1980—2007年这一时期，人均生态足迹基本保持上升的态势，从最初的1.65全球公顷上升至最大值3.58全球公顷，26年间平均每人对资源环境的压力上升了一倍多。也就是说在2007年平均每个人对生态环境的压力是1980年时两个人对生态环境的压力，这一增长幅度是十分惊人的。2007年达到人均生态足迹的最大值之后进入了一个较为平缓的阶段，开始有一定程度的下降。但从世界范围来看，世界大城市的人均生态足迹值均处于较高的水平，2007年美国纽约的人均生态足迹为6.1全球公顷，2002年英国伦敦的人均生态足

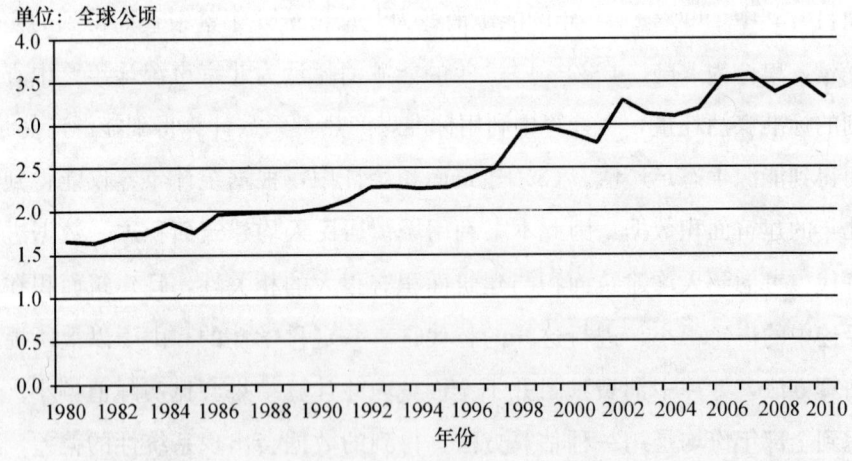

图5—3 北京市1980—2010年人均生态足迹变化情况

数据来源：根据历年北京市统计年鉴生物资源、能源资源和建筑用地消费量计算而得，个别年份利用平滑方法处理。

迹为 6.6 全球公顷，2009 年加拿大的安大略省为 8.4 全球公顷（纽约、伦敦、安大略省生态足迹报告）。而北京市是我国发展最快的城市之一，随着我国更深入地融入世界经济中，可以推断，北京市的人均生态足迹可能仍会进一步提高。

5.2.5 北京市 1980—2010 年生态足迹总值变化情况

人均生态足迹代表了个人的活动对生态环境的压力，而一个城市的生态环境变化情况是由全部人口的活动共同影响的，因此，生态足迹总值才是决定一个城市生态环境优劣的因素。自 1980 年以来，北京市的人口数量有了大幅的增长，且从上文分析也可以看到，平均每人对环境的压力也有所增加。整体来看，北京市的生态足迹总值必然会大幅增加（见图 5—4）。

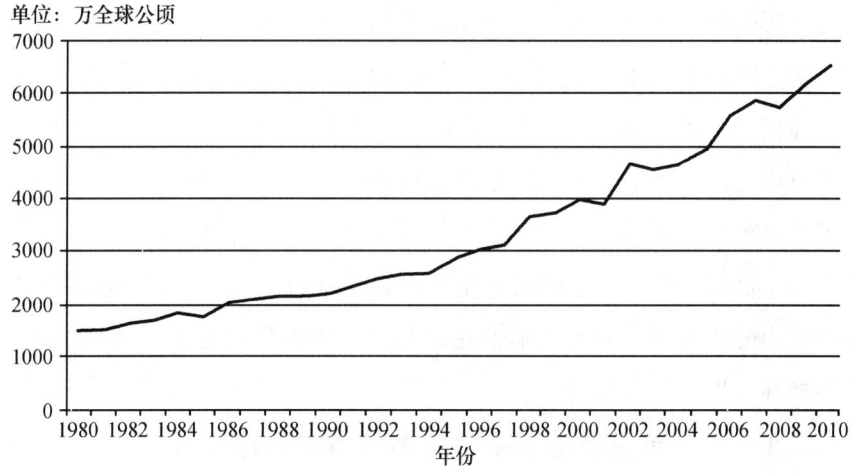

图 5—4　北京市 1980—2010 年生态足迹总变化情况

数据来源：根据历年北京市统计年鉴生物资源、能源资源和建筑用地消费量计算而得，个别年份利用平滑方法处理。

从图 5—4 中可以看到，北京市的生态足迹总值始终处于快速上升趋势，尤其是在 2000 年之后，其上升速度明显加快。我们可以将北京市的生态足迹变动分为缓慢上升时期和快速上升时期。1980—1999 年北京市的生态足迹总量上升较为缓慢，20 年间从 1 490 万全球公顷增加到 3 727 万全球公顷，平均每年上升 112 万全球公顷。而 2000 年以后，生态足迹总量上升速度明显加快，10 年间从 3 952 万全球公顷快速上升到 6 501 万全球公顷，平均每年上升

255万全球公顷。与2000年之前的20年相比，进入21世纪后，北京市人均生态足迹平均每年上升的量增加了一倍多，可见近年来北京市生态状况变得越来越严峻。

5.3 人口及相关因素对北京市生态足迹变化的影响分析

生态足迹研究的对象是一个十分复杂的社会—经济—生态系统，生态足迹是联系这一复杂系统的纽带。传统的经济学模型使用货币分析方法来解释这一系统的矛盾，而忽视了生态系统的结构功能，不能指示生态意义上的稀缺。而生态足迹从生态系统的生物—物理角度来研究自然资本消费的空间，从一个更为合理、客观的角度来反映人类的可持续发展状况。因此，研究生态足迹的影响因素可以更为清楚地认识到可持续发展与社会、经济、人口等各个系统之间的相互关系。因此，本书希望通过对北京市生态足迹的研究更为深入地剖析北京市社会—经济—生态这一系统。

北京市人均生态足迹和生态足迹总量两个指标分别从个人和整体的角度反映了北京市生态环境的压力。人均生态足迹便于进行横向的对比和分析，但作为一个城市整体，总量因素是更为合理的表征指标，可以反映城市实际承受的压力变化情况。因此，本书在对北京市生态足迹变动进行分析时，所选取的指标为生态足迹总量。

5.3.1 北京市生态足迹变动的影响因素理论分析

从生态足迹的计算过程来看，影响生态足迹值的直接因素是十分明显的，即生物资源消耗、能源资源消耗和建筑用地消耗，且每一类也都有非常明确的统计数据基础。直观地来看，北京市居民生活消费的生物资源增加，使生物资源生态足迹增加；全市能源利用的增加，使能源资源生态足迹增加；建筑用地面积增加使人均建筑用地生态足迹增加，进而使北京市人均生态足迹增加。而北京市人口数量也始终保持一个快速增长的趋势，这直接导致了生态足迹总量的增加。但这只是直观表面的现象，并不能深刻揭示各个因素对生态足迹影响的作作用机制，也忽视了各因素之间的相互作用关系，并且不能得到哪些是影响北京市可持续发展的关键因素。

目前，学者们关于生态足迹的影响因素研究主要集中在人口因素、经济因素和技术因素三个方面，这些研究不仅包括对北京市的研究，也包括对全国的或其他省份的研究。

人口因素对生态足迹影响的研究主要包括两个方面，一是人口总量的影响，二是人口结构的影响。张颖（2006）、刘宇辉（2004）、元相虎（2005）等分别研究了北京市和全国的生态足迹影响因素，都认为人口总量的增加是引起生态足迹增加的最主要原因，认为人口总量增加会加大对资源的消耗、增加废弃物的排放，最终导致不可持续发展。蒋莉等根据1999年我国各省（区、市）的生态足迹值，利用主成分分析和回归分析得到了生态足迹的影响因子，结果表明人口规模是生态足迹最主要的影响因子。

除人口总量因素外，一些学者的研究表明人口城乡结构也是影响生态足迹的重要因素，高君等认为城市化是引起北京市生态足迹增加的原因，他们认为相对于农村来说，城市需要更多的资源来支持其生活模式，因此，不断加速的城市化进程势必增加生态足迹（高君、程会强，2010）。2011年中国生态足迹报告也指出中国城镇居民的人均生态足迹比乡村居民要高出0.9～1.8全球公顷，其原因是城乡居民收入差距、消费差距和能源利用结构差异共同作用的结果。

经济同样是一个不可忽视的因素，经济发展必然带来生产活动的增加，从而加大各种资源的消耗。能源资源生态足迹是生态足迹的重要组成部分，它的变化对生态足迹总量有关键的影响。生产活动是消耗能源资源的主要途径，经济的快速发展使生产活动更加活跃，从而消耗更多的资源。另一方面，经济发展带来的人民生活水平的提高也会增加资源的消耗，从而增加生态足迹。2011年中国生态足迹报告指出在我国个人消费模式的转变已经超越人口因素，对生态足迹的增长产生了深刻的影响。

技术水平是能源利用效率的决定性因素。在既有的资源条件下，技术水平越高，产出也就会越大。近年来，全球能源资源危机始终是热点问题，为了争夺有限的资源，世界各国争端不断。能源资源问题对于全球各国、各地区的可持续发展都是一个瓶颈因素。提高技术水平能够扩大资源利用范围，也能够提高既有资源的利用效率，是解决人类可持续发展的一个必然途径。

从现有研究结果来看，虽然对生态足迹影响因素已进行了很多相关研究，但这些研究基本是定性分析的结果,并不能给出各个因素影响的相对重要性、影响程度等,不利于实施具体政策措施。本书希望能利用定量分析的方法得到北京市生态足迹的影响因素及其作用机制。

5.3.2 北京市生态足迹变动影响因素的实证分析

生态足迹的时间序列分析一直是学者们较为关注的话题。生态足迹账户框架建立的目的是为了测算人类活动对自然资产的压力,其计算结果只能静态地表明已经发生的人类活动是否过度利用了自然。随着对生态足迹讨论的增多,学者们将它的应用扩展到了时间序列分析的领域,目前国际上已经解决了生态足迹时间序列计算面临的一些挑战,从而为生态足迹的时间序列分析打下了基础。在时间序列分析中,IPAT等式这一个经典的测量人类活动对环境影响的账户恒等式得到了较为广泛的应用。徐中民、程国栋(2006)在检查生态足迹的分析框架与经典的IPAT等式的关系时,发现生态足迹分析可以部分还原到经典的IPAT等式,二者之间有密不可分的联系,IPAT模型应是生态足迹分析框架建立的最原始母体。

但IPAT模型在使用中也有一些缺点,蒂兹(Dietz)和罗萨(Rosa)用社会统计分析工具对IPAT模型进行了改进,公式为:$I = aP^b A^c T^d e$,简称为STIRPAT模型。这种改进的随机形式模型现在得到了广泛的应用。在实际应用中,又有学者对这一模型进行了扩展,引入了人口结构因素,即STIRPAT模型的扩展形式,如下式所示,本书利用这一模型对生态足迹影响因素进行了分析。

$$I = aP_s^{b_s} P_t^{b_t} A^c T^d e$$

式中,I 表示环境影响,即文章所研究的北京市生态足迹总量因素,单位为万全球公顷;P_s 表示人口规模,即北京市常住人口总量,单位为万人;P_t 表示人口结构,文章考察了北京市人口城市化因素,用城镇人口所占比重表示,单位为百分数;A 表示财富因素,用人均地区生产总值表示,单位为元/人;T 是技术因素,用万元GDP生态足迹[①]表示,单位为全球公顷。利用扩展之

---

① 万元GDP生态足迹即某一地区生产每万元GDP所消耗的生态足迹的量。计算过程为某地区生态足迹总量除以当期地区生产总值。

后的模型可以更为全面地考察生态足迹的影响因素。

对上式两边取自然对数，得到方程：

$$\ln I = \ln a + b_s(\ln P_s) + b_t(\ln P_t) + c(\ln A) + d(\ln T) + \ln e$$

由弹性系数的概念可知，方程的回归系数反映的是因变量与自变量之间的弹性关系，即维持其他自变量不变时，某自变量每变化1‰所引起的因变量变化百分比。因此得出上式中各个系数，就可以知道考察的各个因素变化引起的生态足迹变化情况。分析中用到的数据见表5—5。

表5—5　　　　北京市人口、经济、技术及生态足迹总量变动情况（1980—2010年）

年份	人口总数（万人）	人口城市化率（%）	人均GDP（1978年不变价格）（元/人）	万元GDP生态足迹（1978年不变价）（全球公顷）	生态足迹（万全球公顷）
1980	904.3	57.62	1 482.00	11.17	1 489.92
1981	919.2	58.02	1 456.86	11.32	1 502.98
1982	935.0	58.18	1 538.57	11.35	1 619.48
1983	950.0	58.63	1 762.31	10.04	1 666.89
1984	965.0	59.07	2 036.34	9.27	1 807.16
1985	981.0	59.73	2 177.12	8.15	1 726.33
1986	1 028.0	60.41	2 277.68	8.84	2 022.16
1987	1 047.0	60.84	2 415.95	8.28	2 074.80
1988	1 061.0	61.26	2 682.44	7.53	2 128.32
1989	1 075.0	61.77	2 765.40	7.25	2 141.53
1990	1 086.0	73.48	2 876.02	7.08	2 200.12
1991	1 094.0	73.86	3 131.19	6.78	2 316.26
1992	1 102.0	74.32	3 460.52	6.61	2 509.94
1993	1 112.0	74.73	3 855.22	5.99	2 554.75
1994	1 125.0	75.20	4 336.65	5.28	2 563.13
1995	1 251.1	75.63	4 571.71	5.24	2 846.25
1996	1 259.4	76.06	4 712.49	5.11	3 027.23
1997	1 240.0	76.48	5 211.52	4.76	3 106.14
1998	1 245.6	76.89	5 738.21	5.10	3 642.61
1999	1 257.2	77.29	6 320.20	4.71	3 727.22
2000	1 363.6	77.54	6 747.58	4.46	3 951.73

续表

年份	人口总数（万人）	人口城市化率（%）	人均GDP（1978年不变价格）（元/人）	万元GDP生态足迹（1978年不变价）（全球公顷）	生态足迹（万全球公顷）
2001	1 385.1	78.06	7 186.27	3.92	3 879.23
2002	1 423.2	78.56	7 842.42	4.23	4 659.70
2003	1 456.4	79.05	8 497.32	3.70	4 537.05
2004	1 492.7	79.53	9 466.47	3.31	4 621.75
2005	1 538.0	83.62	10 326.26	3.13	4 904.44
2006	1 581.0	84.33	11 338.14	3.16	5 599.26
2007	1 633.0	84.50	12 598.91	2.89	5 849.41
2008	1 695.0	84.90	13 275.18	2.58	5 707.99
2009	1 755.0	85.00	14 112.34	2.54	6 184.64
2010	1 961.9	85.96	14 450.47	2.42	6 500.88

数据来源：1. 生态足迹总量根据前述公式由作者计算而来；万元GDP生态足迹、人均GDP分别根据北京市地区生产总值指数、人均地区生产总值指数按照1978年不变价格换算。

2. 其他数据来源于北京市统计局历年《北京统计年鉴》。

1. 数据检验

一般而言，对时间序列数据运用传统回归技术进行分析的前提是这些序列是平稳的，否则会出现伪回归问题。对于非平稳序列，如果经过协整检验判定其相互之间存在协整关系，则回归结果也是有意义的。因此需要首先对数据进行上述检验。

首先对数据进行取对数处理。利用E-Views6.0软件对数据进行平稳性检验。运用ADF单位根检验方法对各变量对数系列进行平稳性检验，结果见表5—6，可知生态足迹总量、人口总量、人口城镇化率、人均地区生产总值、万元GDP能耗五个变量均为一阶单整序列，说明对数序列是不平稳的。但如果变量之间存在协整关系，那么仍可以利用传统回归技术进行分析，因此，需要进一步检验其是否存在协整关系。

运用约翰森协整检验方法对数据进行协整检验，检验结果表明在较高的置信度下（Prob分别为0.0032和0.0154），变量之间存在协整关系。变量之间的格兰杰因果关系检验结果表明人口总量、人口城镇化率、人均地区生产

表 5—6　　　　　　　　　数据检验平稳性结果

变量（取对数之后）	差分次数	DW值	ADF值	5%临界值	1%临界值	结论
生态足迹总量	1	2.215	−5.693	−2.972	−3.689	$I(1)*$
人口总量	1	1.696	−3.127	−2.972	−3.689	$I(1)*$
人口城镇化率	1	2.012	−3.855	−2.972	−3.689	$I(1)*$
人均地区生产总值	1	2.038	−5.429	−2.972	−3.689	$I(1)*$
万元GDP生态足迹	1	2.003	−4.467	−2.972	−3.689	$I(1)*$

总值、万元GDP生态足迹的对数序列均在较高的置信度下（其被接受的概率最低为0.55，最高为0.99）为生态足迹总量对数序列的Granger成因。因此，对于所建立的STIRPAT扩展模型，所采用数据序列通过检验，满足进行回归分析的要求。

在进行回归之前首先需要检验数据的多重共线性，因为当数据存在多重共线性时，会产生变量的显著性检验失去意义、回归系数不可靠等问题。利用方差膨胀因子方法进行检验，所得到的结果见表5—7。

表 5—7　　　　　模型各自变量的显著性检验及回归估计结果

变量（取对数之后）	共线性统计量	
	容差	VIF
人口总量	0.025	39.762
人口城镇化率	0.095	10.570
人均地区生产总值	0.007	133.361
万元GDP能耗	0.008	127.771

从检验结果可以看到，各变量之间存在较为严重的多重共线性。计量经济模型一旦出现多重共线性，如果仍采用普通最小二乘法估计模型参数会产生普通最小二乘法估计量非有效、参数估计经济含义不合理、变量的显著性检验失去意义等问题。考虑到各因素之间存在多重共线性的关系，其后果是参数估计量具有较大的方差，如果采取适当的方法减小参数估计量的方差，虽然没有完全消除模型中的多重共线性，但是却消除了多重共线性造成的不良后果（李子奈，2005）。因此，本书采取岭回归的方法进行估计。

在岭回归分析中关键问题是如何选择K值，K值的选取没有一个固定的方法，可以参照岭迹图选取，当岭迹图趋近于平缓时，也就是说当K取值使得消除多重共线性的影响作用不再明显时，即可认为 K 值的选取是合适的，如果继续增大 K 值，会使模型损失更多的有用信息而消除多重共线性的作用却不再明显。本书利用岭回归方法进行分析。

2. 模型结果

按照岭回归的计算原理，对方程进行岭回归分析计算的结果见表 5—8。

表 5—8　人均地区生产总值、人口因素、经济因素与生态足迹岭回归结果

K	RSQ	LNP_s	LNP_t	LNA	LNT	VIF_1	VIF_2	VIF_3	VIF_4
.000	1.00	.356 722	−.005 93	1.629 54	.984 109	39.76	10.57	133.4	127.8
.050	.986	.330 765	.090 994	.386 098	−.179 41	2.824	3.311	1.619	1.690
.100	.984	.308 165	.125 069	.324 743	−.217 91	1.196	1.884	.546 1	.578 2
.150	.982	.292 948	.144 434	.299 442	−.227 54	.705 2	1.233	.299 3	.318 0
.200	.980	.281 706	.156 524	.284 425	−.230 28	.480 7	.876 9	.202 4	.214 8
.250	.978	.272 829	.164 461	.273 895	−.230 48	.356 6	.660 5	.153 7	.162 5
.300	.976	.265 480	.169 811	.265 768	−.229 53	.279 8	.518 9	.125 3	.131 9
.350	.974	.259 181	.173 447	.259 101	−.228 01	.228 6	.421 0	.107 1	.112 2
.400	.972	.253 643	.175 895	.253 400	−.226 17	.192 5	.350 4	.094 5	.098 6
.450	.970	.248 675	.177 490	.248 378	−.224 16	.166 0	.297 7	.085 3	.088 7
.500	.967	.244 151	.178 456	.243 859	−.222 05	.145 9	.257 5	.078 3	.081 2
.550	.965	.239 981	.178 950	.239 727	−.219 89	.130 2	.225 5	.072 8	.075 2
.600	.962	.236 101	.179 081	.235 901	−.217 71	.117 7	.200 1	.068 3	.070 4
.650	.959	.232 464	.178 930	.232 325	−.215 52	.107 4	.179 4	.064 6	.066 4
.700	.956	.229 031	.178 558	.228 957	−.213 35	.098 9	.162 3	.061 4	.063 0
.750	.954	.225 775	.178 012	.225 766	−.211 19	.091 8	.147 9	.058 7	.060 0
.800	.951	.222 674	.177 326	.222 728	−.209 06	.085 7	.135 8	.056 3	.057 5
.850	.947	.219 710	.176 528	.219 823	−.206 95	.080 4	.125 0	.054 1	.055 2
.900	.944	.216 867	.175 641	.217 037	−.204 88	.075 8	.116 4	.052 2	.053 2
.950	.941	.214 133	.174 683	.214 357	−.202 83	.071 7	.108 5	.050 4	.051 3
1.00	.938	.211 499	.173 667	.211 774	−.200 82	.068 2	.101 6	.048 8	.049 6

表中，K 代表插入的消除多重共线性的 K 值；VIF 为方差膨胀因子，其值在小于等于 10 时，回归模型系数通过显著性检验；RSQ 为拟合系数，越接近 1 表示拟合程度越高；LNP_s、LNP_t、LNA、LNT 分别代表人口总量、人口城镇化率、人均地区生产总值、万元 GDP 生态足迹四个变量岭回归后的拟合系数。

从表中可以看到，当 K 取值为 0.15 左右时，自变量回归系数开始趋于稳定，说明岭回归结果趋于稳定，所以可认为 K 取值为 0.15，此时 RSQ 值为

0.982，说明方程的拟合性较好。当 K 取 0.15 时，得到各自变量的回归结果见表 5—9。

表 5—9　　　模型各自变量的显著性检验及回归估计系数

K 值	自变量	回归系数	标准回归系数	Prob.
0.15	LNP_s	0.640 4	0.292 9	0.000 00
	LNP_t	0.477 3	0.144 4	0.000 02
	LNA	0.191 1	0.299 4	0.000 00
	LNT	−0.223 8	−0.227 5	0.000 00
	C（常数）	0.177 2	—	0.310 20

所得到的 STIRPAT 模型的对数形式如下：

$$\ln I = 0.64\ln P_s + 0.48\ln P_t + 0.19\ln A - 0.22\ln T + 0.177$$

根据模型估计的结果显示，各自变量标准回归系数的绝对值衡量的是北京市近 30 年来生态足迹影响因素的影响程度大小，其由高到低的顺序为：人均地区生产总值＞人口总量＞万元 GDP 生态足迹＞人口城镇化率。因此，总的来说，人均地区生产总值代表的经济因素对生态足迹的影响最大；人口总量因素是生态足迹第二位的影响因素；其次是万元 GDP 生态足迹因素，即技术因素；人口城镇化率是影响程度最小的因素。

5.3.3　北京市生态足迹影响因素分析

1. 北京市人均地区生产总值对生态足迹影响分析

北京市人均地区生产总值是生态足迹总值最为重要的影响因素。人均地区生产总值是经济发展的重要表征指标，这一结果表明，经济发展已经成为北京市生态环境最关键的影响因素，北京市经济发展与生态环境之间的矛盾已经上升为北京市可持续发展中面临的主要矛盾。

人均地区生产总值对生态足迹总量从两个途径产生影响，一是直接途径，即地区生产总值增加说明北京市生产产出增加，直接增加了消耗的物质资源和能源量；二是间接途径，即经济发展水平提高带动居民生活水平提高，从增加居民消费的途径导致生态足迹的上升。生产过程是利用能源加工物质资料的过程，在生产过程中不仅会消耗大量的能源和物质资源，也会产生很多废弃物，从而提高生态足迹值，这是经济发展作用于生态足迹的一个直接途径。此外,经济发展也会通过居民消费作用于生态足迹。1980—2010年,北京市城镇居民人均年消费支出从204元增加到1 339元(人均消费性支出均为1978年不变价),提高了5.6倍。随着人均消费的提高,人们消费的物品不断增多,且开始更多地追求享受性的消费。1999年城镇居民平均每年在外用餐消费为572元,而2010年这一金额已经提高到了1 687元。据调查得到居民生活垃圾中体积的80%、重量的17%是包装物。耐用消费品也越来越多地进入普通百姓家,北京市机动车保有量1997年为100万辆,到2009年已经增加到了400万辆,平均4人就有一辆汽车(李晓壮,2010)。消费水平的提高必然会增加对物质资源的消费,从而提高生态足迹总量。

2. 北京市人口总量对生态足迹影响分析

模型回归结果显示,北京市人口总量因素对生态足迹总量的影响是第二位的,这表明人口因素仍然是北京市生态环境重要的影响因素。人口数量与生态环境之间的矛盾仍然是北京市的可持续发展面临的较为主要的矛盾。人口的快速增长必然会使与之相应的各种消费增加,给土地资源、水资源、住房、交通等带来巨大的压力,更多的消费会通过生活资源消耗和能源资源消耗传递到生态足迹的增加中,从而使北京市生态足迹总量增加。

虽然经济因素的作用已大于人口因素的作用,但这并不能说明北京市人口因素不再是导致北京市环境压力的原因,我们并不能因此而降低对北京市人口数量变化的关注。从北京市常住人口总量变动情况来看,短期内,北京市人口总量仍将保持较快速度增长。北京市是我国北方经济最为发达的地区,其经济、社会发展水平大大高于周边地区,这一因素使其对整个北方地区人口和产业有巨大的吸引力。虽然北京市人口数量屡屡突破政府规划,北京市也采取一定措施限制流动人口,但这些都没有减缓北京市人口增长的大趋势。图5—5显示了1980—2010年北京市常住人口变化情况,从图中可以看到,北京市常住人口总量始终呈上升趋势,且近年来其上升速度有一定增加。可以预测未来北京市人口数量增长的势头短时间内不会下降。人口的快速增长必然会使与之相应的各种消费增加,给土地资源、水资源、住房、交通等带来巨大的压力,更多的消费会通过生活资源消耗和能源资源消耗传递到生态足迹的增加中,从而使北京市生态足迹总量增加。

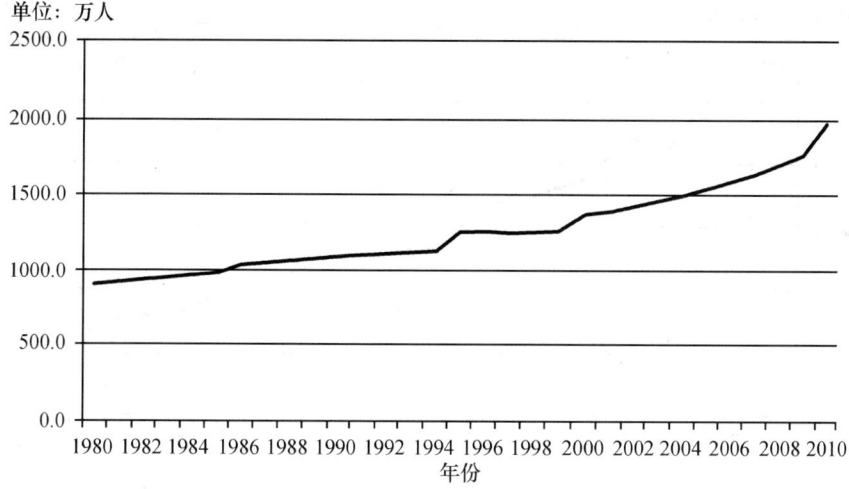

图 5—5　北京市 1980—2010 年常住人口总量变化情况

数据来源：北京市统计局网站。

3. 北京市万元 GDP 生态足迹对生态足迹影响分析

万元 GDP 生态足迹是某地区生产每万元地区生产总值需要消耗的生态足迹值，表征了某地区的资源利用效率的高低，即技术水平因素。从模型结果可以看到，其对生态足迹总量的影响位于经济因素和人口因素之后，排在第三位。技术进步对生态足迹的上升是有一定抑制作用的，但可以看到模型回归结果为负，这说明在北京市生态足迹的影响因素中，促使生态足迹上升的因素的作用大于抑制其上升的作用，所以，表现为生态足迹持续的上升。技术因素是唯一对生态足迹的上升有一定的抑制作用，因此技术的进步与提高对人类的可持续发展是至关重要的影响因素。

万元 GDP 生态足迹作为衡量某地区技术发达水平的指标，其对生态足迹变化的影响主要是通过提高能源利用效率和减少消耗能源带来的废弃物排放两个途径。经济发展是我国发展中的重中之重，不可能因为能源消耗巨大而减缓速度，因此，必须在保证 GDP 稳定增长的前提下提高能源利用效率。只有降低每单位产出所消耗的能源资源，才可能从总量上控制能源的利用，进而减少北京市的能源消耗压力。在这方面，北京市已经取得了十分显著的成就。从图 5—6 可以看到，1980 年以来北京市万元 GDP 生态足迹已从最高值 11.35 全球公顷下降至 2.42 全球公顷，这表明北京市资源利用技术水平始终

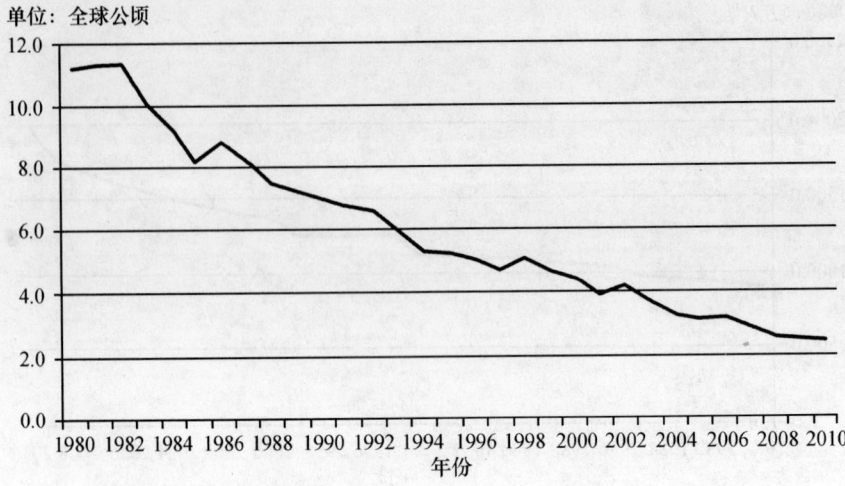

图 5—6　北京市 1980—2010 年万元 GDP 生态足迹变化情况

数据来源：北京市统计局网站。

在快速提高。多年来，北京市万元 GDP 生态足迹大幅的下降为抑制北京市生态足迹总量的上升起到了至关重要的作用。

4. 北京市人口城镇化率对生态足迹影响分析

人口城镇化率对生态足迹的作用主要是通过人口城镇化所引起的居民生产方式和生活方式变化这两个途径。首先，居民由农村居民变为城镇居民后，不再从事传统的耕种生产方式，而越来越多地加入到工业生产活动中，这促进了城市生产活动的进行。随着产业活动人口的增加，社会生产活动必然随之扩大，社会投资量增加，这些都会导致生态足迹的增加。另一方面，与农村人口相比，城镇人口的消费方式、生活方式有很大的变化，无论从消费水平还是生活方式，城镇居民的消耗都大于农村居民，城镇居民对服务、娱乐、教育等的需求都会大幅提高，从而加大物质资源的消耗。消费活动的增加也带来相关产业的大力发展，又促进了产业活动的发展。因此，人口城镇化的推进从多个途径促进了生态足迹的提高。但在短期内，由于惯性的影响，居民的生活水平、消费方式不会发生十分明显的变化，其影响作用可能并不会十分明显。从长期考虑，农村居民拥有城镇户口后不再耕种土地，其生活方式、消费习惯等将发生较大的变化，因此从长期来看，城镇化进程会对生态足迹产生深远的影响。

5.4 基本结论与对策建议

5.4.1 基本结论

本书利用生态足迹方法对北京市可持续发展状况进行了分析。考察了北京市 2010 年的生态足迹情况，利用估算的方法计算了 1980—2010 年北京市生态足迹的变动趋势，并利用 STIRPAT 模型的随机形式对北京市生态足迹变动的影响因素进行了分析，得到了以下基本结论。

1. 2010 年北京市处于严峻的生态赤字状态

2010 年北京市人均生态足迹为 3.76 全球公顷，而其自身能够提供的人均生态承载力仅为 0.15 全球公顷，也就是说每个北京市居民的需求是其自身能够供给的 20 多倍，如此巨大的差异必然使北京市的可持续发展面临威胁。从人均生态足迹的构成分析，北京市的土地利用存在严重的不平衡，碳吸收用地面积占全部需求的一半多，生物资源消费占全部消费的一半以上。与世界其他大城市相比，北京市的人均生态足迹还处于较低水平，可以预测，北京市的人均生态足迹可能将会进一步上升。

2. 北京市 1980—2010 年生态足迹的变动情况

本书计算了北京市 1980—2010 年历年的人均生态足迹值和生态足迹总量。结果表明自 1980 年以来北京市人均生态足迹整体上处于上升的态势，从最低值 1.65 全球公顷上升至 2007 年的最大值 3.58 全球公顷，20 多年间增加了一倍多。人均生态足迹在 2007 年之后进入了较为稳定的状态，有一定的波动，但变化趋势不是很明显。北京市生态足迹总量则始终处于快速上升的趋势，且上升速度越来越快，2000 年以前生态足迹总量平均每年上升 112 万全球公顷，而最近十年平均每年增加值达到了 255 万全球公顷。

3. 人均地区生产总值是北京市生态足迹总量最重要的影响因素，人口总量是影响次之的因素，万元 GDP 生态足迹是影响程度第三的因素，人口城镇化率是最小的影响因素

在计算得到的北京市 31 年生态足迹总量的基础上，本书利用 STIRPAT 模型的扩展形式对其影响进行了分析。结果表明，北京市生态足迹总量影响因素按影响程度大小排序为：人均地区生产总值＞人口总量＞万元 GDP 生态足迹＞人口城镇化率。人均地区生产总值是生态足迹变化最重要的影响因素，

这表明经济因素已经成为北京市可持续发展过程中的主要矛盾。人口因素是第二位的影响因素，表明北京市不断膨胀的人口仍然是制约北京市可持续发展的重要因素。万元 GDP 生态足迹是生态足迹总量变化第三位的影响因素，表明技术水平的提高对北京市生态环境的影响具有举足轻重的影响。人口城镇化率是影响最小的因素，但长期内，人口城镇化将对生态足迹产生深远的影响。

5.4.2 对策建议

生态足迹总量是较为全面的表征北京市可持续发展状况的指标，它将北京市社会—经济—生态系统通过生态足迹这一指标进行了整合，使可持续发展这一概念得到了量化。从文章中分析可以看到，自 1980 年以来北京市的生态足迹总量始终处于不断增加的状态，表明北京市的生态利用程度在不断加剧，北京市的可持续发展面临一定的挑战。从生态足迹的影响因素分析结果来看，经济因素、技术水平因素和人口因素是显著影响北京市生态足迹总量变动的因素，且得到了各因素对生态足迹影响的相对重要性，这也为我们改善北京市生态环境提供了一定的借鉴。针对这一研究结果，为改善北京市的可持续发展状态，本书提出了以下几个建议。

1. 加强经济发展调控，提高经济发展效率

经济发展是社会发展的前提，因此我们不能因为追求可持续的发展而放弃经济发展。在保证经济发展的前提下，我们应从优化经济发展布局，提高经济发展效率等途径来改善生态环境。北京市近年来在经济发展方面取得了十分显著的成就，但仍然存在一定的产业结构不合理、资源利用效率不高等问题，因此，北京市应继续加大产业结构调整，大力发展高新技术企业，加强企业生产管理，提高清洁能源利用，通过这些手段提高经济发展效率。提高经济发展效率是在保证经济发展的前提下实现可持续发展的重要途径。

2. 注重引导居民消费，使其向可持续方向发展

经济水平的不断发展也使得居民生活水平得到了很大提高。消费水平的提高会带来消费能力增加和产业生产需求的提高，由此使生态足迹总量增加。当前，居民消费已经成为导致北京市生态足迹增加的重要因素。我国居民消费率长期偏低，因此不能采取降低全民消费水平的手段。但随着生活水平的提高，北京市居民消费已经开始出现很多浪费性消费、享受型消费、奢侈性

消费，造成了大量的资源浪费、环境污染问题，与可持续发展的观念背道而驰。因此，应注重引导居民消费向合理消费、绿色消费、可持续消费转变，树立正确的消费观念。

3. 继续加大科学技术研究，不断提高资源利用技术水平

北京市万元 GDP 生态足迹的下降是抑制北京市生态足迹总量上升最主要的因素，且北京市万元 GDP 生态足迹下降程度明显，为改善北京市可持续发展起到了十分重要的作用。但我们也应看到现阶段北京市的能源利用技术与世界上发达国家之间仍存在一定的差距，北京市仍然需要不断加大科学技术研究的投入力度，提高能源在生产、生活中的利用效率。这也是在保证北京市经济发展、居民生活水平不下降的前提下，改善北京市生态环境状况、实现可持续发展的必然途径。

4. 继续人口调控政策，控制北京市常住人口增长速度

常住人口总量仍将继续增长这已经是无法阻挡的趋势，因此北京市的人口调控政策重点在于控制人口增长的速度。如果常住人口增长速度过快，则必然会在短时间内给北京市的资源、环境带来巨大压力，出现环境污染严重、交通拥挤、资源短缺、住房紧张等问题，也必然会使居民的生活质量下降。因此，控制人口增长速度是北京市当前的工作重点。流动人口是导致北京市人口总量快速增长的主要原因，要控制人口增长速度必须要理清北京市吸引流动人口的因素，然后采取相应措施。北京市作为北方地区经济最为发达的城市，其经济优势、发展资源优势、就业优势等是吸引人口的主要因素。北京市可以从产业结构调整，发展周边地区经济等方式来引导人口合理流动。同时，也应加大流动人员管理措施，提供技术培训等服务，不断提高流动人员素质，这既可以提高北京市整体劳动力水平，也从一定程度上形成流动人口进入北京市的门槛。

第六章　北京水资源压力的人口驱动作用定量分析

　　水是人类生存和发展所必需的资源，因此水资源通常是决定一个城市能否持续发展的核心要素之一。北京市地处华北平原向西北黄土高原、内蒙古高原的过渡地带，位于全国严重缺水的地区，水资源非常匮乏；北京作为我国的首都和政治经济文化中心，人口高度集中，经济发展程度位居前列，水资源问题日益突出。随着近年来北京市经济的高速发展和人口规模的不断扩大，北京市水资源短缺的问题日益凸显，成为了制约北京市可持续发展的瓶颈因素。探究北京市水资源的压力变动，以及各种驱动因素的作用有着十分重要的理论和现实意义，也为解决北京市水资源短缺问题提供行之有效的政策参考。

　　造成水资源压力的因素很多，包括人口增长，经济发展，技术因素，水资源先天禀赋，水资源利用方式不当，水资源开发过度，等等。其中，人口因素是普遍认同的重要的因素。然而关于人口因素的作用程度等还没有得到很好的辨识和确定。在众多人口与资源压力的研究中，关于北京市水资源压力和承载力的研究主要有两类：第一，从北京巨大的人口规模带来的用水供需矛盾以及北京水资源环境现状出发，阐述北京水资源短缺及污染，提出相应对策和建议。例如童玉芬的《北京市水资源人口承载力的动态模拟与分析》（童玉芬，2010）和《北京市水资源人口承载力再辨析》（童玉芬，2011）；代涛、郑林昌的《2010年北京市水资源需求预测分析》（代涛等，2006）；北京市水利科学研究所郝仲勇等的《北京市水资源短缺及其对策浅析》；管孝艳的《北京市水资源供需平衡分析及开发利用初探》（管孝艳，2004）等。第二，研究北京水资源人口承载力的驱动因素，利用系统动力学、主成分分析法、多目标分析法、模糊综合评判模型等，探寻水资源承载力的主要驱动因子。例如，孟凡德、王晓燕的《北京市水资源承载力的变化趋势及驱动力研究》（孟凡德等，2004）；安辉、史常亮的《北京市城市化水平与资源压力系数的灰色关联分析》（安辉等，2010）；冯海燕、张昕、李光永等的《北京市水资源承载力系统动力学模拟》（冯海燕等，2006）；高训宇、郑建华、卢静、夏建新等的《北京市水资源结构变化及其驱动力分析》（高训宇等，2008）；潘兴瑶、夏军、李法虎等的《基于GIS的北方典型区水资源承载力研究——以北京市通州区为例》（潘兴瑶等，2007）；王丽的《基于IPAT方程的北京市水资源消耗研究》（王丽，2010）等。这里我们主要对第二类研究做一总结和评价。这些在对水资源承载力的驱动力研究中，多以总用水量或者水资源消耗总量（孟凡德、王晓燕的《北京市水资源承载力的变化趋势及驱动力研究》和王丽的《基于IPAT方程的北京市水资源消耗研究》）代表水资源压力，对众多影响因素运用上述所说的方法进行分析。针对北京以外其他地区的这方面的研究还有以建立综合水资源压力评价体系，通过综合压力指数的计算，来评估水资源压力。

本章通过对1979—2010年以来北京水资源压力指数的定量计算，直观地显示出北京市水资源压力的变化趋势，揭示北京水资源面临的压力大小。在对造成水资源压力指数的各个因素进行分析的基础上，着重分析了人口因素对水资源压力指数的影响，分别采用对数平均因素分解法和IPAT模型对影响水资源压力指数的各个因素进行分析。根据影响水资源面临的压力以及各影响因素的驱动作用，提出了有利于缓解北京市水资源压力的针对性的政策建议。

6.1 关于水资源压力的概念和衡量指标构建

水资源压力是反映一个区域人类活动产生的对水资源需求与本地水资源

供给对比情况的指标。当水资源需求超过了供给量，或者人均资源占有量超过某一临界值，则说存在水资源压力，否则认为没有压力。水资源压力指数用来表示现实的人口、生态、经济发展等指标与其对应的临界值之间的相对差距，是体现区域水资源状况和区域人口、经济、环境之间的关系是否协调、水资源是否短缺以及水资源是否成为该地区经济发展瓶颈的一种量化指标。

目前国际上衡量水资源压力的指标主要有两个：一是区域人均水资源量，二是水资源开发利用程度。1992年Falkenmark和Widstrand用水资源压力指数（Water StressIndex）定义人均水资源量，以度量区域水资源稀缺程度。他们根据干旱区中等发达国家的人均需水量确定了水资源压力的临界值：当人均水资源量低于1 700立方米时出现水资源压力（Water Resources Stress），当人均水资源量低于1 000立方米时出现慢性水资源短缺（Chronic Water Scarcity）。水资源开发利用程度（Water Use Intensity）定义为年取用的淡水资源量占可获得的（可更新）淡水资源总量的百分率，也是用来衡量水资源压力的一个指标，但是使用得相对较少。以上两类指标虽然比较常用，但是作为绝对指标，并不能很好地反映压力的状态，也不便于程度的比较和说明。

国内学者对水资源压力的指标也进行了较多的研究，但是构建的指标不完全相同，大致包括这样两类。第一类：综合角度的水资源压力指数。例如吴佩林的《我国区域发展的水资源压力分析》（吴佩林，2005）针对我国水资源人均占有量少、分布不均等现状，引入水资源紧缺指数，从人口、经济和生态角度出发，对各省区水资源人口压力指数、生态压力指数、经济发展压力指数进行计算并加权得到水资源紧缺指数，比较了各地区水资源的紧缺程度。王颖、邵磊等人的《山西省水资源系统压力综合评价》（王颖等，2011）根据山西省自身环境和发展的特点，比如煤炭开采严重、环境较干旱等，建立了包括水资源压力、水环境压力、水安全压力、水生态压力四种压力类别的综合起来的山西省水资源系统压力评价指标体系。第二类：以人均水资源量或者水资源消耗量为指标的水资源压力指数。如王丽的《基于IPAT方程的北京市水资源消耗研究》，刘旭东等的《基于多目标决策与主成分分析的水资源承载力评价及预测———以河北省为例》等。

本书提出一种基于人均水资源的相对指标,以反映一个区域或者城市的水资源压力,公式如下:

$$P = (W_{临} - W_{实际})/W_{临}$$

其中,P 为水资源压力指数,$W_{临}$ 为人均水资源临界值,本书选择国际上通用的反映干旱区人均水资源 1 000 立方米/人作为缺水的临界指标。$W_{实际}$ 为实际的人均水资源值。

因为 $W_{实际}$ 的值为大于等于零的非负值。因此 P 值在理论上为一个小于 1 的值,上限为 1。

当 $0 < W_{实际} \leq W_{临}$ 时,P 值介于 0 和 1 之间,表示存在着水资源压力,而且该值越接近于 1,压力越大,越接近 0,压力越小。

当 $W_{实际} \geq W_{临}$ 时,P 值将为零以下的负值。P 小于零,表示没有水资源压力,而且负值绝对值越大,水资源盈余状况越好。

6.2 水资源压力指数变动情况

我们采用上述的水资源压力指标公式,可以分别得到按照历年实际水资源和供水量为基数计算的压力指标(见表 6—1、图 6—1)。从计算结果看出以下几个基本结论。

表 6—1　　　　　　　北京水资源压力指数

	按照实际水资源的人均水资源	水资源压力 1[1]	按照多年平均水资源的人均水资源	水资源压力 2[2]	人均供水量(立方米/人)	水资源压力 3[3]
2001	139.7	0.860 3	288.7	0.711 3	281.06	0.718 9
2002	114.7	0.885 3	280.9	0.719 1	243.25	0.756 8
2003	127.8	0.872 2	274.6	0.725 4	245.81	0.754 2
2004	145.1	0.854 9	267.9	0.732 1	231.46	0.768 5
2005	153.1	0.846 9	260.0	0.74	224.32	0.775 7
2006	157.1	0.842 9	252.9	0.747 1	216.95	0.783 1
2007	148.1	0.851 9	244.9	0.755 1	213.10	0.786 9

续表

	按照实际水资源的人均水资源	水资源压力 1[1]	按照多年平均水资源的人均水资源	水资源压力 2[2]	人均供水量（立方米/人）	水资源压力 3[3]
2008	205.5	0.794 5	235.9	0.764 1	207.08	0.792 9
2009	126.6	0.873 4	227.9	0.772 1	202.28	0.797 7
2010	124.3	0.875 7	203.8	0.796 2	179.42	0.820 6

注：1. 水资源压力1为按照当年实际人均水资源计算的指数。
2. 水资源压力2为按照多年平均的水资源量39.99亿立方米计算的人均水资源计算的压力值。
3. 水资源压力3为按照人均供水量计算的压力值。
数据来源：北京市统计局网站的年度数据。

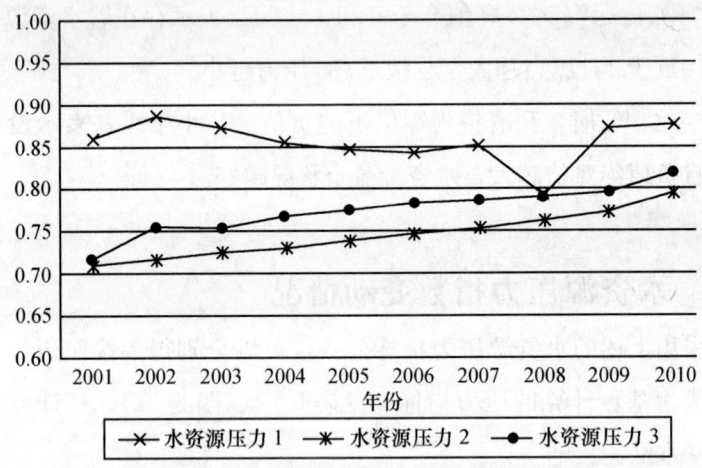

图6—1 北京水资源压力指数

数据来源：同上表。

首先，不论是水资源压力指数，还是供水量压力指数，都说明北京市水资源压力不仅存在而且较大。其中供水压力指数2010年达到0.88，按照人均供水计算的压力指数为0.82，都相对靠近1远离0。

其次，从两个水资源压力指数来看，都有增大的趋势。水资源因为受到丰枯水年等自然因素的影响，波动较大，这些年来的变化不是很明显。但是按照供水量计算的压力指数来看，虽然供水量也在逐年增加，但是人均增长更快，导致压力指数呈现明显的上升趋势，说明北京市的水资源压力形势将变得更加严峻。图6—2为1979—2010年水资源压力指数趋势图。

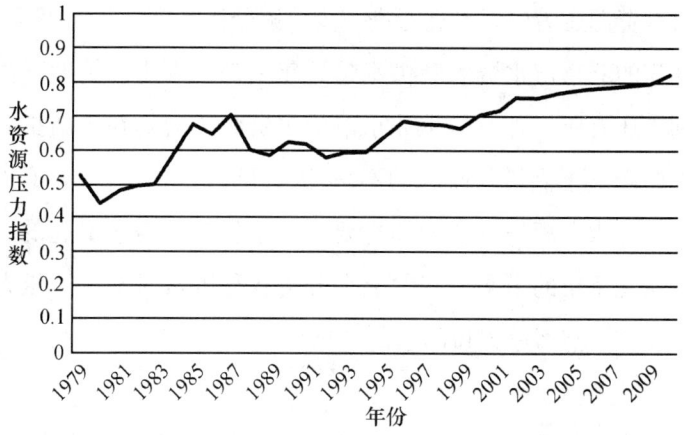

图 6—2 北京 1979—2010 年的水资源压力指数

数据来源：同上表。

根据图 6—2，北京的水资源压力指数在 1979—2010 年整体上呈现的是一个不断增大的态势。北京 1980 年的水资源压力指数为 0.4411，之后连续 8 年水资源压力指数不断增大至 1987 年的 0.7044，由此看出当时水资源面临的巨大压力，水资源严重紧缺。1988 年北京的水资源压力得到一定缓解，水资源压力指数降到 0.6001。经过短暂的骤然下降，水资源压力指数难改其上升的整体趋势，又开始逐渐升高。2010 年的水资源压力指数达到 0.8206，是 1980 年的水资源压力指数 1.86 倍，比 1980 年增大了 86.02%。由此水资源压力指数可以看出，北京的水资源已经十分紧缺，水资源面临前所未有的极大压力，偌大的水资源压力指数已经向人们敲响了警钟。

6.3 水资源压力的驱动因素及影响后果的定量分析

为了全面分析北京市水资源压力的各种驱动因素，尤其是人口因素对水资源压力的影响，本章分别采用两种模型来对此进行了检验。

6.3.1 采用对数平均的因素分解法的分析

北京市的水资源压力显著而且逐年扩大，那么这种压力是如何产生的？人口增加是否是主要的驱动因素？这样的回答未免过于武断和简单。实际上，经济规模发展、人口增长甚至结构变动、技术变化、产业结构变化等都会产生对水资源压力发生作用，只不过作用的大小与方向可能会有所不同。下面我们对造成水资源压力的因素进行进一步分解分析。

以上计算的北京市水资源和供水量近年来都未发生显著的减少趋势，水资源在个别年还有所增加，但是北京市的水资源压力仍在不断扩大。一般而言，压力主要产生于供给与需求的不平衡。既然供给不是主要原因，那么我们有理由相信，水资源压力的增加主要是对水资源的需求引起的。因此我们在这里主要从北京市的用水量变化上来分解各种因素对水资源压力的驱动作用和影响，尤其重点考察人口因素的影响。

1. 方法与建模原理

北京市用水总量可以分解为5个部门用水量的加总，用模型表示为下式：

$$W = \sum_{i=1}^{5} W_i = \sum_{i=1}^{3} \frac{W_i}{Y_i} \frac{Y_i}{Y} \frac{Y}{P} P + \frac{W_4}{RC} \frac{RC}{P} \frac{P}{HN} HN + \frac{W_5}{GA} GA \quad (1)$$

其中 $i=1,2,3,4,5$ 分别表示农业部门、工业部门、服务业部门、居民生活和环境部门，式中各变量含义详见表6—2。

表6—2　　　　　　　　　模型中的变量及其含义

变量	含义	变量	含义
W	水使用总量	TEC_i	$TEC_i = W_i$，第 i 个部门单位产值耗水
W_i	第 i 个部门用水量	IS_i	$IS_i = Y_i$，第 i 个部门产出在总产出中的比例
P	人口总量	PCG	人均GDP
Y	总产出	WC	生活用水的消费强度
Y_i	第 i 个部门产出	PRC	人均消费水平
RC	居民总消费	FS	家庭规模
HN	家庭数量	GW	单位绿地耗水量
GA	绿化面积		

（1）式可进一步简写为：

$$W = \sum_{i=1}^{5} W_i = \sum_{i=1}^{3} TEC_i \cdot IS_i \cdot PCG \cdot P + WC \cdot PRC \cdot FS \cdot HN + GW \cdot GA$$

$$(2)$$

对（2）式两边取时间 t 的导数并在两边除以 W，可得：

$$\frac{1}{W} \frac{dW}{dt} = \left(\sum_{i=1}^{3} \frac{1}{TEC_i} \frac{dTEC_i}{dt} \frac{TEC_i}{W} \cdot IS_i \cdot PCG \cdot P + \cdots \right.$$

$$+ \sum_{i=1}^{3} TEC_i \cdot IS_i \cdot PCG \cdot \frac{1}{P}\frac{dP}{dt}\frac{P}{W}\Big)$$

$$+ \Big(\frac{1}{WC}\frac{dWC}{dt}\frac{WC}{W} \cdot PRC \cdot FS \cdot HN + \cdots + \frac{1}{HN}\frac{dHN}{dt}\frac{HN}{W}\Big)$$

$$+ \Big(\frac{1}{GW}\frac{dFS}{dt}\frac{GW}{W} \cdot GA + GW \cdot \frac{1}{GA}\frac{dGA}{dt}\frac{GA}{W}\Big) \tag{3}$$

将（2）式两边除以 W，得：

$$\frac{W_i}{W} = \begin{cases} \frac{TEC_i}{W} \cdot IS_i \cdot PCG \cdot P = \cdots = TEC_i \cdot IS_i \cdot PCG \cdot \frac{P}{W} & i=1,2,3 \\ \frac{WC}{W} \cdot PRC \cdot FS \cdot HN = \cdots = WC \cdot PRC \cdot FS \cdot \frac{HN}{W} & i=4 \\ \frac{GW}{W} \cdot GA = GW \cdot \frac{GA}{W} & i=5 \end{cases} \tag{4}$$

其中 $\frac{W_i}{W}$ 为第 i 部门用水占总用水量的比重，记为 WF_i。对（3）式两边进行 0 到 T 时刻积分，并将（4）式带入，即可得：

$$\int_0^T \frac{d\ln W}{dt}dt = \sum_{i=1}^{3}\int_0^T WF_i \cdot \Big[\frac{d\ln TEC_i}{dt} + \frac{d\ln IS_i}{dt} + \frac{d\ln PCG}{dt} + \frac{d\ln P}{dt}\Big]dt + \int_0^T WF_4$$

$$\cdot \Big[\frac{d\ln WC}{dt} + \frac{d\ln PRC}{dt} + \frac{d\ln FS}{dt} + \frac{d\ln HN}{dt}\Big]dt$$

$$+ \int_0^T WF_5 \cdot \Big[\frac{d\ln GW}{dt} + \frac{d\ln GA}{dt}\Big]dt \tag{5}$$

对（5）式右边使用定积分中值定理，可得：

$$\frac{W_T}{W_0} = exp\Big[\sum_{i=1}^{3} WF_i(t^*) \cdot \ln \frac{TEC_{i,T}}{TEC_{i,0}}\Big] \cdot exp\Big[\sum_{i=1}^{3} WF_i(t^*) \cdot \ln \frac{IS_{i,T}}{IS_{i,0}}\Big]$$

$$\cdot exp\Big[\sum_{i=1}^{3} WF_i(t^*) \cdot \ln \frac{PCG_T}{PCG_0}\Big] \cdot exp\Big[\sum_{i=1}^{3} WF_i(t^*) \cdot \ln \frac{P_T}{P_0}\Big]$$

$$\cdot exp\Big[WF_4(t^*) \cdot \ln \frac{WC_T}{WC_0}\Big] \cdot exp\Big[WF_4(t^*) \cdot \ln \frac{PRC_T}{PRC_0}\Big] \tag{6}$$

$$\cdot exp\Big[WF_4(t^*) \cdot \ln \frac{FS_T}{FS_0}\Big] \cdot exp\Big[WF_4(t^*) \cdot \ln \frac{HN_T}{HN_0}\Big]$$

$$\cdot exp\Big[WF_5(t^*) \cdot \ln \frac{GW_T}{GW_0}\Big] \cdot exp\Big[WF_5(t^*) \cdot \ln \frac{GA_T}{GA_0}\Big]$$

其中 0，T 为时间角标，表示初始和终结时间。$WF_i(t^*)$ 可以用对数平均的方法进行计算（Ang and Choi，1997），对数平均函数定义为：

$$L(x,y) = \begin{cases} \dfrac{x-y}{\ln x - \ln y}, & x \neq y \\ x, & x = y \\ 0, & x = y = 0 \end{cases}$$

因此有：

$$WF_i(t^*) = \frac{L(W_{i,T}, W_{i,0})}{L(W_T, W_0)}$$

故可将（6）式改写为：

$$G(W) = [C(TEC) \cdot C(IS) \cdot C(PCG) \cdot C(P)] \cdot [C(WC) \cdot C(PRC) \\ \cdot C(FS) \cdot C(HN)] \cdot [C(GW) \cdot C(GA)] \qquad (7)$$

如此即可将首都水使用量的增长分解为 5 个部门 10 种因素的贡献，水使用量的增长（Growth）用 G（W）表示，各因素贡献（Contribution）用 C（·）表示。

2. 计算结果及分析

如前所述，北京市 2001—2010 年用水总量（等同于供水量）的变化趋势大体可以分成两个阶段：2001—2006 年除了 2003 年外，北京市用水量呈下降趋势；2006—2010 年用水量逐年上升。因此本书将 2001 年至 2010 年划分为 2001—2005 和 2006—2010 的两个时段，分别考察两个时段北京市用水量变化的驱动因素①。根据式（7）和相关数据，把每一时期北京市用水量增长分解为 10 种驱动因素的贡献，并进一步将结果转化为用水量年平均增长速度（可为负）及各驱动因素对这一增长速度的贡献。计算结果见表 6—3。

从表 6—3 的数据结果中可以看出，2001—2005 年，北京市用水量年均下降 2.85%，其中驱动用水量上升的因素（符号为正）包括人均 GDP、人均消费水平、人口规模、家庭数量、单位绿地耗水、绿化面积，其年均贡献分

---

① 笔者在这里选用了 2001—2005，2005—2010 的两个阶段划分，主要是出于如下两方面的考虑：第一，2005 年是北京市人口小普查年，相比 2006 年拥有更为翔实、可靠的人口数据，选用 2005 年的数据可以使分析更为准确；第二，2005 年与 2006 年用水量仅仅有 0.2 亿立方米的差别，笔者所用的划分并不会使得趋势变化出现较大误差。

表6—3   2001—2010年北京市用水量变化的驱动因素分析结果

变量名称	符号	2001—2005	2005—2010	平均贡献率
用水量增长率	G（W）	−2.85%	0.41%	
各因素贡献				
单位产值耗水	C（TEC）	−7.81%	−9.24%	−8.53%
产业结构	C（IS）	−5.76%	−2.89%	−4.33%
人均GDP	C（PCG）	10.04%	7.60%	8.82%
人口规模	C（P）	2.28%	3.68%	2.98%
居民生活用水强度	C（WC）	−5.69%	−2.31%	−4.00%
人均消费水平	C（PRC）	2.91%	1.78%	2.34%
家庭规模	C（FS）	−1.07%	0.27%	−0.40%
家庭数量	C（HN）	1.27%	0.82%	1.04%
单位绿地耗水	C（GW）	0.59%	1.58%	1.08%
绿化面积	C（GA）	0.03%	0.09%	0.06%

别为：10.04%、2.91%、2.28%、1.27%、0.59%、0.03%；使用水量下降的驱动因素（符号为负）则有单位产值耗水、产业结构、居民生活用水强度、家庭规模，年均贡献分别为：−7.81%、−5.76%、−5.69%、−1.07%。2005—2010年，北京市用水量年均增长0.41%，除家庭规模外，各因素驱动用水量的变化方向与2001—2005年相比并没有发生变化，主要区别在于2005—2010年使用水量上升的驱动因素的年均贡献总计达到了15.82%，超过了使用水量下降驱动因素的总贡献，从而使得2005—2010年的用水量呈上升趋势。为了方便下文的分析，按照驱动因素的性质，将10种驱动因素划分为4大类：水耗强度、结构效应、收入效应及与人口学要素，具体分类可见表6—4。

水耗强度包括了生产用水、生活用水和绿化用水三个方面。生产用水的水耗强度，即单位产值耗水，在2001—2010年一直是最强的使用水量下降的驱动因素，根据相关统计资料2010年的单位产值耗水量仅为2001年的23.76%。由于已将产业结构的影响剔除，因此该要素近似衡量了生产工艺或生产技术变革导致的单位产值耗水量的下降程度。而且该因素的贡献率仍在提高，可见，在降低用水量方面，改革生产技术仍然有巨大的潜力可以开发。居民生活用水强度由居民生活用水与居民总消费的比值来度量，该要素也是

表 6—4 驱动因素的分类

	因素名称	驱动用水量变化方向	贡献率变化*
水耗强度	单位产值耗水	下降	提高
	居民生活用水强度	下降	减小
	单位绿地耗水	上升	提高
结构效应	产业结构	下降	减小
	绿化面积	上升	提高
收入效应	人均 GDP	上升	减小
	人均消费水平	上升	减小
人口学要素	人口规模	上升	提高
	家庭数量	上升	减小
	家庭规模	不确定	减小

注：驱动因素贡献率绝对值增加则贡献率提高，绝对值减少则贡献率减小。

一个较强的使用水量下降的驱动因素，其原因非常明显：与 2001 年相比，2010 年北京市居民消费的生活用水量下降了 81%，年平均降幅达到 7.82%。但值得注意的是，与 2001—2005 年相比，居民生活用水强度的年均贡献率在 2006—2010 年降低了 3.38 个百分点。可见随着水价的调整和节约用水观念深入人心，居民的生活用水强度基本降至极限点，已很难再从生活用水方面降低北京市的用水量。绿化用水的强度用单位面积绿地耗水代表，该要素是同向驱动要素，而且贡献率上升较快。由于采用的是单位绿地面积的水耗，分析结果反映出北京绿地灌溉的技术比较粗糙、浪费比较严重、绿化物种可能属于耗水物种等绿化中存在的问题。在保证北京市绿化水平的同时，应通过相应技术手段和贯彻节约用水原则，从而降低绿化的水耗。

结构效应主要指北京市的产业结构变化导致的用水量变化，同时作者将贡献率非常低的绿化面积也包含了进来。产业结构虽然是一个使用水量下降的驱动因素，但其贡献率在减小。2001—2010 年第一、第二产业比重分别从 2.18% 和 30.81% 下降至少 0.88% 和 24%。可见由于许多耗水量大的第二产业迁出北京市，产业结构的年均贡献率在 2001—2005 年达到 -5.76%，但随着北京市产业结构的日益完善，通过产业结构调整将很难再大幅度降低用水量。绿化面积在 2001—2010 年的每年使用数量上升的年均贡献率约为 0.06%，如上文所述，绿化对北京市用水量的影响主要体现在灌溉技术方面。

收入效应包括人均 GDP 和人均消费水平两个因素，分别反映了北京市经济发展水平和居民消费能力对北京市用水量的贡献率。两个时段中，人均 GDP 增长都是用水量增长的最大驱动因素，虽然其有小幅度的下降，但仍远大于其他驱动因素的贡献。正如前文所述，水是一个城市发展所必需的资源，大幅降低水的消耗必定会影响北京市的经济发展。北京市实现发展与降低耗水双赢目标，仍有很长的路要走。人均消费水平在 2001—2005 年是第二大的同向驱动因素，2006—2010 年降至第三位，降幅较大，反映出北京市市民对高耗水服务的消费如洗车、洗浴中心等的收入需求弹性是比较低的。

人口学要素包括了人口规模、家庭规模及家庭数量三个方面。人口规模和家庭数量两个因素驱动用水量上升，即随着人口数量和家庭数量的增加，满足人们生活发展需要的生活用水、生产用水随之增加，这一结果是比较直观的。北京市人口在 2001—2005 年增长了 12.54%，2006—2010 年增长了 27.52%。随着人口增长率的提高，人口规模对北京市用水量的驱动贡献率也随之提高。北京市家庭数量虽然也在上升，但是上升速度在减缓。2005—2010 年北京市家庭数量的上升速度比 2001—2005 年低 2.3 个百分点，使家庭数量的驱动贡献率降低，反映了北京市随迁的外来人口较多。家庭规模即每户人口数在 2001—2010 年大约使用水量每年降低 0.4%，在此期间北京市每户人口数从 3.37 人/户下降至 2.93 人/户，二者表明北京市小家庭比大家庭的用水量更少，生活用水在家庭人口数方面并未体现出"规模效应"。

将各类驱动因素进行比较（见图 6—3），可以发现人口学要素的贡献率远低于收入效应的贡献率，可见北京市近年来用水量的逐年增加的主要原因并不是人口学要素。但是，需要指出的是，人口要素贡献率提升非常迅速，与 2001—2005 年相比，2006—2010 年人口学要素贡献率提高了 92.34%，几乎翻了一番，其贡献率已经超过了结构效应。可见北京市人口数量的逐年快速上升，人口要素使北京市用水量上升的驱动力量越来越强，并高速增长，换言之，人口对北京市水资源的压力将会越来越明显。限制北京市人口数量以降低用水量，从而缓解北京市水资源压力是非常有必要的。

3. 研究结论与政策含义

基于以上分析，本书可以得出如下主要结论：

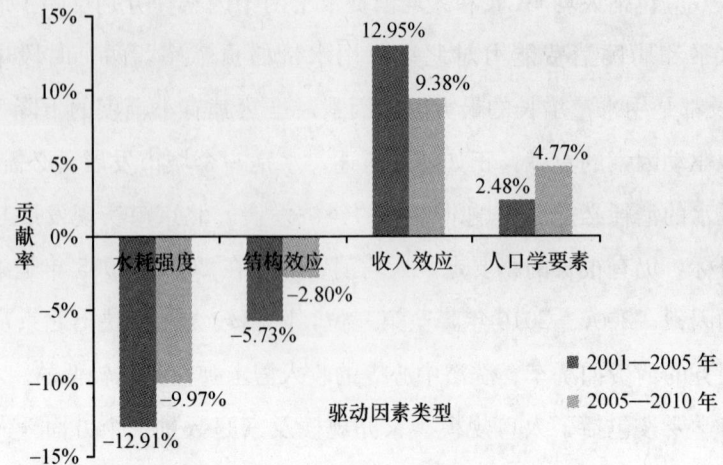

图 6—3 各类驱动因素贡献率的比较

第一，总体看来，2001—2010 年，驱动北京市用水量上升的主要因素为人均 GDP、人口规模和人均消费水平，年均贡献率分别为 8.82%、2.98% 和 2.34%；降低用水量的驱动因素则包括单位产值耗水、产业结构和居民生活用水强度，年均贡献分别为 −8.53%、−4.33% 和 −4.00%。

第二，人口因素虽然不是北京市用水量上升最主要的驱动因素，但是包括人口规模、家庭数量和家庭规模在内的人口学要素的贡献率变化很快，对近年来北京市水资源压力的形成具有一定的作用。

第三，人均 GDP 是驱动北京市用水量变化最大的因素，包括人均 GDP 和人均消费水平的收入效应的贡献率最大。

水是城市发展的必须资源，驱动耗水量变化的因素涉及技术进步、经济结构调整、经济发展、人口总量等各个方面。在保证北京市经济、环境以及居民生活能够健康发展的前提下解决降低水耗与经济发展的矛盾是一项需要统筹兼顾的系统工程。因此，今后应该主要通过相关政策，进一步引导居民健康节水的生活习惯和消费观念，能够在一定程度上缓解北京市的用水压力，同时采用政策鼓励、提高研发经费以鼓励开发新技术的方式，进一步降低生产和绿化的耗水量，这将会是行之有效的政策手段，且潜力巨大。同时，进一步调控人口数量，对于减轻水资源消耗有重大意义。

6.3.2 采用 IPAT 随机模型的回归分析

为了相互印证上述的分析结果，本章还采用了 IPAT 随机模型对水资源压力的各种因素进行了回归分析，以便进一步考察人口因素对水资源压力的驱动影响。

1. 分析模型的选择

本书采用 STIRPAT 模型的对数变形形式，对影响水资源压力的各因素进行分析，其表达式为：

$$\ln I = \ln a + b\ln P + c\ln A + d\ln T + \ln e \tag{8}$$

取自然对数后该方程的回归系数表示的为自变量与因变量之间的弹性关系，即其他自变量不变的情况下，某一自变量变化 1% 所引起的因变量变化的百分比。

将 STIRPAT 模型进行扩展，引入人口结构的相关指标：平均家庭规模、第三产业从业人员比重、人口城镇化率。平均家庭规模的变化可能会导致用水的节约，减轻水资源压力。北京主要是以第三产业为支柱，第二产业大部分已经迁出京内。从产业从业人员比重来看，北京主要以第三产业从业人员比重最大，要探究人口因素对水资源压力的影响，选择第三产业从业人员比重无疑最为适宜。如果第三产业从业人员比重增大，可能对水资源构成压力。另外，城镇化率的提高，使得更多的农村人员加入到城市当中，通过生产和消费等活动来影响用水。

扩展后的 STIRPAT 模型的表达式为：

$$\ln I = \ln a + bs(\ln Ps) + bt(\ln Pt) + c(\ln A) + d(\ln T) + \ln e \tag{9}$$

其中，I—环境影响，在这里用的是北京市水资源压力指数，Ps—人口规模，单位为万人；Pt—人口结构，分别以平均家庭规模、第三产业从业人员比重、人口城镇化率代替；A—财富因素，用人均 GDP 表示，单位为元/人；T—技术因素，用单位 GDP 水耗表示，单位为立方米/万元 GDP。

以家庭规模、第三产业从业人员比重、人口城镇化率分别代入能源消费回归模型：

$$\ln I = C + bs(\ln Ps) + b_1(\ln P_1) + c(\ln A) + d(\ln T) + \ln e \tag{10}$$

$$\ln I = C + bs(\ln Ps) + b_2(\ln P_2) + c(\ln A) + d(\ln T) + \ln e \tag{11}$$

$$\ln I = C + bs(\ln Ps) + b_3(\ln P_3) + c(\ln A) + d(\ln T) + \ln e \qquad (12)$$

其中，P_1、P_2、P_3 分别表示平均家庭规模、第三产业从业人员比重、人口城镇化率。由于数据来源的限制，本书中选取了 30 年的样本，样本量比较小，模型中的自变量以不超过 4 个为优，因此将代表人口结构因素中的家庭规模、第三产业从业人员比重及人口城镇化率三个自变量分别代入模型。模型（10）分析的是人口规模、家庭规模、人均 GDP 以及水耗强度对北京水资源压力指数的影响；模型（11）分析的是人口规模、第三产业从业人员比重、人均 GDP 以及水耗强度对北京水资源压力指数的影响；模型（12）分析的是人口规模、人口城镇化率、人均 GDP 以及水耗强度对北京水资源压力指数的影响。

2. 数据的描述与检验

(1) 数据的描述

本部分确定的样本区间为 1979—2010 年。人口城镇化率根据历年《中国人口统计年鉴》和《北京市统计年鉴》计算而得；人口总量、平均家庭规模、第三产业从业人员比重、人均 GDP、万元 GDP 水耗均摘自历年《北京市统计年鉴》。

从表 6—5 可以看出，北京的总人口不断增加，由 1979—2010 年总人口数翻了一倍多。家庭规模虽有波动，不过整体上呈递减趋势，北京的家庭规模是不断缩小的。第三产业从业人口比重增加的势头猛烈，截至 2010 年，第三产业从业人员比重已达到 74.1%，这个数字是 1979 年的 2.3 倍左右。城镇化率也呈现出不断上升的趋势，2010 年北京的城镇化率已经达到 86%，较 1980 年的 57.62% 上升了 1.5 倍。人均 GDP 是衡量北京市人均经济水平的指标，它由 1979 年的人均 1 358 元上升到 2010 年的人均 75 943 元，这毫无疑问是一个巨大的增长。万元地区生产总值水耗是衡量技术对水资源利用过程中的影响，毋庸置疑，技术水平越发达，万元地区生产总值水耗就越少，污水的处理率也越高。由表 6—5 中的数据，我们看到，万元地区生产总值水耗的变化十分显著，1980 年此项数据为 3 573.391 1 立方米，1990 年为 821.053 5 立方米，仅为 1980 年的 1/4；2000 年为 127.807 7 立方米，2010 年为 24.940 5 立方米，是 2000 年的 1/5。万元地区生产总值水耗呈现出迅速递减趋势。

表 6—5　　1979—2010 年北京市人口、人均 GDP 等情况

年份	水资源压力指数	总人口（万人）	家庭规模	第三产业从业人员比重	城镇化率	人均 GDP（元）	万元地区生产总值水耗
1979	0.521 6	897.1	—	32.70	—	1 358	3 573.391 1
1980	0.441 1	904.3	—	32.80	57.62	1 544	3 634.141 1
1981	0.476 6	919.2	—	34.00	58.02	1 526	3 457.420 1
1982	0.495 0	935.0	3.70	35.80	58.18	1 671	3 047.631 3
1983	0.499 4	950.0	—	35.30	58.63	1 943	2 597.062 2
1984	0.585 0	965.0	—	35.40	59.07	2 262	1 848.945 1
1985	0.676 8	981.0	3.30	36.30	59.73	2 643	1 233.276 3
1986	0.644 5	1 028.0	3.31	37.30	60.41	2 836	1 283.086 4
1987	0.704 4	1 047.0	3.43	38.60	60.84	3 150	947.004 5
1988	0.600 1	1 061.0	3.34	39.10	61.26	3 892	1 034.323 0
1989	0.584 7	1 075.0	3.27	39.80	61.77	4 269	979.033 2
1990	0.621 4	1 086.0	3.24	40.60	73.48	4 635	821.053 5
1991	0.615 8	1 094.0	3.20	41.60	73.86	5 494	701.798 3
1992	0.578 7	1 102.0	3.92	43.60	74.32	6 458	654.773 7
1993	0.593 3	1 112.0	3.20	45.10	74.73	8 006	510.262 8
1994	0.592 3	1 125.0	3.87	48.00	75.20	10 240	400.502 9
1995	0.641 3	1 251.1	3.09	48.70	75.63	12 690	297.673 9
1996	0.682 3	1 259.4	3.08	49.60	76.06	14 254	223.619 5
1997	0.674 8	1 240.0	3.13	50.00	76.48	16 609	194.254 3
1998	0.675 4	1 245.6	3.03	52.20	76.89	19 118	170.162 1
1999	0.668 2	1 257.2	3.05	53.00	77.29	21 397	155.774 4
2000	0.703 8	1 364.0	2.91	54.60	77.54	24 122	127.807 7
2001	0.719 2	1 385.1	2.94	54.40	78.06	26 998	104.837 1
2002	0.756 9	1 423.2	2.87	55.40	78.56	30 840	79.900 2
2003	0.754 2	1 456.4	2.74	59.00	79.05	34 892	71.261 2
2004	0.768 3	1 493.0	2.79	65.50	79.53	41 099	57.093 1
2005	0.775 7	1 538.0	2.7	66.60	83.62	45 444	49.501 3
2006	0.783 0	1 581.0	2.64	68.90	84.33	50 407	42.252 9
2007	0.786 9	1 633.0	2.632	69.30	84.50	58 204	35.341 4
2008	0.792 9	1 695.0	2.58	72.40	84.90	63 029	31.578 9
2009	0.797 7	1 755.0	2.53	73.70	85.00	70 452	29.210 8
2010	0.820 6	1 962.0	2.45	74.10	86.00	75 943	24.940 5

注：此处的水资源压力指数是按照人均供水量计算的压力指数。

数据来源：《北京市统计年鉴》(1979—2010)。

(2) 数据的平稳性检验

由于该数据是时间序列数据,需要对其进行单位根检验。经典计量经济学理论是建立在时间序列平稳的基础上的,所假设的变量间的相关系数服从的是正态分布。而现代计量经济学研究发现,大部分经济变量是非平稳的。如果用非平稳变量进行回归分析,尤其是在大样本和较高单整阶数的情况下,结论全部都是变量之间具有相关关系,将实际上不相关的两个非平稳变量用来回归分析,是一种虚假回归(伪回归)。所以对非平稳变量间进行回归分析,首先应该考虑和检验变量的平稳性,可通过 ADF 检验来判断。DW (Durbin-Watson) 值是检验一组时间序列数据中自相关 (autocorrelation) 程度的统计量。残差之间有自相关,虽然不会影响回归系数的值,但会影响(低估)回归系数的标准误差(即自变量对因变量的显著程度)。当 DW 值介于 1.8~2.1 的时候,基本可以排除自相关性。ADF 检验是增项 DF 检验(DF 检验由 Dickey 和 Fuller 于 1979 年提出)。DF 检验也是用于检验变量的非平稳性。根据模型的选定,比较 ADF 与对应临界值来判断是否存在单位根。在 Eviews 中操作此步骤,同时可以显示检验的方程中是否存在趋势项(T)、常数项(C)等。一般当 ADF 小于 5% 临界值时,表明拒绝原假设,序列是平稳的。

如表 6—6 检验结果所示,$\ln I$、$\ln P_s$、$\ln P_1$、$\ln P_2$、$\ln P_3$、$\ln A$、$\ln T$ 均为一阶单整序列。因此,STIRIPAT 扩展模型(10)、(11)、(12)所采用的数据均通过检验。

表 6—6　　　　　　　　　　单位根检验结果

变量	差分次数	(C, T, K)	DW 值	ADF 值	5% 临界值	1% 临界值	结论
$\ln I$	1	(0, 0, 0)	2.04	−3.48	−1.95	−2.64	$I(1)$ *
$\ln P_s$	1	(C, 0, 0)	1.69	−3.16	−2.96	−3.67	$I(1)$ *
$\ln P_1$	1	(0, 0, 0)	2.04	−3.93	−1.96	−2.69	$I(1)$ *
$\ln P_2$	1	(C, 0, 0)	2.05	−3.88	−2.96	−3.67	$I(1)$ *
$\ln P_3$	1	(0, 0, 0)	2.01	−3.01	−1.95	−2.65	$I(1)$ *
$\ln A$	1	(C, 0, 0)	1.87	−3.80	−2.96	−3.67	$I(1)$ *
$\ln T$	1	(C, T, 0)	1.98	−3.55	−2.96	−3.67	$I(1)$ *

3. 回归分析及结论

（1）多重共线性诊断

在大多数社会经济变量中，总是或多或少有部分相关。当自变量之间高度相关时，回归方程中的自变量就互相削弱各自对因变量 y 的边际影响，使本身的回归系数的数值下降而其标准误扩大，于是就会出现回归方程整体显著，但各个自变量都不显著的现象，即为多重共线性。当多重共线性问题发生时，方程的回归系数是不可靠的。考虑到各因素之间可能存在多重共线性的关系，本书选择岭回归分析方法。

（2）岭回归分析

分别把模型（10）、模型（11）、模型（12）中的平均家庭规模，第三产业从业人员比重，和城镇化率表示的人口结构，人口总量，人均 GDP，水耗强度作为解释变量，水资源压力指数作为被解释变量，通过 SPSS 进行岭回归分析。当 $K>0.15$ 时，三个模型的回归系数趋于稳定，取 $K=0.2$ 时，对回归方程进行检验检验结果见表 6—7，R^2 分别为 0.844、0.837、0.832，F 分别为 29.89、34.59、32.10，通过显著性检验。方程中全部自变量参数基本通过了显著性为 1% 的 t 检验，各参数方差膨胀因子也降至 2 以下，消除了多重共线性。

表 6—7　　　　　　　　　　岭回归结果 1

	K	R^2	F
模型（5）	0.15	0.844	29.89
模型（6）	0.15	0.837	34.59
模型（7）	0.15	0.832	32.10

回归系数符号均符合经济学意义检验，模型整体拟合效果满足要求。结果汇总如下（见表 6—8）。

表 6—8 中的标准回归系数以及回归系数，是原始数据经过对数变换，进行回归分析得到的结果。解释意义同原始方程的解释意义一致。

从岭回归结果来看，由标准化岭回归方程的标准化系数可知，各自变量因素对水资源压力指数影响从大到小排序分别为：水耗强度（-0.373~-0.460）、平均家庭规模（-0.323）、人口总量（0.112~0.193）或人均

表 6—8　　　　　　　　　　岭回归结果 2

系数类型	人口结构表达式	影响因素					F	F 检验
		人口总量	人口结构	人均 GDP	水耗强度	常数项		
标准回归系数	平均家庭规模	0.112	−0.323	0.089	−0.373			
	第三产业从业人员比重	0.180	0.068	0.195	−0.431			
	城镇化率	0.193	0.001	0.211	−0.460			
回归系数	平均家庭规模	0.072	−0.328	0.017	−0.052	−0.349	29.896	0.000
	第三产业从业人员比重	0.138	0.043	0.043	−0.069	−1.484	34.590	0.000
	城镇化率	0.148	0.002	0.048	−0.074	−1.400	32.102	0.000

GDP（0.089~0.211）、第三产业比重（0.068）、城镇化率（0.001）。

6.4　基本结论

从各指标标准化回归方程系数来看，水耗强度（即万元 GDP 水耗）对北京水资源压力的影响最大，且为负效应，其弹性系数为 −0.052~−0.074，即当水耗强度（万元 GDP 水耗）每上升或下降 1%，水资源压力指数减小或增大 0.052%~0.074%。1979—2010 年 30 年间，北京的经济飞速发展，人口急剧膨胀，2010 年的水资源压力指数比 1979 年水资源压力指数增大了 57%，总人口比 1979 年总人口增加了 119%，人均 GDP 比 1979 年升高 970%，而水耗强度仅比 1979 年下降 96%，很明显可以理解为水耗强度驱动下水资源压力指数减小，被其他因素引起的水资源压力指数的增大所抵消，因此弹性系数为 −0.052~−0.07。

平均家庭规模对水资源压力的影响也比较显著，且为负效应，弹性系数为 −0.328，即当平均家庭规模缩小或扩大 1%，水资源压力增大或减小 0.311%。平均家庭规模越小，对水资源压力越大；平均家庭规模越大，对水资源压力反而越小。较大的家庭规模，便于统筹用水，节约用水，减轻了水资源压力。

人均 GDP 和人口总量的影响几乎不相上下。

人口总量对水资源压力的影响是比较直观的，人口总量越大，水资源压力越大,人口总量与水资源压力之间正相关。其弹性系数高者可达 0.148,即人口总量增加 1%,使得水资源压力指数增加 0.148%,此弹性系数在众系数中是比较大的,仅次于平均家庭规模弹性系数。原因在于,随着北京政治经济地位的提高,越来越多的外来人口进京寻找就业机会。2010 年的人口总量比 1979 年增加了 119%,其中主要是外来人口的增加,截至 2010 年北京市常住外来人口已经占到北京常住总人口的 36%。人口的增加必然会增加用水量及水污染,从而加大水资源压力。

人均 GDP 对北京市水资源压力也有相对较大的影响。其弹性系数小于水耗强度,平均家庭规模,人口总量的弹性系数。人均 GDP 是衡量各国人民生活水平的一个标准。目前,我国的经济发展水平尚未达到库兹涅茨曲线所说的拐点,人均 GDP 的增大,仍然是使环境趋于恶化,即水资源压力随着 GDP 的增大时增加的。但弹性系数不明显,是因为随着人们生活水平的提高,人们的生活观念以及环保观念也逐步增强,一定程度上抵消了一些人均 GDP 对水资源压力的驱动作用。

第三产业从业人员比重对北京市水资源压力的影响相对较小。我们从北京市的用水结构来看,消耗最大的主要是农业用水和工业用水。所以虽然第三产业从业人员比重 2010 年已经达到 74%,但其对水资源压力的影响却不显著。

城镇化率对水资源压力的影响几乎为零。推翻了之前选择变量时的假设。

这里基于线性 STIRPAT 模型理论,对北京水资源压力与人口总量、人口结构、财富因素和技术因素之间的相互关系进行分析。分析结果表明对水资源压力影响最主要的因素为技术因素,人均 GDP,人口因素。各因素的影响作用从大到小依次为:水耗强度,平均家庭规模,人均 GDP,人口总量,第三产业从业人员比重。其中,人口因素中,平均家庭规模这个代表人口结构因素,以及人口总量因素对水资源压力的影响都是仅次于技术因素的显著因素。

第三篇

北京市资源环境对人口的制约和影响

第三章

第七章 关于北京市人口承载力研究的相关理论问题

人口承载力一直是国际社会比较关注的研究课题，也是可持续发展研究的重要组成部分。从工业革命开始，随着经济的发展和科学技术的进步，以人口死亡率的率先下降为标志，世界各地陆续开始了现代意义上的人口转变。人口剧增的浪潮从当时的工业国家逐步蔓延到发展中国家，世界人口出现了前所未有的增长，尤其是20世纪中期以后，全球经济和人口增长进入到一个前所未有的时期。全球人口的数量，在20世纪初只有20亿人，到1950年增加到40.5亿人，2000年增加到60亿人，2006年总人口达到65.18亿人。在人口剧增的同时，人口日益向发展中国家以及城市地区集中，2006年全球人口城镇化水平达到49.2%，接近一半的人口居住在城市地区。伴随着经济的发展、人口的急剧膨胀和在城市的过度集中，在世界越来越大的范围内出现了一系列严重的环境和资源问题，包括加剧的土地退化（土地荒漠化、土地盐渍化、水土流失等）以及与此伴随的耕地减少、草场退化、森林植被减少、生物多样性丧失、能源和粮食紧张、大气污染和水污染加剧、全球气候变暖与臭氧空洞扩大等。在很多城市地区尤其是发展中国家的城市，则出现了诸多城市病，如城市就业问题、城市环境问题、城市基础设施压力过大以及收入分配问题等。这些问题的产生和加剧，除了与人们不可持续的生产方式有关外，一般认为与人口的增长和过度集中有着密切的关系。

实际上，关于人口增长与资源环境关系的忧虑自古就存在。早在古希腊的柏拉图时代，古希腊哲学家柏拉图和亚里士多德就曾提出"理想国"的思想，实际上就是一种人口容量或者人口承载力思想的体现。18世纪末马尔萨斯人口论的出现，更是把对人口与环境关系命题的关注提升到了一个崭新的高度。然而这些都没有20世纪中期以来的人口与环境问题更为引人注意，于是关于地球到底能够承载多少人口，人口是否已经超过承载力等的忧虑和讨论再次成为20世纪60—70年代以来一个重要的研究话题。直至今日，人口承载力及其相关的研究，依然是国际人口与环境、可持续发展领域里的热点问题。

北京市作为中国的首都，是全国政治中心、文化中心和国际交往中心，是世界著名古都、世界现代国际城市、文化名城。改革开放30多年来，北京的经济、社会、城市建设得到迅速发展，与此同时，人口、资源、环境与发展的关系也呈现出了日益尖锐的矛盾。一方面，随着改革开放和首都城市经济的发展，从20世纪80年代以来北京市的总人口呈现了高速的增长。随着城市空间的扩展和居住、工作空间的变化，城市内部的人口流动也日益加剧。另一方面，首都的资源与环境问题也非常严重，尤其是存在比较严重的水资源紧缺问题，同时土地资源、能源及城市基础设施，包括交通道路、住房、教育医疗资源等均出现与人口发展不适应的状况，环境污染也比较严重。一系列严重的资源环境问题的出现，固然有其产生的诸多其他原因，包括产业结构是否合理，技术和管理是否到位，相关法律制度是否健全，人们的环境意识、消费模式等，但是不可否认的是，这一切与人口的快速增长、高度密集以及人口结构的变动等都有着密切的关系。尽管我们尚不完全清楚地了解人口因素与这些资源环境问题之间的内在影响及其程度，但可以肯定的是，北京市的人口与资源环境之间关系并不是很融洽，而是存在诸多矛盾和问题，这些问题如果不加以认真研究并在实践中解决，将对首都的可持续发展构成严重的威胁。

按照可持续发展理论，要实现区域的可持续发展，人口与资源、环境之间必须相互协调，而相互协调的重要标志之一，就是两者在数量、结构、增长变动等方面要相适应。从数量上来说，能够综合反映资源环境限制与人口规模间关系的,就是人口的承载力与实际人口的数量对比关系,包括静态的和动态的对比关系。人口与资源环境相适应,是北京市未来可持续发展的一个重要前提条件。然而,目前北京市的人口承载力到底是多少?人口承载力的未来变化受到哪些方面影响?将来的人口承载力有多大?人口是否超载?如果超载,程度有多大?超载的后果都有哪些?我们面对这些问题时,将要采取哪些对策来解决?以上诸多问题,也就构成了本研究的出发点之所在。全面、系统地分析北京市人口承载力其变动趋势,提出相应的对策,寻求协调人口变动与资源环境关系的有效途径,为政府宏观决策提供必要的参考咨询,十分必要,对首都的可持续发展意义十分重大。

7.1 人口承载力的起源与天然缺陷

从人口承载力(Carrying Capacity)的概念提出以来,已经过去了 200 多年的时间。在此期间,人口承载力经历了从思想萌芽到精确的数学表达,从大量的实际研究到理论分析,目前已经发展成为国际人口与环境领域里的重要分支。尤其是在当前全球人口依然高速增长,环境和资源经受巨大压力和危机的情况下,有关人口承载力的研究也再次成为国际学术界关注的焦点。然而,由于人口承载力本身面临着许多困境和问题,导致在人口承载力的研究上一直存在着大量的分歧、争论、质疑甚至否定。尽管如此,国内外关于人口承载力的研究和探索一直没有停止过。在当前人口资源环境关系和问题日益紧张的情况下,直面人口承载力研究中存在的问题与面临的困境,非常有必要。因为只有如此,才能推动这一研究领域的健康发展,也才能更为有效地应对全球的人口、资源、环境关系问题,并促进人类的可持续发展。

本节在对人口承载力从概念出现、理论演变到现状研究的分析和回顾基础上,指出了当前国际社会关于人口承载力研究的主要困惑和争论,进一步分析了产生这些困惑的原因,最后提出了未来研究的发展设想和思路。

7.1.1 人口承载力研究的起源及其演变

人口承载力的思想最早可以追溯到 18 世纪末马尔萨斯的人口论。1979 年英国经济学家托马斯·马尔萨斯(Thomas Robert Malthus,1766—1834)提出了著名的两个级数的观点,认为在无所阻碍的情况下人口增长将按照几何级数增长,而人类所依赖的生活资料按照算术级数增长,因此物质资料的生产总是赶不上人口的增长。当人口的增长超过了物质资料的增长(即人口上限)时,就会出现灾难(例如失业、贫困、疾病甚至战争等)阻碍人口的增长。他认为自然界存在着一种自然的法则,即自然界将通过上述这些灾难来迫使人口增长减缓和停滞,甚至减少,从而和物质资料达到均衡。然而由于人口和物质资料增长的规律不同,经过一段时间后,这种均衡将会再次打破,如此形成人口与物质资料之间不断的恶性循环(马尔萨斯,2008)。虽然当时马尔萨斯并没有明确提出人口承载力的概念,但是这里面已经包含着明确的人口承载力的思想,即自然界存在着对人口增长的限制。

马尔萨斯人口理论关于人口在无所阻碍的情况下将按照几何级数增长,可用数学公式表达为:

$$\frac{dN}{dt} = rN \tag{1}$$

这里,N 为人口数;r 为人口自然增长率,等于出生率减去死亡率;t 为时间。

该公式两边通过移项并积分后,可以变为指数形式:$N = e^{rt}$。

实际上,按照马尔萨斯的人口论,人口的指数增长并不能长期持续下去,将要受到食物等资源的约束,即理论上存在一个上限 K。1838 年,比利时数学家 Pierre F. Verhulst 在上述指数增长方程中引入 $(K-N)/K$ 项,当人口规模达到 $K/2$ 时,人口增长率 dN/dt 达到最大,当人口规模达到 K 时,人口增长率下降到 0,此处的上限 K 即为承载力。在 K 的水平上,人口的出生率等于死亡率,人口增长达到稳定或者均衡规模($dN/dT = rN = 0$,$r = 0$),总体上看,人口将呈现 S 形的增长(见图 7—1)。

$$\frac{dN}{dt} = rN\left(\frac{K-N}{K}\right) \tag{2}$$

Verhulst 用法国、比利时、俄罗斯和英格兰等国家在 19 世纪前 20 年的人口普查数据对该方程进行了实证分析,得到了比较令人信服的结果(Irmi Seidl, Clem A. Tisdell, 1999)。几乎在过了 1 个世纪以后,1920 年美国生物化学和生命统计学教授 Raymond Pearl 和他的同事 Lowell J. Reed 也建立了一个类似的人口增长"S"曲线方程,并且用美国的人口普查数据进行了验证

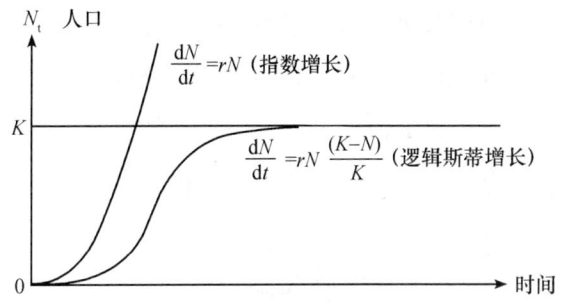

图 7—1　人口的 S 形增长曲线

(Pearl，R.，Reed，L. S.，1920)。后人将 Pearl 和 Verhulst 的名字联系在一起，所建立的方程被人们称为 Verhulst-Pearl 逻辑斯蒂（Logistic）方程。

随着逻辑斯蒂方程的建立，马尔萨斯关于人口增长和食物限制的理论终于找到了一种精确的数学表达。但是人们在研究时很快发现，上述方程在应用于人口增长的时候，在短期内能够得到证实，但在大多数情况下尤其在长时期内却难以成立，因此有关人口承载力的研究一度停滞不前。不过，在将该方程应用于动植物和微生物等生物学的研究时，却得到了较好的验证。因此，承载力的研究在整个 19 世纪和 20 世纪早期，更多地被应用于生物学或者生态学研究之中。20 世纪 50 至 60 年代以来，随着全球人口膨胀、环境恶化和资源短缺等问题的出现，承载力概念被大量地应用到了自然环境对人类活动的限制研究中，关于地球人口承载力的研究大量涌现。据有些学者统计，仅从 1679—1994 年就有 65 个有关地球可以支持的最大人口数量估算结果，而其中大多数是在这一时期前后出现的（Cohen，J. E.，1995）。

目前，承载力在人类活动相关方面的应用可以被分为两个分支方面：一个是应用生态学研究，主要是将生态学的基本概念引入人类活动或管理中，例如特殊的生境（湿地、旅游景点、国家公园）等的管理研究中（Mathieson，A.，Wall，G.，1982.；Davis，D.，Tisdell，C.，1996）。另一方面，承载力概念被应用于人口与环境的关系研究中（例如个体、环境和社会的相互关系，以及人口变动对环境的需求等），讨论并证明人口增长的生态后果和环境，以及这种受人类影响的生态环境对人口增长的限制等（Ehrlich，P. R.，Holdren，J. P.，1971；FL MacKellar，WLutz，CPrinz，AGoujon，

1995；Jiang Leiwen，HARDEE K.，2009)。但是，承载力概念在应用于人类活动的时候，都不得不对 Verhulst-Pearl 逻辑斯蒂方程进行较大的修正，研究结果也饱受质疑。可以说，由于人类社会特有的复杂性和不确定性，使得承载力在人类活动方面的应用从一开始就不是很顺利，遇到了很大的困境和挑战，也受到了很多批评和质疑。

7.1.2 人口承载力研究面临的困境

1. 理论假设的局限——导致逻辑斯蒂方程难以得到实证检验

如上所述，自从马尔萨斯的人口论可以通过数学公式来表达后，不少学者都试图采用不同国家或地区乃至全球的人口经验数据来对该公式进行验证。然而，不幸的是，大多数尝试都失败了。除了个别时候或者短期内这个公式能够被证明存在以外，长期内该公式很难通过经验数据的检验。很多学者在进行人口增长规律或者人口承载力研究时，都会发现这样一个现象，即人类的人口数量和经济社会发展规模似乎是无限的，人类经济社会系统的发展看来并不符合生物种群的 Logistic 曲线特征，到目前为止还没有充分的实证数据支持人类人口和经济社会发展存在 Logistic 曲线中的 K 值。

一个典型的例子是：美国学者 Pearl 和 Reed 曾经利用美国 1790—1910 年人口统计数据拟合了逻辑斯蒂曲线，研究拟合预测得出美国人口大约在 2060 年达到逻辑斯蒂 K 值大约为 1.97 亿 (Pearl，R.，Reed，L.S.，1920)。他们的研究发现，在 1920—1940 年美国的人口统计数据与曲线吻合得非常好，但随后美国人口增长开始呈现近似指数增长，人口增长不再符合逻辑斯蒂曲线特征。1968 年美国实际人口就已经达到了 Pearl 预测的将在 2060 年达到的 1.97 亿人的最大人口数量，至 1995 年和 1999 年美国人口估计约分别为 2.5 亿和 2.73 亿人，据估算 2025 年美国人口将在 2.60 亿和 3.57 亿人之间 (张林波等，2009)，早已经超过了当初预测的人口承载力。很多学者在对全球人口承载力的研究上，也发现了同样的问题和困惑。1948 年英国学者威廉·福格特 (William Voget) 出版了《生存之路》一书，提出世界人口超过土地和自然资源的最大承载力人口 22 亿人时，人类将面临灭顶之灾 (威廉·福格特，1981)。1971 年斯坦福大学的 Paul Ehrlich 在《人口爆炸》一书中，认为当时全世界约 35 亿人已经达到和超过承载力，世界面临着粮食危机，并预测 20

世纪 70 年代和 80 年代将爆发不可收拾的饥荒和动乱，人类将进入资源匮乏时代，许多人类赖以生存的矿产将濒临枯竭（Paul Ehrlich，1971）。1972 年梅多斯等学者在著名的《增长的极限》一书中，曾经预言人类社会将在未来 100 年崩溃（Meadows 等，1972）。但是实际情况是，世界人口的增长并没有因为达到这些所谓的人口承载力而停止增长转而呈现逻辑斯蒂增长，相反直到现在世界总人口依然呈现的是近乎指数的增长（见图 7—2），而且增加的速度越来越快。据统计，2000 年以前地球上大概只有 2 亿人，相当于美国 1990 年的人口数量。到 1650 年，地球人口增加了 1 倍多达到 5 亿人。大约在 1830 年世界人口超过 10 亿，从人类最初诞生开始到第 1 个 10 亿人口大约经历了近万年的时间；而地球上第 2 个 10 亿人口的增加仅用了 1 个世纪，到 1930 年世界人口达到 20 亿。1960 年世界人口达到 30 亿人，1974 年达到 40 亿人，1987 年达到 50 亿人，1999 年达到 60 亿人。而到 2012 年，全球人口已经达到 70 亿人。后面 3 个 10 亿人的时间，都在 13 年之内。根据联合国的中方案估算，世界人口于 2025 年将增长到 80 亿人，2043 年达到 90 亿人，2083 年将达到 100 亿人（United Nations，2010）。也就是说，按照上述增长速度，到 21 世纪末世界人口将比马尔萨斯时代增长了约 10 倍，是 Pearl 预测的全球最大人口的 5 倍，是《人口爆炸》出版时世界人口的近 3 倍。世界人口的增长一次次突破了学者们所预言的人口承载力，但是却并没有出现所谓的世界末日和人类社会的崩溃，马尔萨斯及其随后关于承载力超载所预言的各种可

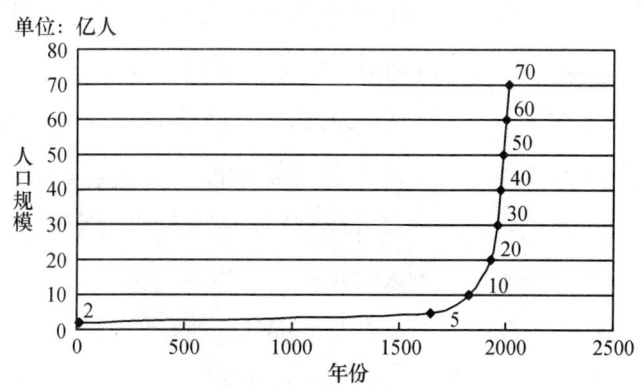

图 7—2 世界人口规模的增长过程

数据来源：联合国人口司，hppt://esa.un.org/excel-data.

怕后果,如战争、疾病、瘟疫、社会崩溃都没有一个得以验证或出现,这使得人口承载力的研究似乎变成了中国寓言"狼来了"式的一次次重复上演。这种状况导致人们对人口承载力是否存在产生了很大的怀疑:人口承载力真的存在吗?由于人口承载力研究者拿不出有力的证据来证明人口承载力的存在,使人口承载力研究很难摆脱"是否存在人口承载力"的质疑,严重影响了承载力研究的健康发展。

造成人口承载力的存在难以得到验证的原因,主要是由于逻辑斯蒂方程的假设过于粗糙和简单,其中人口增长率指数 r 和最大限制 K 都被假定为不随时间而变化的常数。同时,方程假定环境给人们提供的营养或资源的供给固定或者不变,即空间界限被假定为固定的和已知的,也就是说,系统是封闭的,没有人口的迁入和迁出,也没有物质的进口和出口,一如当初马尔萨斯人口论的局限所在,将人类与动物作为同等看待。

而人类所处的社会,与动物界有极大不同,人类早已从自然生态系统进入了人类生态系统,而人类生态系统是一种由人所操控的,以人为中心的,高度开放的系统。其最大的特点就是开放性。从区域角度来说,不仅存在着人口的迁出方式,而且存在着巨大的物质流动和能源流动,而这些在动物社会是不存在的。其次,人类的人口承载力还受到技术、体制、生活消费模式等的巨大影响。从人类发明技术以来,就一次次突破了原有环境的约束。技术的发明和发展不仅可以提高资源的利用效率,可以发现更多过去不能利用的资源及储量,而且可以提高资源的利用效率,这就在一个相当长的时间内可以提高承载力。然而,也有学者认为,技术实际上并不能从根本上提高承载力,相反,技术的发明使得价格更为便宜,人们就会更加快速地消耗资源,因此从长远来看,技术的发明是减少承载能力的。另外,关于技术的发明前景,人们是很难预测的。体制涉及分配制度,在不同的社会体制下,人们占有的资源不同,将会极大地影响人口承载力。生活消费模式则对人口承载力影响更明显,发达国家的消费模式意味着同样的资源环境条件下可以承载的人口变小。如果假定目前中国人按照美国的消费水平来消费资源,则毫无疑问中国人口承载力将会大大下降。

因此,上述逻辑斯蒂模型中的假定与现实之间存在的巨大差距,成为人口承载力是否存在争议的根源。这些因素导致了这个公式很难被实际经验数据证明存在，最多只能在个别时候或短期内才可能存在。

2. 人口承载力影响因素的动态性、不确定性和多样性，导致承载力结果难以精确测定

将承载力概念应用到人类活动中，首先需要承认承载力主要受到社会因素的影响，而不是生物学的固定的限制，这一点目前已被越来越多的学者所认识。例如人们的消费模式、技术、体制，以及它们在获得和使用资源方面都会对人口承载力产生影响。由于人类社会存在上述社会属性，而且这些影响因素都处在变化中，因此导致人口承载力的计算，不可能像动物承载力那样能够被严格证明，也导致人口承载力呈现为动态的变化，而非唯一的静态的固定值（如 Hsin-i Wua 等，2009；Rodrigues 等，2005；Thornley 和 France，2007）。

然而，关于这些决定或影响承载力的因素本身是如何变化的，却又是很难预测和把握的。人类与其他生物种群有着极大的不同，导致人口承载力比其他生物种群承载力的计算更为复杂，充满了不确定性和假设。以技术为例，关于技术对人口承载力的影响很难判断，存在着截然不同的看法。大多数学者认为技术可以扩大承载力，因为通过技术进步，可以找到以前没有发现的资源，可以扩大资源的储量，可以提高资源的利用效率；然而也有学者认为，正是因为技术的发明使得资源的价格变得更低，人们对资源的利用就会更快速，将会永久地损害地球的承载力（Hardin G. Living on a lifeboat. BioScience，1974）。再以贸易来说，对于一个区域、国家或者城市来说，通过贸易可以增加这些地区的承载力，但是从更大的范围来说，则并没有增加承载力，实际上是通过贸易转移了承载力，甚至由于某些地区的快速利用，反而降低了全球的承载力。因此，这些因素的变化对承载力的影响方向是不完全确定的。另外，很多因素的变化本身也是难以预测的。因此，有学者认为，正是因为这些因素的变化和不确定性，阻碍了人口承载力的计算，使人口承载力的精确计算变得很困难。

另外，因为影响人口承载力的因素很多，即便对上述因素的变化做出多种假设，但由于人们从不同的角度选取不同的资源环境因素，也会导致承载

力计算结果的巨大差异。18世纪末马尔萨斯人口论提出的年代,食物被作为限制人口增长的唯一的资源,在当时的工业化早期是合适的。然而进入工业化以后,影响人类生活和生产活动的自然因素早已经超出了粮食的限制,能源、矿产、土地、水资源、环境质量甚至交通条件、教育、医疗等都能成为限制一个地区人口增长和发展的因素,因此人们在对不同区域人口承载力进行计算的时候,往往选择不同的资源或环境因素,而不同资源或环境因素对人口的制约或影响机制不同,人们选取的指标也往往不同,从而得出不同的结论。即便是选择多种因素最终如何取舍,谁是最终的决定因素,也很难得到确定和公认。

从学者对全球人口承载力的研究结果的变化上就可见一斑。据不完全统计,从1679年至1994年有65个有关地球可以支持的最大人口数量估算结果,但结果差异巨大,最小的估算结果为10亿人,最大为1亿亿人(Cohen,1995)。如果对各个国家或者地区的人口承载力进行梳理,则差异也很大。

3. 概念的不精确导致可操作性差——研究范式的局限

人口承载力的研究,早期主要是实证研究。当实证研究屡屡遭受失败的时候,人们对人口承载力的研究逐渐转向了规范性的研究,学者们将体制、政策目标等因素纳入人口承载力的研究中,因为人口承载力研究增加了人为的价值判断,这就使得人口承载力研究结果的客观性下降、主观性增强,并最终导致了人口承载力在政策操作性方面的下降。

关于人口承载力的概念,目前大多数学者认为,人口承载力是在不引起环境退化前提下区域持续支撑的最大人口数量(Daily 和 Ehrlich,1992;Irmi Seidl 等,1999;Kampeng Leia,2009),然而关于不引起环境退化或不损害环境如何来判断,却存在着很大的困难和主观性。马尔萨斯用战争、罪恶等模糊和难以量化的概念来界定,后来的学者也没有能够找到很好的判断依据和指标。而概念的不精确将必然导致研究结果的不可操作性。

以人口承载力研究在旅游人口管理方面的应用为例,通过确定一定地区内在不损害环境的条件下可以容忍的最大旅游者数量。然而关于什么是可以容忍的,以什么为目标来衡量,却没有一定的标准,而是随着研究的目的不同而出现不同的标准,因为不同的目标可以导致多种不同的计算结果。因此这种应用的操作性是比较差的。承载力概念的另一个重要应用是 Daily 和 Ehrlich 的 IPAT 方程（Daily，G. C.，Ehrlich，P. R.，1992）。他们用以下方程来表达人类活动对环境的影响后果：

$$I = PAT \tag{3}$$

该方程表明，环境 I 的破坏是由三个独立的变量：人口（P）、富裕水平（A）和技术（T）决定的。这个公式的提出实际上暗含着在不同的社会系统中可以有不同的承载力。因为人们可以选择其中一种人口规模，来避免环境的不可逆的退化。例如，给定环境目标或标准，在一定的富裕水平和技术条件下，就可以得到期望的人口规模，也即承载力。但是对于这种人口承载力的确定，却需要进行大量的前期判断。例如我们应该选择怎样的物质生活水平？这种水平在人群中如何分布？采用什么样的技术？国际和国内的体制应该是怎样的？我们应该接受怎样的经济增长和人口状况？我们想要生活在怎样的物理、化学和生物环境中？我们考虑的时间跨度是怎样的？一句话，人口承载力将受到多种社会福利、价值等目标的极大影响。还有的学者将人口不超过承载力作为可持续发展的必要和充分条件（Daily 和 Ehrlich，1992）。或者也可以反过来说，可持续发展作为一种目标，就成为判断人口承载力的一个最主要标准。然而，可持续性和可接受的生活标准都要受到人类选择的影响。人口承载力的研究在这里表现出了典型的规范性研究特点，受到价值判断或者目的的影响。当我们给出一定的生活图景或者发展目标的时候，人口承载力的研究将会变得比较具体，因此这种带有价值判断的规范性研究已经成为大多数人口承载力研究的基本范式。

这样，承载力的概念在引入人类活动导致的环境问题的时候，因为概念的不精确和难以量化，就使得人口承载力研究不得不从实证研究转变成规范性研究[1]。这种转变使得人口承载力的研究结果不再表现为客观的、实验室条件下的唯一的承载力。相反，原来严格的实验条件被各种相对稳态的环境所

---

[1] 实证分析是指在自然现象或者社会经济研究现象中试图超越或排斥一切价值判断的方法，它重视的是事情本身的内在规律，回答的是"是什么"的问题。规范分析方法则是以一定的价值判断为基础，提出行为的准则，并研究如何才能符合这些标准的方法。它所研究的是经济事务本身是否符合某种价值标准或对社会有什么意义，从而为某种目标的实现提供行动方案。

替代。这种变化的环境依赖于价值判断、体制安排、技术、消费模式和人类目的。在进行承载力研究时，必须使这些因素得到协调，在考虑一种可以被接受的环境压力和发展一种相应的管理方案时这些因素需要达成一致，如果出现了明显的差异，例如人口超出了限制，就需要重新调整这些价值观，关于技术、体制、消费、分配等的政策和社会理念和规范就需要重新讨论、协调和达成一致，需要发展新的技术或者创新体制，或者修正原有目标。

由于人口承载力带有明显的规范性研究性质，因此研究结果深受研究目的的影响。实际上，只有在清楚要达到的目标是什么，同时充分考虑社会经济等主观因素和体制等因素的前提下，人口承载力的实际应用才是可以操作的。然而，人们对这些目标的认识往往并不一致，因此常得到不同的计算结果，使得这些研究带有很强的主观性和模糊性，造成人口承载力在实际研究中的可操作性降低。但是，承载力概念和研究的主观性常常不被那些政策决策者所知，他们往往误以为承载力的计算是客观的，而当他们看到各种不同的人口承载力计算结果，却又对承载力本身的客观性产生怀疑，而没有意识到实际上是研究范式的主观性造成的结果。

7.2 特大城市——北京市人口承载力研究的现状与范式

如前所述，由于早期马尔萨斯人口论假定环境给人们提供的营养或资源的供给固定或者不变，空间界限被假定为封闭的，导致了后来人们对于人口承载力研究难以实证的困境。而作为特殊的区域形态——城市来说，它在生态系统方面表现出如下一些显著特点，对人口承载力研究产生了更加严重的影响，使得城市的人口承载力研究变得更加困难。

7.2.1 城市生态系统的特点

与一般大的国家或区域单元或农村地区相比，城市生态系统具有以下几个显著的特点。

1. 城市是高度开放的系统

从城市的本质上看，它是以非农经济活动为主的集聚大量人口和经济活动的地域，而城市经济活动和人民生活所需要的各种资源不可能完全靠城市本身来提供，城市所产出的各种产品也不可能为本市居民所完全消耗，而是提供给更广大区域。因此，这决定了城市本质上必须是开放的。城市越大，这种特征就越显著。这种开放性主要体现在大城市与其他城市或者农村之间，存在着连续不断的人口、物质、能量甚至信息等的输入与输出，这导致了决定城市人口承载力的所有基础条件都不再是一个定数，而是处在不断变化中。城市实际上是通过不断地占有和攫取其他区域的资源环境来承载本身人口和经济发展的需要，特大城市尤其是如此。如北京市生活用能和生产用能所需要能源的90%都要在北京市之外的地区输入，水资源也不断通过扩大区域范围或者从外区域调水而增加。其他城市所需要的基本生活资料更是如此，几乎全部靠城市之外其他区域提供。因此，从某个角度来说，城市的人口承载力，如果按照上述马尔萨斯理论的严格定义出发，要么不存在，要么在很大程度上主要由外界来决定而不是城市本身决定。

2. 城市是高消耗的、不断快速变化的人工系统

由于特大城市发展十分迅速，尤其是在我国处于城市化发展的快速阶段，大城市人口和经济增长非常迅速，而城市人口生活中所需要的各种水、电、食物、住房等以及生产过程中需要消耗的大量原材料和能源等需求也都处于快速增长中，因此导致城市生态系统对于物质和能源的消耗量巨大，往往导致人口增长在某一定时期超出环境资源的承载能力而产生巨大压力和环境问题。

3. 城市生态系结构不完整，导致生态系统的不稳定性

城市作为一种典型的人工生态系统，其生态系统的结构是非常不完整的，表现为生态系统中的消费者主要是大量积聚的人口，而作为第一级生产力的为人类提供食物来源的绿色植物则严重缺乏，实际上远在系统之外。消费者中除人口之外的其他动物也都非常稀少，主要是按照人类的意愿经过选择后留在动物园的动物或者家庭中的宠物，植物则主要是供观赏的少量花草树木，与自然界中完整成熟的生态系统存在着巨大的差别，甚至与其他人类生态系统也存在着显著不同，表现为城市生态系统具有高度简化和不完整的特点。

由于城市的上述特征，尤其是生态系统结构的简单化和对外高度依赖，使得城市生态系统处于非常脆弱和不稳定的状态。如果一旦出现问题，将可能陷入不可逆的退化，最终很难自我恢复生态系统的平衡，可能会出现毁灭

性的后果。因此,绝对不能等到那样的灾难发生时再来关注城市人口承载力。

由上述城市生态系统特点出发,我们发现,如果按照严格的马尔萨斯人口理论,那么在城市中是难以找到一种有城市固有资源条件限定的人口承载力的。一方面,因为城市的开放性,任何城市所拥有的资源条件都不可能是固定不变的,而是可以不断扩大的,当然这种扩大是以占有其他地区的资源来实现的。另一方面,城市中一些所谓瓶颈的、理论上不能扩大的资源,例如城市的土地面积,包括特定时期的水资源,受到城市经济发展方式、制度、技术、文化等多重人文因素的影响,尤其是人们在开发新资源以及资源利用技术和效率方面的技术进步很难估计,因此即便不能通过城市系统开放来获得更多此类资源,这些资源在总量上也不是不可变更的。以水资源为例,虽然水资源是不易远距离大规模调运的资源,但是人们对水资源的利用效率却可以随着水资源利用技术、产业结构、人们的节水意识和一些市场价格等因素而改变水资源对人口的限制。土地资源也一样,人们通过高效率利用土地,也往往使得原有土地资源的利用发生变化。因此可以看到,受到城市本身特性的影响,其中伴以贸易、政策、技术、产业结构等人文因素的影响,城市几乎不存在固定的资源,人们很难通过这样的固定资源来计算所谓的城市承载力。即便有些学者这样做了,也只能是静态的短暂意义上的人口承载力。这样,城市人口承载力不断被突破。

但是在现实中,我们看到了各种城市人口承载力的计算结果,也并非完全是按照固定的资源进行的静态计算,所研究的结果也并非完全不可采用,而是在各级各类城市发展规划中起到了应有的作用。那么,我们怎样看待这些研究结果?学者们是如何进行这些城市人口承载力研究的?下面进行进一步的分析。

7.2.2 当前城市人口承载力研究的基本范式——用规范性研究取代实证研究及其后果

纵观国内关于城市人口承载力的研究,我们发现,目前所谓的城市人口承载力或者适度人口容量,其实都绕开了实证研究而采取了规范性的研究范式。目前国内关于城市人口承载力或人口容量的研究,从时间上基本分为两类:一类是根据现有的资源(如水资源、土资源或粮食等)来计算当前的承载力，这一类研究较少，因为假定城市所具有的资源条件是固定不变的，即城市系统是封闭的，与人类系统的实际情况很不相符，因此研究的结果静止不变，也很难站得住脚。另一类是预测未来若干年某一城市的人口承载力，这里涉及相关水资源或土地资源等的未来变化，大多数城市承载力研究属于此类。这两类研究的共同点是都需要确定某一时期的人均资源消费水平，而且第二类研究还需要确定未来水资源或者土地等资源的变化情况。然而，我们发现，也正是在这个过程中，几乎所有研究都采用了同样的做法，即无论是人均资源消费水平（反映了一种生活质量或者环境目标），还是所依据资源的总量变化，无一例外都是参考了相关的城市规划、或者城市发展目标，或者参照一些发达国家和城市而订出的理想生活水平或环境质量，并且在给出一定的技术、经济结构和政策前提下，计算出相应的人口承载力。也就是说，几乎所有研究都无一例外隐含着这样一些前提条件，即未来人口、资源、环境、经济、技术、环境之间达到协调，并在这样的总目标以及具体政策和生活水平目标下，来计算城市的人口承载力。这意味着我们关于城市人口承载力的研究，实际上都加入了政策指向的价值判断，人口承载力实际上已经由以自然界天然存在的判断标准，变成了以人们的某些政策目标为依据或者标准的人口承载力。

当学者们有意或者无意将体制、政策目标等因素纳入人口承载力的研究中，将一些人为制定的目标取代了上述承载力概念中的客观判断依据（如马尔萨斯所谓的灾难）时，所得到的人口承载力就已经从客观的研究变成了带有较强主观性的研究。这固然可以使城市人口承载力的研究和计算变得可行和简单，然而却在很大程度上丧失了其作为自然界存在的资源环境约束的客观性，而变得相对比较主观和易变，容易受到政策变动以及根据人们对政策目标选择的不同而不同。因为人们对这些目标的认识还往往不一致，因此常常得到不同的计算结果，使得这些研究带有很强的不确定性，这导致了城市人口承载力在政策操作性方面的下降，也成为目前对于城市人口承载力研究产生质疑的重要原因。

这样，人们往往自以为研究的结果是客观的人口承载力，实际上却是在一定政策目标下带有价值判断的一种理想人口。这里就很容易解释，为什么在城市人口承载力研究中,很多人愿意用适度人口,或者适度人口容量,在方法上与承载力并没有本质区别,原因就在于,城市人口承载力的研究如果一旦变成了以一定的政策目标为依据,实际上与适度人口(这里指包含有可持续发展因素在内的广义适度人口,而不是仅指早期的经济适度人口)就走向了殊途同归的道路。城市人口承载力用什么概念(如人口承载力、人口容量、适度人口容量抑或适度人口)都已经不再重要了。

这里以北京市的人口承载力研究为例来进一步说明上述问题。北京作为一个人口已经接近2 000万的超大城市(2010年1 961.9万人),近年来学术界和政府都在人口承载力的研究方面作了大量的努力,也得到了很多大小不一的研究结果。目前,已经有将近20项关于首都北京的人口承载力研究,结果千差万别。研究最终结论从100多万到3 000多万,最高最低之间相差将近30倍(见表7—1)。

表7—1　　　　几种主要的首都人口承载力研究及结果

研究者	研究角度	估算值	资料来源
北京市社科院	水资源	2005年北京市人口总量为1 277.77万人,其中市区为818.25万人	北京市社会科学院. 水资源制约下的北京人口容量模型与预测. 北京社会科学, 2000 (1): 35—47
赵慧英	水资源	枯水年,2008至2010年北京市人口承载力为1 502万至2 305万人,平水年为2 535万至3 334万人	赵慧英. 北京市水资源与人口规模关系探析. 中国城市经济, 2008 (2)
范英英	水资源	2010年的人口容量达到1 527万人	范英英. 北京市水资源供需平衡趋势预测及分析. 安全与环境学报, 2006 (1)
封志明	水资源	平水年2010年承载1 157.5万～1 543万人,2030年1 282.5万～1 710万人	封志明,刘登伟. 京津冀地区水资源供需平衡及其水资源承载力. 自然资源学报, 2006 (5)
孟凡德	水资源	最佳人口规模133.33万人,最大人口规模235.29万人	孟凡德,王晓燕. 北京市水资源承载力的现状及驱动力分析. 首都师范大学学报(自然科学版), 2004 (3)
北京市社会发展研究所	水资源	2010年和2020年分别是1 435万人和1 652万人	2008年北京市人口和计生委招标课题报告

续表

研究者	研究角度	估算值	资料来源
杨开忠	水资源	2010年为1 336.56万人，2020年为2 004.91万人，2050年为2 138.57万人	杨开忠. 北京人口严重超载未来5年将超载300万. 中国经济周刊, 2006 (48)
王双	土地资源	2010年，北京市人口承载力为1 635万至1 791万人；2020年为1 748万至1 996万人	王双, 何春阳, 潘耀忠, 杨明川. 水资源约束下北京地区2004—2020年土地利用变化情景模拟研究. 自然资源学报, 2006 (4)
强真	耕地资源	2004年可承载人口数为175.45万人	强真, 齐亚彬, 白学民. 大城市耕地资源人口承载力研究——以北京市为例. 资源开发与市场, 2007, 23 (2): 147—148
王树通	耕地资源	北京市2002年人口承载力达到1 100.95万至1 363.28万人	王树通, 郭怀成, 王丽婧. 北京市相对资源承载力分析. 安全与环境学报

另一方面，北京市的人口从改革开放以来呈现一种快速的增长。实际人口增长不断突破人口承载力或者人口规划目标的限制。例如，1983年城市规划为：北京市2000年人口控制目标1 000万人左右。1986年总人口已达1 000万人。1993年规划目标为：2010年北京市常住人口控制在1 250万人左右，但2000年北京市常住人口已达1 382万人。2005年规划把1 800万人定为2020年人口红线，但2010年北京市常住人口已达到1 961万人。这种情况不可避免地使人们对北京市的人口承载力研究或者人口规模目标产生了一些质疑。

与全国其他地区学者一样，在对北京市人口承载力进行计算时，学者采用的基本上也都是规范性研究，在得到人口承载力计算结果的时候，往往都进行了大量的前期判断。人口承载力已经受到多种社会福利、价值等目标的极大影响，变得不再客观。这种状态下人口超载的判断标准实际上就变成人口增长导致的后果是否背离了这些目标，而不是实际发生的各种灾难。这种状况必然导致北京市人口承载力一方面不断调整和变化，另一方面不断被实际人口所突破，而我们所感受到的超载也并不是来自自然界的惩罚和灾难，而只是我们原有政策的目标未能实现而已。

7.3 基本结论与思考

通过以上分析,可以得到以下几个基本结论:

1. 由于人口承载力概念从根源上存在的缺陷,因此希望找到客观存在的最大静态人口承载力,在现实中是难以实现的。

2. 当前的城市人口承载力实际上都是在一定目标下的理想人口目标,带有较大的主观性,即随着各种政策目标的选取变化而变化,但这导致了政策可操作性较差。

3. 目前很多城市的人口处于超载状态,在理论上是可以解释的。这意味着这样的状况已经突破了我们设定的环境政策目标和生活质量要求,即以牺牲环境质量和生活质量为代价的发展,需要引起我们的警觉并采取对策来避免。城市人口承载力的研究对于城市的可持续发展有着重要的引导和警示作用,研究是必要的。

4. 由于城市的开放性以及影响城市人口承载力的各种因素均处于动态变化或发展之中,因此城市人口承载力不会是一个静态值,而是一个可以随着内外环境的变化而不断扩大的动态承载力。

总之,城市人口承载力研究是非常必要的,我们既不能简单否认它存在的价值,但也不能盲目地将其看做一种完全客观的存在。

第八章 基于可能—满意度分析的北京市人口承载力测算

8.1 城市人口承载力的概念与主要影响因素

8.1.1 城市人口承载力的概念界定

人口承载力(也称做人口容量、人口负载能力等),在学术界有着不同的定义与理解。迄今为止,国际组织和学术界所下的定义多达几十种。比较有影响的人口承载力概念,主要来自国际生态学界和联合国教科文组织给出的相关定义。

国际人口生态学界的定义是:世界对于人类的容纳量是指在不损害生物圈或不耗尽可合理利用的不可更新资源的条件下,世界资源在长期稳定状态基础上能供养的人口大小。这个定义主要强调了资源的约束。

联合国教科文组织的定义是:一国或一地区在可以预见的时期内,利用该地的能源和其他自然资源及智力、技术等条件,在保证符合社会文化准则的物质生活水平条件下,所能持续供养的人口数量。这里强调了"符合社会文化"的前提条件,更多地体现出一种人文的角度以及对生活质量的关切。

国内学者的定义大同小异。例如朱宝树(1989)在其主编的《人口生态学》一书中所给的定义为:所谓一个地区在一定时期内的环境人口容量,就是指该地区的资源环境条件在能够充分合理利用和保持生态平衡的情况下,所能持续供养的相应于一定生活水平的最高人口数。张志良(1992)在《人口承载力与人口迁移》一书中,给出的人口容量定义为:在某区域的某一预见时段,以不损害区域环境质量和破坏资源的永续利用为前提,在保证符合其社会文化准则的物质生活水平条件下和正常的经济发展速度下,地区的消费资料所能持续供养的总人口和生产资料所能容纳及满足个人福利的全体人口正常发展目标下的人口数量。曲格平、李金昌(1992)在《中国人口与环境》一书中写到:人口容量又称人口承载量,一般理解为在一定的生态环境下或一定地区的资源所能养活的最大人口数,所以有时又称之为人口最大抚养能力或最大负荷能力。毛志锋、任世清(1995)从生态角度提出了以下定义:人口容量是指在一定时期内,能够保障生态环境物质能量循环相对均衡和不断满足人口生活消费水平提高条件下,地球或某一开放疆域的自然资源在长期稳定合理开发利用基础上所能抚养的人口数量。

以上定义虽然有差异,但是在以下两个方面是存在共性的:首先是基本都承认人口承载力是基于一定的资源条件基础上的,而且认为资源的基本条件是保持生态稳定或者生态不退化。其次,人口承载力都是基于一定时期在某种可能的或期望的生活方式下所能养活的人口数。

城市人口承载力是人口承载力的一种特有类型,是特指城市区域范围内的人口承载力。因为城市地区与农村地区,或者包括城乡的大的区域范围,例如省区、国家,甚至全球区域等,有着很大的不同。首先,作为生态系统,城市往往是纯粹的消费系统,在食物链中缺乏生产者,而只有消费者和分解者,因此,生态系统是不完整的,是一种依靠外在能量和物质输入的高度开放的系统。其次,城市人口比较密集,人口在物质生活、经济文化生活等各方面的消费要求比较集中,消费水平也较高,因此影响或决定城市人口承载力的因素往往比较多,不仅是自然资源,其本身的城市基础设施、社会公共资源等都可能成为城市人口发展的制约性因素,必须加以全面和综合的考虑。因此,城市人口承载力虽然是区域人口承载力的一种,但有其自身的特点。

本书对城市人口承载力的概念界定为:在可预见的时期内,在不损害城市环境质量和破坏城市资源永续利用以及能充分满足人们对生活质量的满意度要求的前提条件下,该城市的各类自然资源和社会经济资源在充分合理利用下所能承载的人口规模。

北京市作为全国的首都,既是政治中心、文化中心,同时也是国际交流中心。它既负有一般城市的特点和功能,同时还负有一般大都市不具备的诸多首都功能,例如对外交往和诸多国事活动、国内各省区驻京活动、国际交流的窗口,甚至国际金融、贸易、文化交流等活动,因此,北京的人口承载力研究除了考虑一般的城市目标,还兼有上述首都功能正常发挥的目标为前提,因此必须从多个角度综合进行研究。

8.1.2 影响城市人口承载力的因素分析

从人口承载力的定义出发,决定人口承载力的因素,从大的方面说无非包括两个方面:一个是资源条件,资源条件从总量上提供了所承载人口的基础。就城市来说,这个资源条件,不仅包括决定城市生产和生活基础的天然自然资源,还应该包括与人们生活密切相关的人造物质资源以及社会经济软资源,此外环境作为影响生活质量的基础,也可以被看做是环境资源。本书将这些影响承载力的各类因素,统称为资源因素,是一种广义的资源。决定人口承载力的另一方面,则是人们对资源的利用程度或占有水平,它取决于人们对期望的生活水平的高低(见图8—1)。

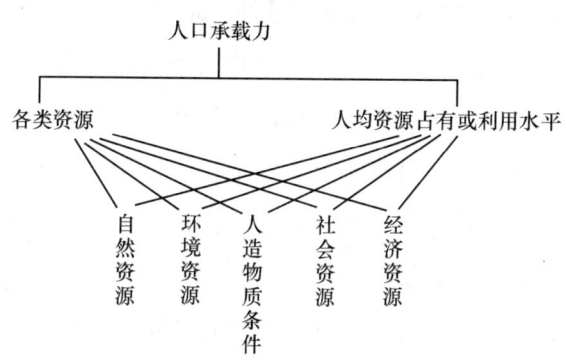

图8—1 城市人口承载力的决定因素

1. 资源条件

资源概念随着社会发展阶段不同而变化。早期,只有土地被看做是资源。工业化以后,能源和矿产进入资源的范畴,而且资本被看做是资源。第二次世界大战后,海洋被列入资源的范畴。随着经济的发展,全球的环境问题越来越严重,资源的概念进一步得到扩充,不仅是人们开发利用的自然资源,而且环境质量也被纳入资源的范畴。几年来，智力资源、信息技术、管理资源等都进入资源的范畴。

因此，资源是在一定历史条件下，能够被人类开发利用得以提高自己福利水平或生存能力的，具有某种稀缺性，受社会约束的各种环境要素或者事物的总和。这里的资源，既可以是自然资源，也可以是社会资源，还可以是经济资源或环境资源，总之，只要对一个区域内人们的生存和发展构成基础，并且在一定时点或阶段本身的总量有一定的稀缺性的所有物质条件和社会经济条件，我们都可以归到影响人口承载力的资源因素之中。但是由于各类资源本身的禀赋不同，对人类生产生活的作用程度不一样，同时在不同的时期或发展阶段可利用的各种资源量也在发生着变化，因此，相对于特定地区和特定的时间，各种资源对人口承载力的制约程度或者说重要性是很不一样的。

（1）自然资源

所谓自然资源，就是存在于自然界中的，在一定生产力发展水平下，能够被利用于人类生产和生活的自然物质和能量。联合国环境规划署的定义为：所谓自然资源，是指在一定时间、地点的条件下能够产生经济价值的，提高人类当前和将来福利的自然环境因素和条件的总称。

自然资源是人类生存发展必不可少的物质条件，自然资源通过数量、构成、质量、相互关系和分布制约着人口的数量和分布。从生态学揭示的种群变动规律来看，在自然界，种群不能无限地持续增长，大多数的种群生长都受到资源环境阻力的制约，每个种群都有最大的个体数量，称为生境的负载能力，人类的增殖情况也是如此。

任何一个城市的发展，都离不开基本的自然资源基础，但因为城市尤其是大城市，具有高度开放的物质流和信息流，因此城市经济活动和人类生活的很多资源，包括各种矿产、生物资源包括可以调运的粮食资源等，实际上对城市人口规模限制是有限的，然而有些资源却对城市人口构成基本的限制，而且几乎是无法从根本上改变的，这几类资源就是城市的土地资源、水资源以及能源等。

（2）城市环境资源

经济学家所指的自然资源，是指森林、矿产、水资源、土地等，能够生产一定的物质产品，环境则被认为是一种介质，通过它使得空气污染、噪声、水污染以及舒适性等资源与外部性紧密相连。

实际上，环境本身也能被看做是一种资源，我们叫做环境资源。环境资源与自然资源一样，都对人类活动有多种产出以及相关联产品。首先，环境系统中的一些成分为维持生命系统提供了必要的服务，包括可供呼吸的空气以及赖以生存的气候条件。其次，环境系统为人类提供了丰富多彩的舒适性服务，包括娱乐机会、野生生物观赏、美景所带来的愉悦感以及其他一些与环境使用没有直接联系的服务。最后，环境系统还能分解、转移、容纳经济活动的副产品。对于一个城市来说，环境与人类的生活、健康、经济活动等息息相关，直接影响着一个区域的人口承载力的大小。

环境资源对人口承载力的制约，主要体现在环境对污染物的容纳量上。环境容量是指在人类生存和自然生态不致受害的前提下某一环境所能容纳的污染物的最大负荷，即环境所能接受的污染物限量或忍耐力的极限。城市环境容量指城市特定区域环境所能容纳的污染物最大负荷量，即城市自然环境对污染物的净化能力或为保持某种生态环境质量标准所允许的污染物排放总量。如果污染物排放数量超过了城市生态环境容量，就会造成城市生态系统的恶化，进而影响到人们的生存和健康，最终将会构成对人口增长和分布等的极大限制。

（3）城市人造物质资源——基础设施

广义的城市基础设施指为支持城市发展所需要的各种服务系统，通常可以分为三类：一是城市公用服务基础设施，如供水、排水、电力及通信等；二是社会服务基础设施，如健康、教育、社区服务及休闲娱乐和文化设施；三是交通基础设施。这里所说的城市基础设施主要指城市供水、供电、供暖系统、住宅等多方面的条件以及城市交通基础设施，即与城市人口的生活密切相关的人造物质基础设施，不包括社会服务资源的软性设施。

在长期内，这些人造物质条件都能逐步得以扩大和改善，但在短期内或特定的时期，受经济发展水平、管理水平等的限制，这些人造物质环境条件会对人口产生一定的制约，如果人口超过了其所能容纳的限度，将会降低人们的生活质量。因此，这些人造物质条件就构成了人口承载力的重要限制条件。

(4) 经济资源

经济发展水平是一个综合性的指标,其对城市人口承载力的影响通过以下两个方面表现出来:

一是就业岗位数量。处于不同经济发展阶段的城市所提供的就业岗位总量是不同的,而就业岗位数量是直接影响城市人口承载力的首要社会经济因素。作为一个城市居民,首先必须有经济来源,满足对衣、食、住、行等方面的需求,才能在城市中生存。同时,只有当城市失业人员规模控制在低于一定比例之下(通常认为应低于5%),社会才能够保持较为稳定和谐的状态。

二是经济发展的总体水平。因为经济发展规模和水平,决定了一个地区人们总的生活水平状况,因此,城市的经济发展规模对人口就构成了限制,如果超过了经济发展总体水平所容纳的人口数,就会造成整体生活水平的下降。

(5) 城市公共社会资源

这里的社会资源主要包括教育资源、医疗卫生资源、社会保障等城市的软性公共资源,这些资源也是决定一个城市人口容量的重要原因。在短期内或特定的时间内,受到经济发展水平等影响,这些社会资源在总量、结构和分布上都会对人口有限制。以教育资源为例,如果一个地区中小学教育资源严重不足,即便自然环境条件良好,人们也不愿意迁到此地。这是因为人们的教育需求得不到满足,生活质量受到影响。医疗卫生资源和社会保障等也都如此。因此,我们说社会资源在短期内或特定时期内也同样对城市的人口产生限制作用。

2. 人们对各类资源的占有水平

人们对各类资源的占有水平越高,则在同样的资源总量约束下,所能承载的人口也就越少;反之,则能承载更多的人口。因此,选择不同的人均资源占有量,是决定一个城市或区域人口承载力的非常关键的因素。这个人均占有水平,并不是指实际的人均占有水平,而是符合当地社会文化生活准则或标准的人均占有水平。

8.2 本章的研究思路与框架

第一，通过定性分析了解影响北京市人口承载力的几个主要方面。通过分析，本章认为影响北京市人口承载力的主要因素涉及五个方面：自然资源、城市物质基础设施、社会公共服务性资源、经济资源以及城市环境。

第二，对上述五个方面按照一定的原则，选择出若干个代表性因素，构成一个多层次的指标体系。

第三，采用多目标决策的可能—满意度分析方法，分别测算现阶段和未来某特定时期各种因素制约下的人口承载力，分析对比这种制约性因子的影响程度，辨别各不同时期最主要的"短板"限制因子以及各限制因子之间的相互对比关系。同时，可以通过一定的方案组合，得到各种制约因子在不同组合条件下的综合人口承载力。

第四，通过应用人口预测模型对北京市人口的未来变化进行模拟，得到未来各个时期人口规模的可能变化，然后与相应时期的人口承载力进行对比，分析人口超载的情况以及人口超载的可能后果。

第五，根据上述研究，提出相应的政策性建议。

研究基本框架如图8—2所示。

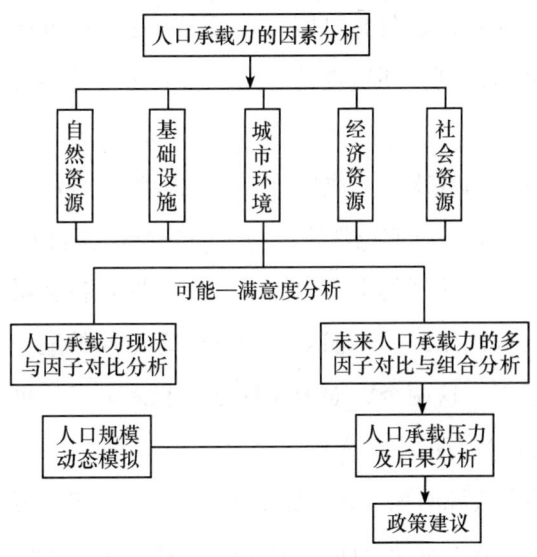

图8—2 北京市人口承载力研究的基本框架

8.3 方法选择及模型简介

目前,国内外资源承载力的研究方法归纳起来主要有四种:第一是简单直接推算法,第二是模糊综合评判法,第三是多目标分析法,第四是系统动力学方法。

影响首都人口承载力的因素有很多,各因素相互之间存在着比较复杂的联系,尤其是从不同因素出发得到的研究结果往往差异很大,上述一般研究很难全面综合对比考察诸多因素的人口承载力间的相互关系。而可能—满意度方法可以较好地解决此类问题。因此本课题在定量研究中,将主要采用可能—满意度方法。

可能—满意度方法是一种多目标决策模型方法。所谓可能性,主要反映客观上的容许条件和可行性,而满意性则反映一种主观的愿望或期待。可能度与满意度的取值范围均在 $0\sim1$,中间状态一般可以采用三折线或 S 形曲线来表述。如果一个事物具有满意度曲线 $Q(s)$,另具有可能度曲线 $P(r)$,则可以通过一定的规则将 $P(r)$ 和 $Q(s)$ 合并成一条相对于该事物属性 a 的可能—满意度曲线,它定量描述了既可能又满意的程度,记为 $w \in [0, 1]$。当 $w=1$ 时,表示百分之百的既可能又满意;当 $w=0$ 时,表示或者完全不可能,或者完全不满意。这种方法就是可能—满意度方法。该方法已经在全国人口规模变动目标、城市规划、环境规划与生产布局选址等多方面得到应用,均取得较好的结果。

对于人口承载力研究来说,决定人口承载力的各种制约因子,基本都存在着两种属性:一个是各种制约性资源因子的总量在客观上可能达到的程度,即在某一特定时期可能达到的上下限。另一个属性是各类制约性资源因子的人均占有或者人均利用水平,人们对它们存在着不同的期望或满意程度,因而也同样存在上下限。这两个方面的属性结合起来,正好可以反映一个区域或城市在各种可能—满意度下的人口承载力状况。同时,因为该种方法可以同时考虑若干种制约性资源的承载力并加以对比和整合,这比单纯从某个方面或角度研究某种资源承载力更为全面。因此采用多目标的可能—满意度方法来对北京市的人口承载力进行多因素、多方案的分析,既是合理的,也是可行的。

除了可能—满意度方法以外,在研究的相应阶段,本章还采用了系统层次分析模型，以及人口预测模型。

8.3.1 模型基本原理

可能—满意度方法最主要的两个概念是可能度和满意度，如果某事肯定能够做到，那么从可能度来说，其把握最大，"可能度"最高，定义可能度为 P (Possibility)，此时 $P=1$；若某事肯定做不到，则"可能度"最低，定义 $P=0$；因此在区间 [0, 1] 之间的某个实数便表示不同水平的可能度。如果某事完全令人满意，则满意度为最高，定义满意度为 S (Satisfiability)，此时 $S=1$；若某事叫人完全无法接受，则满意度最低，$S=0$；这样在 [0, 1] 之间的某个实数便可表示不同水平的满意度。

假设一个事物，某个属性 r 具有可能度曲线 $P(r)$，另一属性 s 具有满意度曲线 $Q(s)$，而 r，s 同另一属性 α 满足某一关系式，即 $f(r,s,\alpha)=0$，则可以通过一定的规则将 $P(r)$ 和 $Q(s)$ 并合成一条相对于属性 α 的可能—满意度曲线，它定量描述了既可能又满意的程度，记为 $w\in[0,1]$。当 $w=1$ 时，表示百分之百的既可能又满意；当 $w=0$ 时，表示或者完全不可能，或者完全不能令人满意。这样在 w 值取值 [0, 1] 区间上的实数时，可表示不同的可能—满意度，用数学语言表示如下：

$$w(\alpha) = [p(r) \cdot q(s)] \quad s.t.\ f(r,s,\alpha) = 0 \quad (1)$$
$$r \in R, \quad s \in S \quad \alpha \in A$$

这里的 R、S、A 分别表示属性 r、s、α 的容许集合（域），如果表示可能又满意的情况，用下式可以定量地描述不同的属性可能—满意度之间的关系如下：

$$w(\alpha) \leqslant \max \quad \min\{p(r), q(s)\} \quad s.t.\ f(r,s,\alpha) = 0 \quad (2)$$
$$r \in R, \quad s \in S \quad \alpha \in A$$

在具体运算中，一般有强并合、弱并合两种方式，前者指并合后的可能—满意度是严格存在的，用数学语言表达如下：

$$w(\alpha) \leqslant \max\{p(r), q(s)\} \quad s.t.\ f(r,s,\alpha) = 0 \quad (3)$$
$$r \in R, \quad s \in S \quad \alpha \in A$$

当 $\alpha = r = s$ 时，有 $w(\alpha) = p(r) \cdot q(s)$，$\alpha \in A$ （4）

弱并合指并合后得到的可能—满意度最大，用数学语言表达如下：

$$w(\alpha) = \max \quad \min\{p(r) \cdot q(s)\} \quad s.t. \, f(r,s,\alpha) = 0 \tag{5}$$
$$r \in R, \quad s \in S \quad \alpha \in A$$

当 $\alpha = r = s$ 时，有 $w(\alpha) = \min \{p(r) \cdot q(s)\}, \alpha \in A$ (6)

通过不同的并合方法可以得出许多条（并合多次后就可能仅剩一条）在不同的制约条件下的可能—满意度曲线，这样在同一个坐标下可以一目了然地看出不同制约因素对研究对象的制约强度及走势，以做出最优化的选择。

8.3.2 基本算法和数学表达

根据可能度和满意度的定义，我们可用三折线、S 形曲线等曲线的数学形式来表示可能度和满意度，如对可能度 P 的描述，我们用三折线表示如下：

$$P(r) = \begin{cases} 1, & r \leqslant r_A \\ \dfrac{r - r_B}{r - r_A}, & r_A < r < r_B \\ 0 & r \geqslant r_B \end{cases} \tag{7}$$

除了三折型曲线，还有 S 形曲线也是比较常用的一种曲线，我们在对北京市人口容量进行研究时，主要采用了此类曲线。用数学形式表示如下：

$$p(r) = \dfrac{1}{1 + \exp(2 - 4\dfrac{r - r_B}{r_A - r_B})} \tag{8}$$

满意度曲线 Q（s）的数学形式类似于上述的可能度曲线形式，在此不再赘述。

8.3.3 可能度与满意度的并合算法

如上所述，可能度与满意度可以并合为可能—满意度曲线，它分强并合和弱并合两种方法。

如果有 $p(r)$ 和 $q(s)$ 及 $f(r, s, \alpha)$ 等的函数式，则可能—满意度可以获得相应的公式解。

(i) 当限制条件为 $r = \alpha s$，$\forall r, s \in R^1$（实数集），则可得 $p(r)$ 和 $q(s)$ 为三折形曲线时的弱并合解为：

$$w(\alpha) = \begin{cases} \dfrac{-r_B + \alpha s_B}{(r_A - r_B) - \alpha(s_A - s_B)}, & 当 \, 0 < 解 < 1 \\ 1, & 当解 \geqslant 1 \\ 0, & 当解 \leqslant 0 \end{cases} \tag{9}$$

当 p（r）和 q（s）为式（8）S形曲线时的弱并合解为：

$$w(\alpha) = \frac{1}{1+\exp\{2-4\dfrac{-r_B+\alpha s_B}{(r_A-r_B)-\alpha(s_A-s_B)}\}} \qquad (10)$$

（ii）当限制条件为 $\alpha=rs$，$\forall r,s,\alpha\in R^1$，则可得三折型弱并合解为：

$$w(\alpha)=\begin{cases}\dfrac{1}{2}\left\{-(\dfrac{r_B}{r_A-r_B}+\dfrac{s_B}{s_A-s_B})+\sqrt{(\dfrac{r_B}{r_A-r_B}+\dfrac{s_B}{s_A-s_B})^2}+\sqrt{\dfrac{4\alpha}{(r_A-r_B)(s_A-s_B)}}\right\} & \text{当}\,0<\text{解}<1\\ 1 & \text{当解}\geqslant 1\\ 0 & \text{当解}\leqslant 0\end{cases}$$

$$(11)$$

（iii）当限制条件为 $\alpha=r+s$，$\forall r,s,\alpha\in R^1$，则可得三折形弱并合解为：

$$w(\alpha)=\begin{cases}\dfrac{\alpha-s_B-r_B}{(r_A-s_B)+(s_A-s_B)} & \text{当}\,0<\text{解}<1\\ 1, & \text{当解}\geqslant 1\\ 0, & \text{当解}\leqslant 0\end{cases} \qquad (12)$$

这些不同的并合算法在不同的规划问题中得到相应的应用，如涉及总产量、人均产量等因素推求人口的问题，都具有 $r=\alpha s$ 的限制条件类型；而在耕地面积、每亩单产推求产量时就属于第二种算法。

8.3.4 两条以上可能—满意曲线的并合方式

在计算出若干条可能—满意度曲线后，在做决策分析时，要对多条曲线进行并合分析。在并合的算法上，有多种并合的方式，在此主要考虑三种可能—满意度曲线间的并合算法。

设有两条可能—满意度曲线 $w1$、$w2$，它的以下几种并合算法表示如下：

（i）弱并合

符号为 $<\cdots(Mm)\cdots>$，其特例为 $<\cdots(m)\cdots>$。

$$w1(m)w2 = \min\{w1,w2\} \qquad (13)$$

（ii）强并合

符号为 $<\cdots(M\cdot)\cdots>$ 或 $<\cdots(\cdot)\cdots>$。

$$w1(M\cdot)w2 = \max\{w1,w2\} \qquad (14)$$

$$w1(\cdot)w2 = w1\cdot w2 \qquad (15)$$

（iii）变权加和

符号为 $<\cdots(M+)\cdots>$

$$w1(M+)w2 = \alpha \cdot w1 + \beta \cdot w2 \quad 其中 \alpha + \beta = 1 \qquad (16)$$

8.4 北京市人口承载力测算的指标选择

按照城市人口承载力的定义和北京的实际情况，本章将制约和决定未来北京市人口规模的因素，归结为五个基本方面：(1) 城市自然资源；(2) 城市基础设施；(3) 城市经济资源；(4) 城市社会资源；(5) 城市生态环境五大方面。

从五大体系中，按照与人口承载力的关系，并且按照符合可能度—满意度计算的标准，挑选出了对人口承载力分析有较大意义的14个因素：即建设用地、能源、水资源；城市铺装道路、城市供水和供电；城市GDP、就业、教育、医疗卫生和养老保障覆盖状况；城市垃圾处理、公共绿地和下水道，涵盖了人们生活14个方面。每个因素按照其与人口承载力的关系，都可以分为可能度指标和满意度指标两类，因此共有28个指标（见图8—3）。人口承载力就取决于各个因素可能度与满意度的结合，以及各种因素可能—满意度所决定的承载力的最终并合值。

在后面的分析中涉及公式，为了方便，以 W1、W2、W3、W4、W5 分别代表自然资源、城市基础设施、城市经济资源、城市社会资源和城市生态环境。以 $w1.1$、$w1.2$、$w1.3$ 分别代表城市建设用地面积、能源消费总量、可利用水资源量；以 $w2.1$、$w2.2$、$w2.3$ 分别代表铺装道路面积、城市生活供电、城市生活供水；以 $w3.1$、$w3.2$ 分别代表 GDP 和就业人口；以 $w4.1$、$w4.2$、$w4.3$ 分别代表教育投资、医疗床位数和参加医疗保险人数；以 $w5.1$、$w5.2$、$w5.3$ 分别代表年末公共绿地面积、垃圾日处理量和下水道长度。

8.5 北京市人口承载力的测算结果

本章的人口承载力测算包括两个时间段：一个是现状的人口承载力，以2007年数据为基准，另一个是2020年的人口承载力。

8.5.1 指标的赋值及依据

对于2020年的各指标满意度的界定，主要依据如下：即按照国家实现现

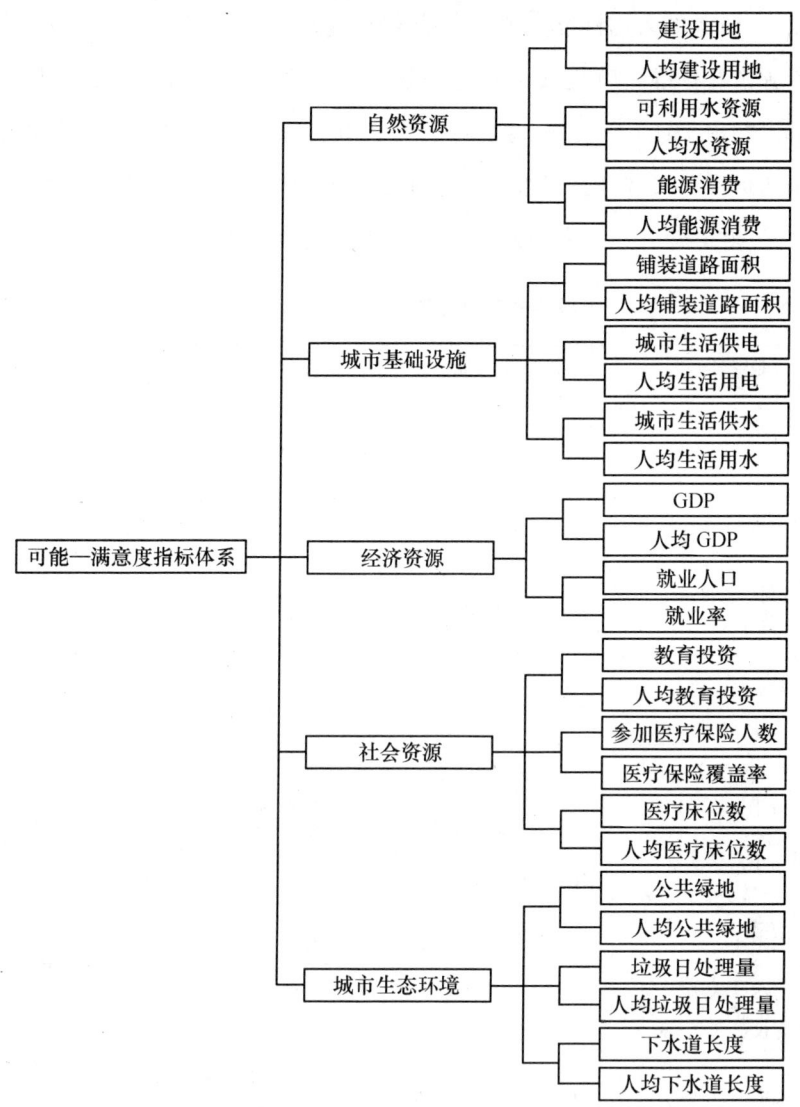

图 8—3　北京市人口承载力的指标选择

代化建设战略目标的总体部署，第一阶段，全面推进首都各项工作，努力在全国率先基本实现现代化，构建现代国际城市的基本构架；第二阶段，到 2020 年左右，力争全面实现现代化，确立具有鲜明特色的现代国际城市的地位；第三阶段，到 2050 年左右，建设成为经济、社会、生态全面协调可持续发展的城市，进入世界城市行列。具体说来，满意度的最大值主要参考国际标准，并结合相关的北京城市规划、土地规划、水资源规划等规划资料；最小值以 2007 年的人均标准为依据。即假定到 2020 年时若依然保持 2007 年的人均资源占有标准，就是最不满意的状态。北京目前距离国际上一些发达国家大都市的水平还有一定距离，对于北京市人口承载力的计算，既要考虑一定的生活标准，又要考虑到北京的准确定位，建立在客观事实基础上。

关于 2020 年北京市各指标可能度和满意度的具体赋值参见表 8—1。

表 8—1　　　　　　　2020 年各类指标的可能度—满意度赋值

可能度名称	可能度高	可能度低	满意度名称	满意度高	满意度低
城市建设用地面积（万平方米）	150 000	175 000	人均建设用地面积（平方米/人）	120	90
能源（万吨标准煤）	12 000	14 000	人均能源消费量（吨标煤/人）	8	6
可利用总水量（万立方米）	510 000	580 000	人均水资源量（立方米/人）	400	250
铺装道路面积（万平方米）	33 000	42 000	人均铺装道路面积（平方米/人）	23	15
生活用电量（万千瓦小时）	2 123 200	2 376 000	人均生活用电量（千瓦小时/人）	1 500	800
城市生活供水量（万立方米）	210 000	290 000	人均生活用水量（立方米/人）	150	110
GDP（亿元）	26 000	32 000	人均 GDP（万元/人）	16	8
就业人口（万人）	1 428	1 636	就业人口比（%）	0.8	0.6
教育投资（万元）	2 354 313	2 960 666	人均教育投资（元/人）	1 500	600
医院床位数（张）	218 000	262 626	人均医院床位数（张/万人）	120	60
参加基本医疗保险人数（万人）	1 592	1 728	基本医疗保险覆盖率（%）	0.9	0.5
年末公共绿地面积（万平方米）	42 870	53 648	人均公共绿地面积（平方米/人）	30	8
生活垃圾日处理量（万公斤）	2 165	3 220	人均生活垃圾处理量（公斤/人·日）	1.5	1
下水道长度（公里）	16 868	19 037	人均下水道长度（公里/万人）	10	4

8.5.2 2020年的人口承载力计算

同样利用计算机运算,得到2020年可能—满意度与人口的关系,列于表8—2,并得出了相应14条可能—满意度曲线,它们相互交叉,呈现不同的特征(见图8—4)。

表8—2　　　　2020年各种可能—满意度下的人口承载力　　　(单位:万人)

	可能—满意度值				
	0.9	0.8	0.7	0.6	0.5
城市建设用地	1 225	1 335	1 415	1 480	1 550
可利用水资源量	1 245	1 380	1 485	1 580	1 680
能源消费量	1 470	1 600	1 695	1 780	1 860
铺装道路面积	1 390	1 580	1 720	1 845	1 975
城市生活供电	1 375	1 555	1 695	1 820	1 955
城市生活供水	1 355	1 545	1 680	1 805	1 925
GDP	1 565	1 820	2 025	2 215	2 415
就业	1 750	1 900	2 005	2 095	2 190
教育投资	1 505	1 795	2 040	2 275	2 530
医院床位数	1 755	2 025	2 245	2 455	2 670
参加医疗保险人数	1 720	1 920	2 075	2 220	2 370
城市绿地面积	1 355	1 670	1 940	2 215	2 540
垃圾日处理量	1 385	1 635	1 820	1 985	2 155
下水道长度	1 625	1 895	2 115	2 330	2 565

1. 2020年单因子承载力结果及对比分析

从各因子的排序上看,当可能—满意度为0.8时,排在前五位的依次为建设用地、水资源、生活供水、生活供电和铺装道路(见图8—5)。而当可能满意度下降为0.6时,排在前六位的依次为:建设用地、水资源、能源、生活供水、生活供电、铺装道路(见图8—6)。

建设用地成为最主要限制因子,生活供电、供水等基础设施的约束增强,垃圾处理量的约束也较现状开始变得显著,而GDP以及教育、医疗等的约束开始明显放缓,甚至医疗条件排在最后。就业的变化比较特殊,在可能—满意度比较大时,就业的约束不明显,而当人口承载力增加时,其可能满意度

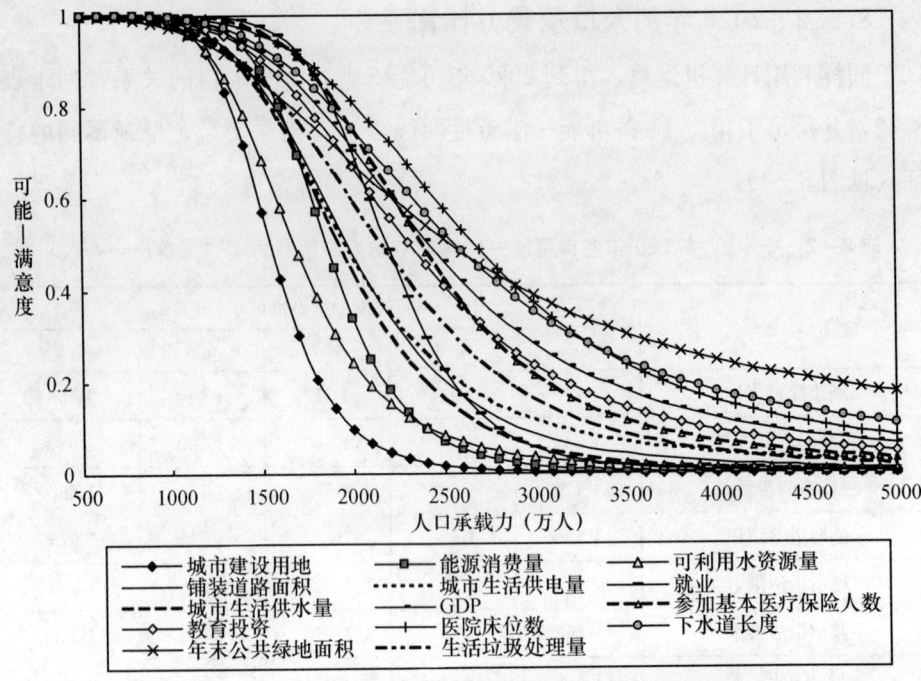

图 8—4　2020 年北京市人口承载力可能—满意度曲线

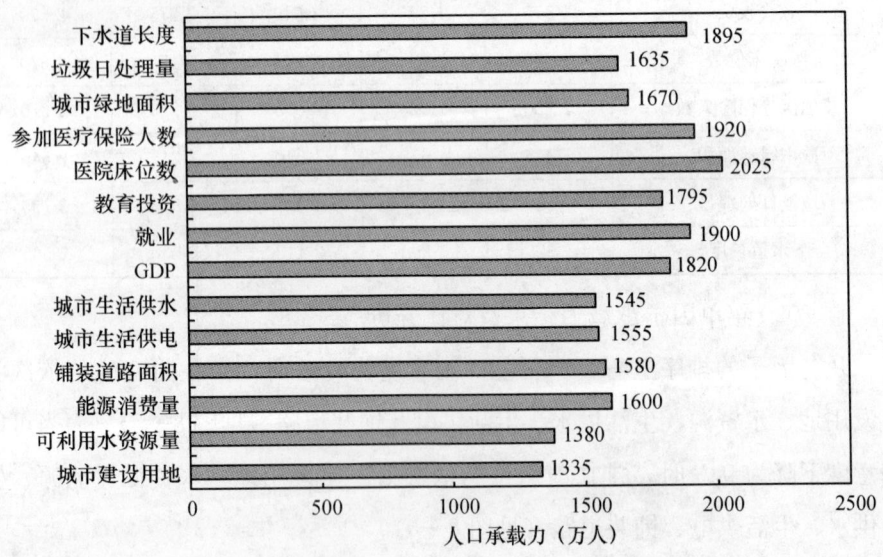

图 8—5　2020 年当可能—满意度在 0.8 时的人口承载力对比

迅速下降，说明 2020 年时就业状况的约束还是不容忽视的。

下面对几个主要的制约因子在 2020 年的承载力情况分别叙述如下：

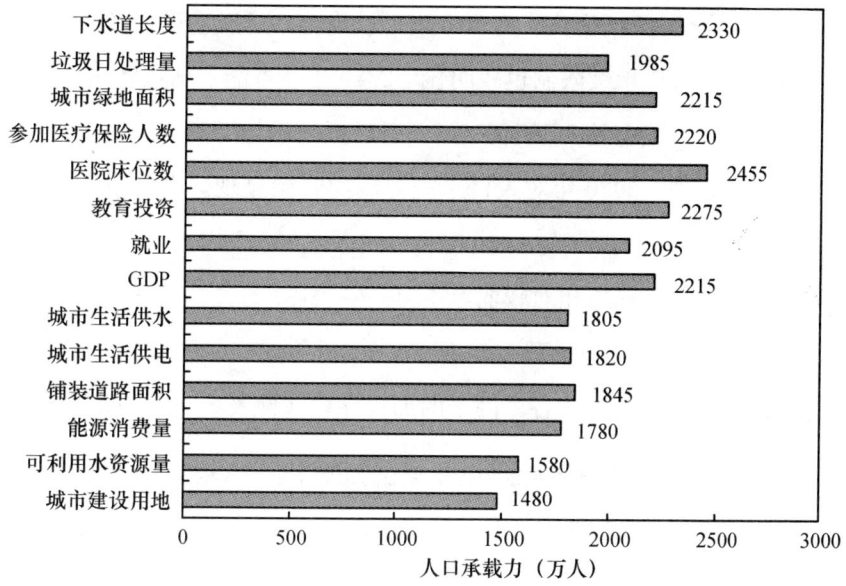

图8—6 2020年当可能—满意度为0.6时的各因子承载力对比

城市建设用地：尽管到2020年城市建设用地将进一步增加，但是由于人们对建设用地的需求也在增加，因此该因子成为最主要的限制。在可能—满意度值为0.9的理想状态时，人口承载力为1 225万人；在0.8的满意状态时，为1 335万人；在0.6的尚可接受水平上，达到1 480万人。

可利用水资源：由于南水北调在2020年引水10亿立方米，加之再生水的使用，因此虽然到2020年人均生活用水期望值提高了，但是水资源的限制还是大大缓解了，也就是说水资源承载力有所增加。当可能—满意度分别在0.9、0.8和0.6时，人口承载力分别为1 245万人、1 380万人和1 580万人。

能源：能源的承载力到2020年时将排在比较靠前的位置，但是与现状的能源承载力相比，承载人口的规模有明显增加，当可能—满意度分别在0.9、0.8和0.6时，分别达到1 470万人、1 600万人和1 780万人。但在三个自然资源因子中，能源依然是最靠后的限制因子。

铺装道路：铺装道路的人口承载限制也比较明显，三个可能—满意度（0.9、0.8、0.6）相对应的人口承载力分别是：1 390万人、1 580万人和1 845万人。

生活供水：到2020年生活供水的限制比较明显，在可能—满意度达到

0.8时，可以承载1 545万人，在0.6尚可接受时，可以承载1 805万人。

生活供电：人口承载限制也较明显，2020年在可能—满意度达到0.8时，生活供电的人口承载力是1 555万人，0.6时可以承载1 820万人。

生活垃圾处理：2020年对人口承载力制约开始显现。在可能—满意度为0.8时，可以承载1 635万人，0.6时可以承载1 985万人。

其他因子的限制作用相对较弱，不再一一赘述。

2. 五大子系统的人口承载力分析

先在各子系统内部采用各个因子的加权计算（见表8—3），原理同上。

表8—3　　　　2020年各子系统和各子系统内部因子的相应权重

子系统	各因子类别	对相应子系统权重
自然资源：0.42	城市建设用地	0.25
	可利用水资源量	0.59
	能源消费量	0.16
基础设施：0.26	铺装道路面积	0.2
	城市生活供电	0.2
	城市生活供水	0.6
经济资源：0.10	GDP	0.25
	就业	0.75
社会公共资源：0.06	教育投资	0.63
	医院床位数	0.26
	参加医疗保险人数	0.11
城市环境：0.16	城市绿地面积	0.33
	垃圾日处理量	0.33
	下水道长度	0.33

从表8—4和图8—7看到，到2020年，北京市的自然资源对人口的约束依然是最大的，当人口承载力达到一定水平后，可能出现满意度迅速下降，说明其对人口的约束是非常明显的。其次是城市的硬件基础设施，城市生态环境和社会公共资源分别在第三位、第四位，而且曲线比较平缓，说明其对人口的承载能力是比较强的，当人口承载力已经较大时，可能—满意度缓慢减小。经济资源虽然在可能—满意度的高值区域排在最后，但是当人口承载

表 8—4　　　　　　五大子系统并合后的人口承载力　　　（单位：万人）

	可能—满意度值				
	0.9	0.8	0.7	0.6	0.5
自然资源	1 250	1 370	1 460	1 540	1 250
基础设施	1 365	1 555	1 695	1 815	1 365
经济资源	1 715	1 885	2 005	2 110	1 715
社会资源	1 585	1 835	2 030	2 215	1 585
生态环境	1 415	1 705	1 930	2 140	1 415

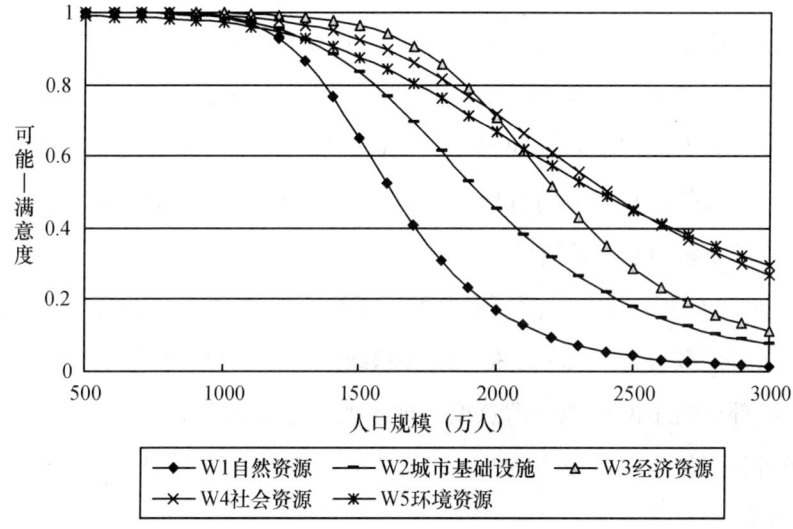

图 8—7　2020 年北京市五大系统合并后的人口承载力

力扩大到一定程度，经济资源的可能—满意度曲线出现迅速下降，超过城市生态环境和社会资源的约束性，说明经济生活对人口依然有较强的约束。

3. 2020 年各种因子组合下的人口承载力综合结果

我们选择了两种组合方案，具体方案的设置准则如下：

方案 1：各因素条件全部满足，也即 14 个因子采用弱并合，选择各种可能—满意度下的最小值。

也就是利用短板理论，对上述各因子承载力取最小值，结果见表 8—5。实际上我们看到，就 2020 年而言，这就是土地资源的人口承载力，因为它在各因素中，在所有的可能—满意度下值都是最小。

表 8—5　　　　　　北京市 2020 年人口承载力测算结果　　　　（单位：万人）

	0.9	0.8	0.7	0.6
各因子同时满足	1 225	1 335	1 415	1 480
各因子相互补偿	1 310	1 480	1 605	1 740

方案 2：各因素之间采用加权并合：即各部分相互补偿状况下的综合承载力。

8.6　基本结论与讨论

综合上述方案，可得出如下结论：

1. 制约首都人口承载力的最主要因子是建设用地面积和水资源。2020 年建设用地将成为最重要的制约因子，水资源位居第二。能源始终是第三位的制约因子。因此，北京市的自然资源对人口规模的限制作用，在各类影响人口承载力的要素中是最重要的。

2. 到 2020 年，如果按照所有制约因子全部能同时满足时，能够实现满意程度的人口承载力为 1 335 万人，能够承载的最多人口不应超过 1 480 万人；如果牺牲部分因子的可能—满意度，即按照各因子相互补偿的方式，则能够实现满意程度的人口承载力为 1 480 万人，能够承载的最多人口不应当超过 1 740 万人。

3. 北京市 2010 年的常住人口规模已达 1 961.9 万人，已经远远超过 2020 年时的人口承载力。因此，若按上述计算，北京市目前已经严重超载，如果人口继续增长，则超载会进一步加大。可以说，按目前本书设定的环境与生活目标来衡量，北京市是以牺牲这些目标来承载现有人口的。

第九章 北京市人口承载力的动态模拟分析

9.1 研究首都人口水资源承载力的意义和目的

第八章进行的首都人口承载力研究，归根到底是一种静态的分析模式，难以对首都人口承载力的动态变化做出分析，因此并不完美。但是全面动态反映所有制约因子与人口承载力的关系和结果，在实际中也很难做到。为了既可以动态研究北京市的人口承载力，同时又能使得这种研究可行，采用系统动力学对影响首都人口承载力最重要的因子进行动态分析和模拟。根据前面的研究结果，水资源是决定北京市人口承载力的重要因子之一，按照"短板理论"或"木桶理论"，一个城市最终的人口承载力，将取决于最短板的资源，也就是资源限制最强的那个资源，这种资源在短期内不容易发生大的变化或改变。每个区域或者城市，由于其本身的资源禀赋、开发利用条件和技术等不同，处于短板的资源的类型也不一样。而对于北京来说，这个短板资源，虽然2020年将成为土地资源，但目前来看，就是水资源（童玉芬，刘广俊，2011）。因此，非常有必要进一步对北京市的人口水资源承载力进行专门和深入的分析。

特别值得提到的是，因为采用系统动力学的思路、方法、选择的指标等与前面的人口承载力可能度—满意度分析有很大不同，尤其是可能—满意度方法中往往是将各指标选择一个比较宽泛的上下限，而最终则只选择可能—满意度的某一个程度下的结果。而其他方法包括系统动力学则难以做到，选择的指标往往是比较确定的，该确定值得到的结果可能在可能—满意度方法中被舍弃或者难以达到理想状况，因此结论是不可能完全一致的。因此，采用系统动力学进行的人口承载力研究，其结果在可能—满意度结果的范围之内或邻近，是正常的。

本章采用系统动力学的一个主要目的，是为了动态显示水资源人口承载力的变化，以及哪些因素影响和怎样影响人口承载力，而不在于给出确切的承载力结果。因此，本研究将主要为政策调控提供参考依据。

9.2 方法选择及简介

系统动力学是一种以系统论、信息反馈控制理论为基础，以计算机仿真技术为手段，研究复杂社会经济系统的定量方法。SD（System Dynamics）模型本质上是带时滞的微分方程组，能方便地处理非线性和时变现象，并能做长期、动态、战略性的仿真分析与研究。这一研究方法较适用于分析研究系统的结构与动态行为，尤其适合于研究复杂、动态的系统问题，特别是对系统行为进行模拟，可以得到各种不同前提假设下的系统运行的结果，为决策者提供直观的决策后果，被称为社会经济学研究的实验室。

由于城市水资源人口承载力的内部和外部影响因素众多，各个因素之间并不是孤立地发生作用，而是牵一发而动全局，不同层次影响因素间存在着复杂的相互制约、相互促进关系。例如水资源的供给受到地表水、地下水的潜力以及开发条件、技术以及外流域调水等多方面制约，而需求受到工农业经济发展规模、速度、结构以及人口变动本身的影响，同时还要考虑到生态环境的用水。水资源的供给需求状况进一步影响到未来经济社会和人口发展变化，以及对水资源本身的开发等。这些多重的动态的相关关系，构成系统高阶次、多回路、非线性的复杂反馈机制，具有较强的非直观性、动态性、多时段性和多目标性的特点。许多变量无法用常规的系统分析方法求其数学最优解或解析解，而采用系统动力学方法模拟其数值解却比较有效。因此，用系统动力学方法研究水资源人口承载力问题不仅是必需的，而且是可行的。

系统动力学方法是 20 世纪 50 年代由美国麻省理工学院的福瑞斯特（J. W. Forrester）教授发明的，最初应用于工业经济中，后来被广泛用于社会、经济和资源环境等多个领域。其基本原理是：首先对所研究的具体对象和涉及的主要因素划归到一个系统中，区分出系统的边界。然后用正反馈（即一个因素的变化引起另一个因素同方向的变化，例如都增加或者都减少）和负反馈（一个因素的变化引起另一个因素反方向的变化）的分析方式，分析这个系统内不同因素之间存在的因果关系，这样可以将系统内各个因素之间以直接或者间接的关系全部联系起来，形成有多个反馈关系或正负反馈环联系起来的分析系统。再次，分辨系统要素中的主要变量类型，以最基本的状态变量（该变量的任何一时点的值，都等于其上一个时点的值与两个时点之间的变化量）为基础，写出各因素之间的定量方程，并以特定的DYNA-MO语言写入计算机，实现计算机的仿真输出。最后，在给定不同的参数条件下，系统将会给出各种可能的系统各变量输出结果，以此可以观察各种方案设置下的系统运算结果，并进行政策性分析。

系统动力学模型本质上是一组带时滞的微分方程组，能方便地处理非线性和时变现象，并能做长期、动态、战略性的仿真分析与研究。这一研究方法较适用于分析研究系统的结构与动态行为，尤其适合于研究复杂、动态的系统问题，特别是对系统行为进行模拟，可以得到各种不同前提假设下的系统运行的结果，为决策者提供直观的决策后果，被称为社会经济学研究的实验室。

9.3 模型结构与建模原理

9.3.1 模型结构

本书考虑的北京市水资源人口承载力，主要从生活供水以及人均生活用水两个要素来确定（这与一般预测中直接采用总供水和人均综合用水有较大区别）。而生活供水主要由总供水，以及工业用水、农业用水和未来的生态用水决定，假定北京市的供水先用来满足工业、农业和生态用水，剩余的是用来承载人口的生活用水（实际中可能在人口超载情况下先满足生活用水，因为我们是要测算可承载的人口，故这种假定是可以接受的）。总供水是由地表供水、地下水开采以及跨流域调水（南水北调）和再生水利用四个部分构成的，在本研究都有体现。工业用水和农业用水都分别与各自的经济发展规模以及单位产值的用水效率有关。再生水由污水排放及其处理率，以及再生水利用率决定。污水排放则与工业发展和人口增长本身有关。按照上述分析，我们建立了如下的系统因果关系图（见图9—1），可以一目了然地看到这些基本的关系。

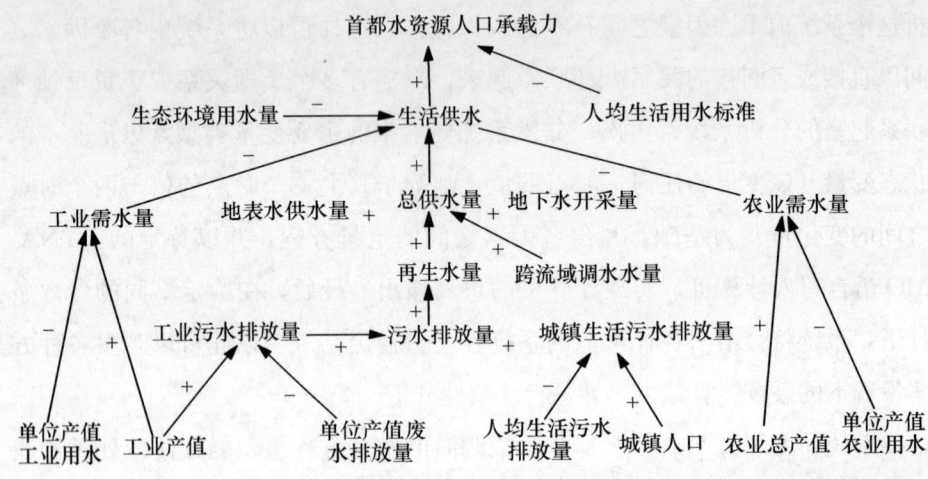

图9—1　水资源人口承载力的系统内在关系图

9.3.2　系统动力学模型

在上述因果关系图的基础上，我们分辨出工业产值、农业产值、户籍人口、外来人口、地表水供给量、地下水开采量等几个变量为状态变量。其他因素则基本上是一些辅助性变量或常量。按照各因素之间的内在关系，建立系统流程图（见图9—2）。

9.4　北京市水资源开发利用状况及形势分析

9.4.1　北京市的水资源量及其开发潜力

北京市本地水资源总量少，仅仅依靠本地水资源完全不能满足人口和社会经济发展的需要。北京境内多年平均降水595毫米，年均降水总量99.96亿立方米，形成地表径流21.98亿立方米，地下水资源27.09亿立方米，扣除地表水地下水重复计算量9.08亿立方米，当地自产天然水资源总量为39.99亿立方米。受水气补充条件和地理位置、地形等条件的影响，境内降水具有时空分布不均、丰枯交替发生等特点。丰枯连续出现的时间一般为2～3

北京市资源环境对人口的制约和影响

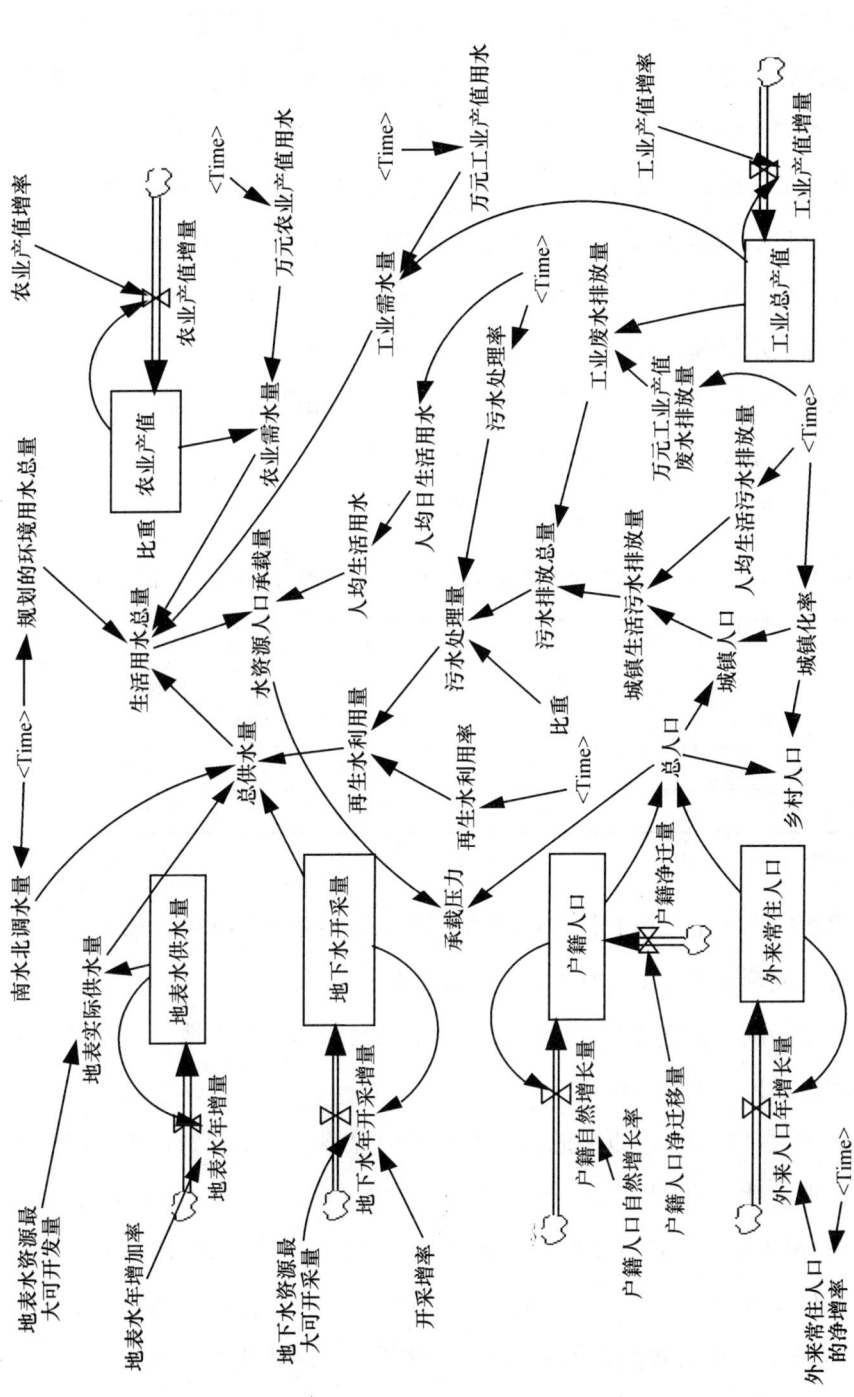

图 9-2 北京市水资源承载力的系统流程图

年,最长连丰年可达6年,连枯年可达9年,历史记载最长枯水期为20年。1999年以后,北京连续9年严重干旱。根据北京市水资源公报,2007年北京市的地表水资源量为7.2亿立方米,地下水资源量为15.9亿立方米。而据统计资料,在丰水年时,北京市的地表水资源量曾经达到20亿立方米以上。

根据相关的研究,以及历年的水资源统计数据,北京市在不同水平年的地表水资源量有很大差异。北京市的水资源在平水年(降水保证率① 50%)偏枯年(75%)和枯水年(95%)情况下,很不一样,不同的情况下,可开发利用的地表水资源总的供水量将会出现很大的不同。参考相关文献的分析,得到北京市在不同情况下的地表和地下水资源可利用潜力的值如下(见表9—1):其中在平水年,北京市本地水资源最大可开发利用43亿立方米,偏枯水年36亿立方米,枯水年只有29亿立方米。

表9—1　　　　　不同降水保证率的可利用量水资源估计　(单位:亿立方米)

	降水保证率		
	平水年(50%)	偏枯年(75%)	枯水年(90%)
可利用水量	43	36	29
地表水	20	13	6
地下水	23	23	23

数据来源:《北京市"十一五"水资源利用规划》《北京市水资源公报》(2005年、2006年)。

北京市的供水量:地表供水绝对量和比重近年来逐年减少,地下水严重超采,跨流域调水和再生水在供水中的份额逐步增大。

北京市的供水基本分为四个来源:即本地地表水、本地地下水开采,跨流域调水以及再生水的利用。

表9—2是自2001年以来北京市的供水情况表。可以看到,北京市的供水中,以地下水开采量为主,2010年达到19.1亿立方米,占总供水量的54.26%;地表水供水量逐年减少,从2001年的11.7亿立方米减少到2010年的3.9亿立方米,地下水供水从2001年的27.2亿立方米降到2010年的19.1亿立方米。其他供水比重逐年增大,这里包括了再生水的利用以及跨流

---

① 降水保证率指低于某一界限降水量出现的频率总和。

表 9—2　　　　2001 年以来北京市的供水情况　　（单位：亿立方米）

年份	供水总量	地表水供水	地下水供水	其他供水
2001	38.9	11.7	27.2	0.0
2002	34.62	10.4	24.24	0.73
2003	35.00	8.33	25.42	2.1
2004	34.55	5.71	26.79	2.04
2005	34.50	7.00	24.90	2.60
2006	34.30	6.35	24.34	3.60
2007	34.8	5.7	24.1	5.0
2008	35.1	4.7	20.5	9.9
2009	35.5	3.8	19.7	12.0
2010	35.2	3.9	19.1	12.2

资料来源：北京市统计网《北京市统计年鉴 2008》。

域应急调水。

为了弥补供水不足的压力，北京市计划通过南水北调解决北京市的严重供水不足问题。2010 年南水北调实际引入量 2.6 亿立方米，计划 2020 年引进 14 亿方水。这将在很大程度上缓解北京市的用水问题，但是难以从根本上改变，而且带来了城市发展的水资源安全隐患。

9.4.2　北京市的用水状况与结构

据北京市水资源公报，北京市每年的用水量从 2002 年以来一直维持在 34 亿～35 亿立方米，2010 年为 35.2 亿立方米。在各种用水类型中，农业用水在 2001 年以前一直是最主要的用水大户，近年来逐年减少，2005 年开始让位于生活用水，排在第二位，但 2010 年农业用水比重依然占到 32.39%。工业用水无论是绝对量还是相对量都呈现显著的下降趋势。生态环境用水量则呈现明显的上升趋势，从 2000 年的 0.43 亿立方米，已经增加到 2010 年的 4 亿立方米。特别值得注意的是，生活用水无论是绝对值还是相对值，都在上升。2010 年生活用水量达到 14.8 亿立方米，为各汇总用水类型中的第一位，占总用水量的 42%（见表 9—3）。

表 9—3　　　　　　　北京市的用水量及用水结构　　　（单位：亿立方米）

年份	用水总量	农业用水	工业用水	生活用水	生态用水
1999	41.70	18.45	10.56	10.12	2.58
2000	40.40	16.49	10.52	12.96	0.43
2001	38.98	17.40	9.18	12.05	0.30
2002	34.62	15.45	7.54	11.03	0.80
2003	35.00	12.92	7.65	13.49	0.95
2004	34.55	12.97	7.65	12.91	1.00
2005	34.50	12.67	6.80	13.93	1.10
2006	34.30	12.05	6.20	14.43	1.62
2007	34.8	12.4	5.8	13.9	2.7
2008	35.1	12.0	5.7	14.7	3.2
2009	35.5	12.0	5.2	14.7	3.6
2010	35.2	11.4	5.1	14.8	4.0

资料来源：《北京市统计年鉴（2010）》，北京市水资源公报（2003—2007 年）。

9.5　北京市水资源承载力的不同方案设定

9.5.1　基本假定

本文以 2005 年为基年。

由于水资源的保证程度不同，不同水平年水资源的可利用量也不同。一般分为枯水年（降水保证率 95%）、偏枯年（75%）和平水年（50%）。其中枯水年地表水资源最大开发量只能达到 6 亿立方米左右，偏枯年地表水资源最大开发量能达到 10 亿立方米左右，平水年地表水资源最大开发量能达到 13 亿立方米左右。最近若干年来，北京市一直处于枯水年，为了更好地显示人口承载力的动态变化，本书将只选择一种水平年来做情景模拟。这里假定从现在到 2020 年北京市处于偏枯水年，即以水资源保证率达到 75% 的中等保证率作为所有方案的基本假定。

不同的人均用水指标，将会使得城市的水资源承载力发生很大的变化。2005 年人均可利用水资源量为 213 立方米/人（按照可利用水资源量计算），人均综合生活用水量现状值为 85 立方米/人（相当于 233 升/人·日）。本书结合联合国用水标准，以及国内其他城市用水标准，参照北京市城市规划以及"十二五"水资源规划，考虑到未来的可能，在前文的可能满意度之间选择两个人均用水标准：总可利用水的人均水资源标准现状取 250 立方米/人，2010 年取 300 立方米/人，2020 年选择 350 立方米/人；人均生活用水标准现状取 90 立方米/人（相当于 246 升/人·日），2010 年取 120 立方米/人·年（相当于 330 升/人·日），2020 年取 135 立方米/人·年（相当于 380 升/人·日）。

9.5.2 方案的设置

除了上述两类基本假定的指标，模型中其他参数多是政策性参数，即可以通过在实践中的政策行为来进行调整的参数。我们按照未来可能采用的不同用水方式，对模型中相关政策参数进行多种组合，形成各种可能的方案并得到多种结果。最终，本研究选择了如下三种主要方案来展示北京市水资源人口承载力在上述基本假设下的变化。

方案 1：假定所有指标均保持现状，即不考虑南水北调和再生水的利用，其他方面包括供水结构、用水结构和用水效益等均保持现状不变。该方案可作为其他方案的参照方案。

方案 2：提高水资源的综合利用量，增加南水北调供水以及再生水利用，但不考虑水资源效率的改善。其中南水北调水量：按照相关规划，得到不同年份南水北调的水量如下：2008—2010 年，每年调水 3 亿立方米，2010—2019 年，每年调水 10 亿立方米，2020 年以后，每年调水 14 亿立方米，再生水利用：现状为 3.6 立方米，利用率为 37%，按照有关规划，2020 年达到 60%。

方案 2 中的其他指标按照相关的规划给出，具体为：

工业产值的增长率，按照《北京市"十一五"工业发展规划》，2005 年以后年平均增长率，取为 8%。

农业总产值的增长率，按照这几年的年平均增长率取为 2%。

生态环境用水量：经有关测算，全市生态环境需水量 8 亿~12 亿立方米。我们取 2010 年 8 亿立方米，2020 年 12 亿立方米。

假定户籍人口的自然增长率保持现状，户籍净迁移按照近年来的变化，假定为每年 10 万人。外来人口的增长，则按照近年来相关的研究，选用作者在其他研究中的中方案，2008 年以前每年增长 8%，2008 年以后每年 2%。

工农业经济的单位产值用水效率假定保持现状，即每万元工业产值用水保持 2007 年 7.5 立方米，农业产值用水效率保持现状为 1 293 立方米/万元水平。

方案 3：在外调水和再生水综合利用基础上，提高水资源的利用效率。具体设置为：万元工业产值用水假定 2010 年降为 6 立方米，2020 年降为 2.8 立方米，2005 年每万元农业产值用水 529 立方米，假定 2010 年为 450 立方米，2020 年降为 360 立方米。其他参数设置同方案 2。

9.5.3 模拟运算结果与分析

按照总的水资源量，以及生活用水得到的未来北京市人口承载力动态变化结果见表 9—4 和如图 9—3、图 9—4 所示。

表 9—4　　　　不同方案下北京市水资源人口承载力　　　　（单位：万人）

年份	方案1 生活供水承载力	方案1 总水资源承载力	方案2 生活供水承载力	方案2 总水资源承载力	方案3 生活供水承载力	方案3 总水资源承载力
2005	944.356	1 236	1 274.62	1 380.65	1 274.62	1 380.65
2006	876.137	1 206.12	1 150.93	1 379.47	1 338.89	1 379.47
2007	809.964	1 177.14	970.609	1 377.54	1 309.04	1 377.54
2008	745.777	1 083.98	976.681	1 402.65	1 358.66	1 402.65
2009	745.777	1 025.91	869.91	1 382.95	1 311.2	1 382.95
2010	952.349	1 090.85	1 302.58	1 620.64	1 769.56	1 620.64
2011	944.255	1 069.46	1 193.28	1 595.86	1 748.09	1 595.86
2012	936.298	1 048.9	1 080.7	1 572.13	1 729.15	1 572.13
2013	928.474	1 029.11	964.495	1 549.37	1 713.07	1 549.37
2014	920.779	1 010.05	844.273	1 527.52	1 700.21	1 527.52
2015	913.211	991.684	719.626	1 506.51	1 690.98	1 506.51
2016	905.766	973.975	589.09	1 485.85	1 676.72	1 485.85
2017	898.442	956.888	453.171	1 465.88	1 665.69	1 465.88
2018	891.235	940.39	311.356	1 446.53	1 658.29	1 446.53
2019	884.143	924.451	163.089	1 427.73	1 654.96	1 427.73
2020	877.163	909.043	296.166	1 520.53	1 800.64	1 520.53

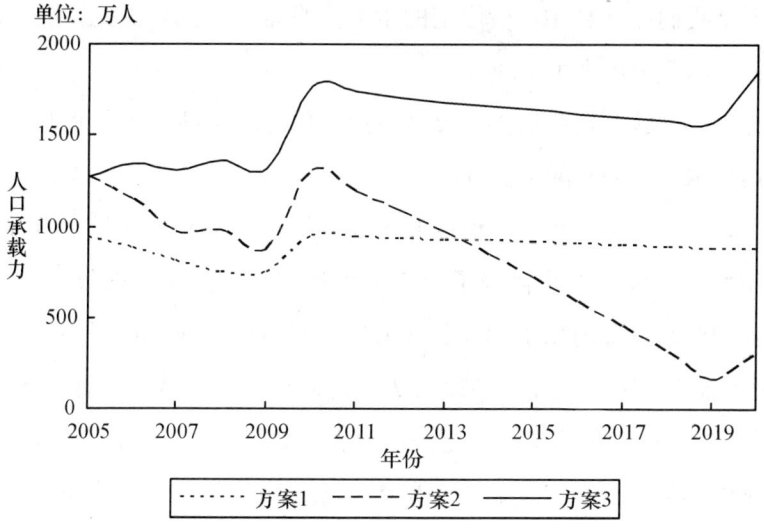

图9—3 三种方案下生活供水的人口承载力

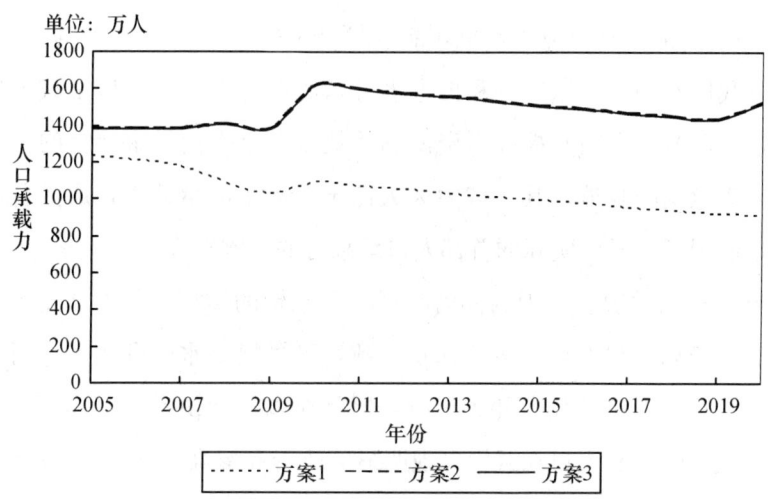

图9—4 三种方案下总水资源的人口承载力

结果分析如下：

第一，我们看到，在方案1的情况下，如果一切保持现状不变，无论是按照总水资源计算的人口承载力，还是按照生活用水计算的人口承载力都将比现状略有减少。

我们来分析其中的原因。从表9—4可以看出，在方案1的情况下，因为一切维持现状，因此无论是总的水量，还是生活用水的供给量，都也将保持原状，但是我们在计算中，所假定的生活水平是上升的，因此，随着时间的推移，人口承载力出现了下降。

因此，这种状况是我们必须要避免的，即随着生活水平的提高，必须要相应地增加水资源的实际可供应量。

第二，方案2中，我们假设按照规划增加了南水北调水量，而且将再生水的利用率从现状37%提高到了60%，但假定工农业用水的效率是不变的。结果是：按照水资源的总水量计算的人口承载力有了大幅度提高，从当前的1 380万人提高到2010年的1 620万人，随后出现再次减少，直到2020年时再次增加，达到1 520万人。但是按照生活用水计算的人口承载力结果却呈现快速的下降趋势，由于工农业用水量在不降低用水标准的情况下大增，因此即便总水量增加，但因为工农业占用大量的水量，因此生活用水所剩无几，可承载的人口也必然大幅下降，到2019年甚至只能承载163万人，2020年由于南水北调增加14亿立方米，也才能承载296万人。

因此我们看到，依靠外援和再生水可以使得总水量的人口承载力出现显著的增加，但若不能同时提高水资源利用效率，以生活供水计算的水资源承载力却发生急剧的收缩，其承载力大大低于总水量的承载力，成为首都人口的最大限制因子，导致实际的首都人口承载力的急剧下降。

在方案3的情况下，因为同时考虑了总水量的增加和工农业用水效率的提高，总水资源承载力与方案2保持一致，可见提高水的利用效率对以水资源总量来计算的人口承载力并无影响，但是对以生活供水计算的人口承载力却有着极大影响，其人口承载力呈现明显的改善和提高：即在2010年的小幅度提高达到1 769万人，随后出现下降，2020年再次出现提高，达到1 800万人的高值。

我们从模拟中发现，按照方案3中的工、农业产值增速，虽然农业总产值从2005年的239亿元（现价，包括农林牧副渔业）增加到了2020年的322亿元，工业总产值从6 946亿元（现价）增加到22 034亿元，但是农业用水和工业用水总量却没有什么增加，基本维持现状。在这种状况下，能供给生活的用水随着总水量增加较多，因此生活供水的人口承载力也就呈现比较大的增加（见表9—5）。

表9—5　　　　　　　方案3的各年总供水和用水分配　　　（单位：亿立方米）

年份	总供水量	农业用水	工业用水	环境用水	生活用水
2005	34.516 3	12.659	6.800 33	1.1	13.957
2006	34.486 7	12.204 3	6.001 52	1.62	14.660 9
2007	34.438 6	11.328	6.076 54	2.7	14.334
2008	37.170 3	11.512 3	6.314 07	4.47	14.877 3
2009	38.722 5	11.699 3	6.432 26	6.23	14.357 6
2010	48.619 1	11.889 3	6.123 75	8	22.606 1
2011	48.833 2	11.884 5	6.216 83	8.4	22.331 8
2012	49.050 3	11.874 8	6.285 61	8.8	22.089 9
2013	49.270 1	11.86	6.325 61	9.2	21.884 5
2014	49.491 8	11.839 8	6.331 78	9.6	21.720 2
2015	49.714 8	11.814 1	6.298 46	10	21.602 3
2016	49.924 6	11.782 6	6.321 94	10.4	21.420 1
2017	50.133 1	11.745 2	6.308 87	10.8	21.279 2
2018	50.339 3	11.701 4	6.253 25	11.2	21.184 7
2019	50.541 7	11.651 2	6.148 35	11.6	21.142 1
2020	54.739	11.594 4	6.169 67	12	24.974 9

9.6　基本结论

1. 按照到2020年保持偏枯水年的假设，同时按照本模型选择的人均水资源和人均生活用水逐步提高的标准，则在北京市进行南水北调和再生水使用，以及进一步降低工农业生产耗水的情况下，北京市水资源总量在2010年可以承载1 620万人，此后将出现下降，2020年将再次增加到1 520万人；按照生活用水计算的水资源承载力将略高于总水资源承载力，2010年为1 769万人，2020年可以达到1 849万人。

2. 如果仅仅依靠通过南水北调水和再生水利用增大总供水，而不进一步降低水资源的消耗，则北京市的生活用水所能承载的人口规模将出现不堪设想的严重后果。因此，必须是开源与节流同时进行，而且节流要比开源更为重要。

3. 如果降低工业产值的增长，将可以大大节约北京用水，从而对于提高北京市水资源承载力有着非常大的作用。

第四篇

北京市人口—资源环境关系和协调性评价

第四篇

北京市人口日益增长对水资源
的影响性研究

第十章 北京市人口与资源环境的灰色关联性分析

10.1 研究的目的和意义

北京市的人口资源环境矛盾由来已久，随着城市化的不断加速，发展到目前阶段则更为尖锐和复杂。就目前而言，这一矛盾主要表现在人口规模持续膨胀、资源环境承载压力过大、水资源严重短缺、人居环境质量不断降低等。科学地认识与分析人口资源环境矛盾，努力探索人口与资源环境的关系及相互作用机制不仅是学术界亟待解决的课题，更是关系到人类社会的健康持续发展。

人口与资源环境共同组成了一个相互矛盾、相互联系、相互制约的人类生存和发展的巨大生态系统。人口系统与资源环境系统的相互作用机制是多要素、多角度、多层面的。人口规模、素质、结构、迁移的变化都会引起环境系统各要素的变化，同时环境要素的变化也会引起人口子系统要素的变化。人口子系统的发展对环境子系统产生压力、提供动力，影响着环境子系统的改善或恶化。环境子系统对人口子系统施加的影响进行反馈，人口子系统对反馈做出响应。

目前从系统论的角度分析北京城市生态系统的研究较少，大致可以从定性研究与定量研究来划分。定性研究主要从系统论和可持续发展角度出发，界定城市生态系统的内涵和发展过程。也有少数学者通过建立协调度模型，从定量分析的角度研究区域城市化与生态环境交互作用的和谐程度,主要方法有灰色关联分析(安辉、史常亮,2010)、多目标规划模型(魏一鸣、曾嵘等,2002)、离差系数(刘耀彬等,2005)。从城市化与生态环境交互作用的时空规律,基于协同论的观点指出城市化与生态环境协调的评判标准并构建了二者之间的协调度模型。但是将人口诸要素与资源环境诸要素放在一个系统之内进行关联度和耦合性分析的文献并不多见。

本章通过构建人口系统和资源环境系统综合指标评价体系,运用灰色关联分析法构建出人口与资源环境交互作用的关联度模型,定量揭示北京市人口与资源环境系统耦合的主要因素,并提出了相应的政策建议。

10.2 方法的选择和计算原理

回顾以往研究,在研究人口与资源环境关系问题上,从简单计量方法到IPAT模型,从多元统计分析到复杂系统模型,都存在着视角不够明确,方法过于复杂,无法深入剖析人口因素作为一个系统与资源环境之间的具体作用机制。本书采用灰色关联度方法对北京市人口与资源环境关系进行系统的分析。

灰色系统理论提出了灰色关联度分析概念,目的是通过一定的方法,求系统中各要素(或子系统)之间的主要关系,找出影响目标值的重要因素,从而促进与引导系统协调发展。该分析方法的基本思想是根据序列曲线几何形状的相似程度来判断其联系的紧密性。曲线越接近,则相应序列之间的关联度就越大,反之就越小。

与传统的回归分析、方差分析、主成分分析等数理统计分析方法相比,灰色关联分析方法对观测数据要求不高,还可以有效避免系统特征数据之间共线性问题。与传统的系统模型相比,它不仅能解释系统之间的关系还能具体得出要素之间的关联程度排序以及这种关联序的时序规律。

灰色关联法在环境指标体系的评价中已经得到了应用。左东启(1996)等在水资源评价指标体系的研究中采用了该方法,并将评价结果与专家系统评价法相比较,认为两种评价方法的结果非常一致。夏军等(1998)提出了生态环境质量评价指标体系的灰色关联评价法。刘耀彬等(2005)在城市化与生态环境的关联分析中,通过灰色关联分析得出城市化对生态环境的主要胁迫作用与生态环境对城市化的主要制约作用。

本研究就是通过将建立的人口与资源环境两个指标体系纳入灰色关联模型,从系统的、动态的、定量化的角度来深入探讨二者的关系,以期揭示系统及要素之间的作用关系。

对北京市人口—资源环境灰色模型进行构建并计算的基本步骤如下:

1. 确定参考序列、比较序列

参考数列就是比较的标准数列,比较数列就是与参考数列作关联程度比较的 p 个数列(常称为比较数列)。将资源环境系统指标序列作为比较序列 $x_j(k)$,将影响该系统指标的人口系统指标序列作为参考序列 $y_j(k)$。设参考数列为 $\{y_0(k)\} = \{x_0(1), x_0(2), \cdots, x_0(n)\}$;比较数列为 $\{x_0(k)\} = \{x_i(1), x_i(2), \cdots, x_i(n)\}$,$i=1, 2, \cdots, m$。

2. 对数据进行无量纲化处理

原始数据需要进行归一化变换,以消除不同量纲难以共度的问题。考虑到指标的正负性,此处选择极差标准化方法。

当指标的变化趋势为从小到大时:

$$X_i(k) = \frac{x_i - \min_k x_i(k)}{\max_k x_i(k) - \min_k x_i(k)} \quad Y_i(k) = \frac{y_i - \min_k y_i(k)}{\max_k y_i(k) - \min_k y_i(k)} \quad (1)$$

当指标的变化趋势为从大到小时:

$$X_i(k) = \frac{\max_k x_i(k) - x_i}{\max_k x_i(k) - \min_k x_i(k)} \quad Y_i(k) = \frac{\max_k y_i(k) - y_i}{\max_k y_i(k) - \min_k y_i(k)} \quad (2)$$

Y_i 为人口系统指标,X_j 为环境系统指标,k 为时间变量,i, j=1, 2, ⋯, n。

3. 求差序列

从几何角度看,关联程度实质上是参考数列与比较数列曲线形状的相似程度,凡比较数列与参考数列的曲线形状接近,则两者间的关联度较大;反之,如果曲线形状相差较大,则两者间的关联度较小。因此,可用曲线间的差值大小作为关联度的衡量标准。差序列就是各期的比较数列数值与参考数列数值对应期的差值的绝对值。各时期的序列差可记为:

$$\Delta_{0i}(k) = | X_0(k) - X_i(k) | \quad k = 1, 2, \cdots, n \tag{3}$$

4. 求参考序列与比较序列差的绝对值,并找出其中的最大值和最小值

$$\Delta M = \max\max | x_0(k) - x_i(k) | \tag{4}$$

$$\Delta m = \min\min | x_0(k) - x_i(k) | \tag{5}$$

5. 计算灰色关联系数

关联系数 ξ_{ij} 反映了第 i 个比较数列与参考数列在第 j 项指标处的关联程度,它是一个孤立、分散的信息。例如,在使 $\Delta_{0i}(k) = \Delta(\min)$ 的时期,关联系数最大;而在使 $\Delta_{0i}(k) = \Delta(\max)$ 时期,关联系数最小。由此可知,关联系数变化范围为 $[0, 1]$。

$$\xi_{ij}(y_j(k), x_i(k)) = \frac{\min_i \min_j \Delta_{ij}(k) + 0.5 \times \max_i \max_j \Delta_{ij}(k)}{\Delta_{ij}(k) + 0.5 \times \max_i \max_j \Delta_{ij}(k)} \tag{6}$$

式中:ρ 为分辨系数,其作用在于提高关联系数之间的差异显著性。ρ 一般在 0 到 1 之间选取,常取值 0.5。

6. 计算灰色关联度

由于每个比较数列与参考数列的关联程度是通过 n 个关联系数来反映的,关联信息分散,不便于从整体上进行比较。因此,有必要对关联信息作集中处理。而求平均值便是一种信息集中的方式,即用比较数列与参考数列各个时期的关联系数之平均值来定量反映这两个数列的关联程度,这个关联程度记为关联度,记为 γ_{ij}。

$$\gamma_{ij}(k) = \frac{1}{k} \sum_{i=1}^{n} \zeta_{ij}(x_i(k), y_j(k)) \tag{7}$$

关联度只是因素间关联性比较的量度,通过比较各个 γ_{ij} 值,可以分析出一个系统中的哪些因素与另一个系统关系密切,哪些关系不大。灰色关联度是一个大于 0 小于 1 的数值,如果关联度 $\gamma_{ij}=1$,则说明人口系统某一指标 y_i 与环境系统某一指标 x_i 之间的关联性很大,并且说明 y_i 与 x_i 之间的变化规律完全相同;若 $0<\gamma_{ij}<1$,说明 y_i 与 x_i 之间有关联性,γ_{ij} 越大关联性越大,反之亦然;若 $0<\gamma_{ij}\leqslant 0.35$ 时,关联度为弱;若 $0.35<\gamma_{ij}\leqslant 0.65$ 时,关联度为中;若 $0.65<\gamma_{ij}\leqslant 0.85$ 时,关联度为较强;若 $0.85<\gamma_{ij}\leqslant 1$ 时,关联度为极强,两指标的相互作用几乎一样。当比较数列有 p 个时,相应的关联度就有

p 个,按其数值的大小顺序排列,便组成关联序,它反映了各比较数列对于同一参考数列的主次优劣关系。

为了进一步分析人口与资源环境的相互关系,可以通过对不同年份人口因素与环境系统关联系数求平均数,来分析人口要素与资源环境系统的时序规律,即随着时间的推移,人口系统中与资源环境关联最大的要素会有所变化。记当年与资源环境系统关联性最强的人口要素为 $\gamma_i(k)$。

$$\gamma_i(k) = \frac{1}{l} \sum_{i=1}^{l} \zeta_{ij}(x_i(k), y_j(k)) \tag{8}$$

l 为环境因素的指标个数。

10.3 北京市人口与资源环境灰色关联模型及计算

10.3.1 系统指标的选择与指标体系的建立

尽管人口与资源环境分属于两个系统,但由于人类生活的物质性及活动的多样性,人口系统与资源环境很难客观区分。两个系统以及系统要素之间已经形成相互作用,相互影响的复杂关系。本书旨在从人地关系出发,分别构建人口与资源环境指标体系,然后对二者之间的关系分析与评价,所以指标体系的建立就成为研究人口与资源环境耦合的基础性工作。

1. 指标选取的一般原则

在遵循科学性、完备性、动态性等原则的基础上,还应注意到数据的代表性,即我们要选择人口因素中对环境有明显影响的要素,同时还要考虑到要素之间的独立性,因此在选择人口要素时需要考虑到不同因素对环境产生影响的差别显著程度,最后结合数据的可获得性建立最终指标体系。

2. 指标体系的设计思路

我们分别采用频度统计法、理论分析法、专家咨询法对指标进行设置和筛选。

(1) 利用 CNKI 数据库对 1980—2010 年有关人口与资源环境相互作用关系的 500 多篇文章和相关评价指标体系设计的 100 多篇文章进行频度统计,从中选取研究者使用频度较高的指标进行整理。

(2) 理论分析,分别对人口系统和资源环境系统的内涵界定。初步确定人口系统包含人口规模、人口结构、人口素质、人口迁移几个层次；而资源环境系统指标的确定，从水、土地、大气、生物、资源和能源六个方面将生态环境予以指标分解与特征细化，我们借鉴中科院可持续发展研究组的成果，将生态环境指标划分为生态环境水平、生态环境压力和生态环境保护三个功能团。

(3) 专家反馈，征询有关专家意见，对指标进行调整，并考虑到研究区域的自然环境特点和指标数据的可获得性，最后对指标进行调整，最终建立一般指标体系。

在人口子系统中，人口数量代表区域人口规模，平均受教育年限反映一个地区的人口素质高低；家庭户数量、非农产业从业人员比重和城镇人口比重代表一个地区的人口家庭结构、产业结构和城乡结构；常住外来人口比重代表人口迁移因素对北京环境状况的影响。在资源环境系统指标体系中，人均二氧化硫排放量、人均废水排放量、人均工业固体废物排放量反映一个地区的环境污染现状，用来代表区域资源环境压力；人均用水量、人均公园绿地面积反映一个地区环境的资源丰富程度，用来代表环境状态；万元产值能耗（标准煤）、万元产值耗水量、污水处理率与生活垃圾无害化处理率反映了生产活动的环境效益与治理环境污染的力度，用来代表环境保护。

为了避免在多指标综合评价中，指标间的相关性造成指标提供的整体信息发生重叠，致使研究者不易得出研究对象的客观规律，因此对一般指标体系进行主成分分析与独立性分析，确立具体指标体系。鉴于灰关联分析方法可以有效避免系统特征数据之间共线性问题，且在指标的选择过程中，通过对以往文献的整理，选取已有研究成果中与资源环境关系密切的人口因素，在此不必对原始数据做主成分分析与独立性分析。

本书人口与资源环境协调发展综合评价指标体系由系统层、准则层和指标层组成的三层次指标体系。系统层分为人口子系统和环境子系统。准则层是为明确、清晰表述系统层特征而进行的指标分类，是系统层和指标层的媒介。指标层是定义清晰，能直接从统计资料获取数据进行数学模型计算分析的指标。最终确立人口与资源环境系统的指标体系（见表10—1）。

表 10—1　　　　　人口与资源环境协调发展综合评价体系

目标层	系统层	准则层	指标层
人口与环境协调发展综合评价体系	人口系统	人口规模	常住人口（万人）
		人口素质	平均受教育年限（年）
		人口迁移	常住外来人口比重（%）
		人口结构	家庭户（万户）
			老龄人口比重（%）
			非农产业从业人员比重（%）
			城镇人口比重（%）
	资源环境系统	环境状态	人均公园绿地面积（平方米/人）
			人均用水量（平方米/人）
		环境压力	人均二氧化硫排放量（万吨/人）
			人均工业废水排放量（万吨/人）
			人均固体废物排放量（万吨/人）
		环境保护	万元产值能耗（吨标准煤）
			万元产值耗水量（立方米）
			污水处理率（%）
			生活垃圾无害处理率（%）

10.3.2　数据来源

为了较为全面地分析北京市近年来人口与资源环境系统的耦合变化趋势，考虑到数据的代表性与可获得性，本书认为 2001—2010 年 10 年的数据较能反映北京市人口与资源环境的耦合时序变化规律。数据主要来源于《北京市统计年鉴》(2002—2011)、《中国统计年鉴》(2002—2011)、《北京市环境状况公报》(2002—2010)，其中人均受教育年限根据公式：$C = U \times a + H \times b + M \times c + L \times d + I \times e$ 计算（U, H, M, L, I 分别代表占被考察范围 6 岁及以上总人口的比重；a, b, c, d, e 分别代表具有大专以上、高中、初中、小学、文盲和半文盲人口平均接受教育年数，通常取：$a=16, b=12, c=9, d=6, e=1$)、老龄人口比重（60 岁以上）、非农产业从业人员比重（第二产业从业人员比重＋第三产业从业人员比重）经作者计算得出，各指标的历年变化结果列于表 10—2 和表 10—3，标准化后的数据列于附件 1 和附件 2。

表 10—2　　　　　　　　　2001—2010 年人口系统指标数据

年份	常住人口（万人）	人均受教育年限（年）	家庭户（万户）	老龄人比重（%）	非农产业从业人员比重	城镇人口比重	常住外来人口比重
2001	1 385.1	10.2	426.0	12.7	0.887	0.781	0.190
2002	1 423.2	10.3	434.0	14.9	0.900	0.786	0.202
2003	1 456.4	10.4	469.9	15.3	0.911	0.791	0.211
2004	1 492.7	10.6	475.5	15.2	0.928	0.795	0.221
2005	1 538	10.7	525.2	14.6	0.929	0.836	0.232
2006	1 581	11.0	549.2	14.9	0.934	0.843	0.243
2007	1 633	11.1	553.1	13.7	0.935	0.845	0.257
2008	1 695	11.0	598.4	14.1	0.936	0.849	0.274
2009	1 755	11.2	623.6	14.3	0.938	0.850	0.290
2010	1 961.9	11.5	668.0	12.6	0.940	0.860	0.359

数据来源：《北京市统计年鉴（2002—2011）》和《中国统计年鉴（2002—2011）》，非农产业从业人员比重与人均受教育年限通过作者计算所得。

表 10—3　　　　　　　　　2001—2010 年资源环境系统指标数据

年份	人均二氧化硫排放量	人均工业废水排放量	人均工业固体废物排放量	万元地区生产总值能耗	万元地区生产总值水耗	污水处理率	生活垃圾无害化处理率	人均公园绿地面积	人均用水量
2001	0.014 5	15.28	0.820 2	1.14	104.9	42	82.2	10.07	280.85
2002	0.013 5	12.68	0.739 9	1.03	80.19	45	86.4	10.66	243.11
2003	0.012 6	9	0.814 3	0.93	71.5	50.1	91.3	11.43	245.81
2004	0.012 8	8.452	0.872 9	0.85	57.35	53.9	93.8	11.45	231.75
2005	0.012 4	8.331	0.804 9	0.79	49.5	62.4	96	12	224.32
2006	0.011 1	6.433	0.857 7	0.73	42.25	73.8	92.5	12	216.95
2007	0.009 3	5.594	0.780 8	0.64	35.34	76.2	95.7	12.6	213.1
2008	0.007 3	4.936	0.682 6	0.57	31.58	78.9	97.7	13.6	207.08
2009	0.006 8	4.964	0.707 7	0.54	29.92	80.3	98.2	14.5	202.28
2010	0.005 9	4.179	0.646 8	0.49	24.94	81	96.9	15	179.41

数据来源：《北京市统计年鉴（2002—2011）》《北京市环境状况公报（2002—2010）》。

10.3.3　人口—资源环境灰色关联度的计算过程与结果

人口与资源环境系统各要素间是错综复杂的关系。通过比较各个关联度 γ_{ij} 的大小，可以分析出人口系统中哪些因素与资源环境发展关系更为密切，而哪些对资源环境发展作用不大。一般来说，若关联度值处于 0~0.35，则关联度为弱；若关联度值处于 0.35~0.65，则为中等关联；若关联度值处于 0.65~0.85，则关联度为较强；若关联度处于 0.85~1，关联度为极强。经过对 2001—2010 年北京市人口—资源环境指标的计算，结果如下：

1. 人口因素与资源环境系统的关联度分析

从表 10—4 中可以看出，人口系统中各因素与资源环境的关联度都在 0.6 以上，人口因素与资源环境系统的相互作用关系紧密。在以北京市 2001—2010 年截面数据计算得出的 7 项人口因素中，对资源环境的作用次序是：家庭户（0.839 1），非农产业从业人员比重（0.802 9），人均受教育年限（0.769 1），城镇人口比重（0.750 9），常住外来人口比重（0.682 4），常住人口规模（0.651 6），老龄人比重（0.612 9），其中家庭户数量、非农产业从业人员比重、人均受教育年限与资源环境的关联度最高，它们的关联度平均值都在 0.8 以上，表明家庭户数的增多，非农产业从业人员比重的增加以及人均受教育的不断提高正日益成为反馈目前北京市资源环境发展的突出因素。

表 10—4　　　　人口因素与资源环境系统灰色关联度排序

	家庭户	非农产业从业人员比重	人均受教育年限	城镇人口比重	常住外来人口比重	常住人口	老龄人比重
关联度	0.839	0.803	0.769	0.751	0.682	0.652	0.613
关联序	①	②	③	④	⑤	⑥	⑦

人口对资源环境的胁迫作用直接表现在对资源的消耗和向环境排污，同时，随着人口结构的优化，科技水平的提高以及环保意识的增强，人口通过生产、生活方式直接或间接的起着改善环境质量的作用。然而，不同的人口结构对资源的利用强度和污染排放强度有很大影响。从家庭户来说，同等数量的人口规模，以家庭为单位的社会经济消费比以个人为单位的消费对环境产生更大的影响，例如住房、汽车等消费。其次，不同类型的人口产业结构同样对区域环境产生不同影响。发展型人口产业结构中第二产业从业人员比重大，对煤炭、石油、水资源的利用强度也增大；现代型人口产业结构以第三产业为主，较高的人口素质使得资源利用率高，对环境的污染会减少。随着人口产业结构由发展型向现代型转变，环境污染的程度会逐步得到改善。

最后，人均受教育年限代表了区域人口文化素质，不同的人口文化素质水平会影响环境保护意识强弱，同时通过生产、消费方式影响资源的开发利用方式和程度。值得注意的是，尽管人口数量与分布对资源环境产生"分母效应"，但本研究中，人口规模与资源环境的关联并没有预期中那么明显。

总的来说，人口因素主要从人口结构、素质、迁移和规模多角度较为全面反映出人口发展对资源环境的胁迫和反馈作用。

2. 资源环境因素与人口系统的关联度分析

从表10—5中可以看出，资源环境中各因素与人口系统的关联度都在0.5以上，资源环境因素与人口系统的相互作用关系紧密。在以北京市2001—2010年截面数据计算得出的9项资源环境因素中，对人口发展的作用次序是：人均二氧化硫排放量（0.738），污水处理率（0.605），人均用水量（0.603），人均公园绿地面积（0.603），万元地区生产总值能耗（0.576），人均工业废水排放量（0.567），万元地区生产总值水耗（0.562），生活垃圾无害化处理率（0.518），人均工业固体废物排放量（0.501），其中人均二氧化硫排放量、污水处理率、人均用水量与人口系统的关联度最高，它们的关联度平均值都在0.65以上，表明人均二氧化硫排放量减少，污水处理率的提高以及人均用水量的不断减少正日益成为反馈目前北京市人口发展的突出因素。

表10—5　　　　资源环境要素与人口系统灰色关联度排序

	人均二氧化硫排放量	污水处理率	人均用水量	人均公园绿地面积	万元地区生产总值能耗	人均工业废水排放量	万元地区生产总值水耗	生活垃圾无害化处理率	人均工业固体废物排放量
关联度	0.738	0.605	0.603	0.603	0.576	0.567	0.562	0.518	0.501
关联序	①	②	③	④	⑤	⑥	⑦	⑧	⑨

资源环境对人口的约束作用主要表现在：日渐恶劣的生态环境对人口增长、人类生活质量、人口迁移和生产消费方式的约束。同时，随着污染排放的降低，环保技术的提高以及环保投资的增加，资源环境也可能为人口发展提供更良好的环境。总的来说，资源环境主要从人均负荷能力、环保技术和资源环境条件等方面较为全面地反映出资源环境对人口发展的负约束和反馈作用。

3. 人口与资源环境系统灰色关联度的时序规律分析

由表 10—6 可以看出，对资源环境产生关键影响的人口要素随时间推移而呈现阶段性与波动性规律。自 2001—2010 年，大致可以划分为三个阶段：(1) 2001—2003 年，在本指标体系下的 7 个人口要素中，家庭户数量与资源环境的关联性相对最高；(2) 2004—2006 年，非农产业从业人员比重与资源环境的关联度上升至第一位；(3) 2007—2010 年，家庭户与资源环境的关联度超过其他 6 项人口指标，成为影响资源环境的最显现的人口因素。

表 10—6　2001—2010 年人口因素与资源环境系统关联度的时序变化

	2001	2002	2003	2004	2005	2006	2007	2008	2009	2010
常住人口	0.63	0.64	0.6	0.59	0.63	0.62	0.63	0.62	0.66	0.92
人均受教育年限	0.73	0.72	0.71	0.76	0.76	0.81	0.8	0.71	0.78	0.92
家庭户	0.83	0.82	0.79	0.81	0.81	0.83	0.84	0.86	0.89	0.92
老龄人比重	0.82	0.45	0.47	0.56	0.75	0.75	0.62	0.62	0.63	0.41
非农产业从业人员比重	0.58	0.69	0.79	0.81	0.81	0.84	0.84	0.85	0.89	0.92
城镇人口比重	0.63	0.63	0.6	0.59	0.8	0.84	0.82	0.82	0.83	0.92
常住外来人口比重	0.7	0.68	0.65	0.64	0.67	0.64	0.64	0.62	0.65	0.92

10.4　基本结论

在指标系统构建和灰色关联技术的支持下，分析了北京市人口与资源环境耦合主要因素和时序规律，由此得出如下结论：

1. 人口与环境系统要素耦合的机制是复杂的，总体上表现在人口对资源环境的胁迫作用和资源环境对人口的约束作用两个方面。通过利用灰色关联分析遴选出胁迫资源环境的 9 项人口指标和约束人口的 11 项环境指标排序，结果表明两系统各指标间的关联度都在 0.5 以上，属于中等关联，表明人口与资源环境系统之间联系紧密。

2. 人口因素主要从人口结构、素质、迁移和规模多角度影响环境质量。数据表明，代表人口因素的 7 个指标与资源环境系统的关联度都在 0.6 以上，关联性较强，其中对资源环境作用最明显的人口因素分别为家庭户数、非农产业从业人员比重，以及人均受教育年限，人口规模与资源环境的关联并没有预期中那么明显。

3. 2001—2010 年，在本指标体系下，人口因素与资源环境系统的关联呈现阶段性与波动性特征。2001—2003 年，与资源环境关联度最高的为家庭户数量，2004—2006 年，非农产业从业人员比重与资源环境的关联性更为明显，2007—2010 年，家庭户数量再次成为与资源环境系统关联性相对最高的人口因素。

附件1　　2001—2010 年人口系统指标基础数据（极差标准化后）

年份	常住人口	人均受教育年限	家庭户	老龄人比重	非农产业从业人员比重	城镇人口比重	常住外来人口比重
2001	0	0	0	0.04	0	0	0
2002	0.07	0.12	0.03	0.85	0.25	0.06	0.07
2003	0.12	0.18	0.18	1	0.45	0.13	0.13
2004	0.19	0.33	0.20	0.96	0.77	0.19	0.18
2005	0.27	0.43	0.41	0.73	0.79	0.70	0.25
2006	0.34	0.62	0.51	0.85	0.89	0.79	0.31
2007	0.43	0.72	0.53	0.41	0.91	0.82	0.40
2008	0.54	0.63	0.71	0.56	0.92	0.87	0.50
2009	0.64	0.78	0.82	0.63	0.96	0.88	0.59
2010	1	1	1	0	1	1	1

数据来源：此表为表 10—2 用极差标准化方法处理后的数值。

附件2　　2001—2010 年资源环境系统指标基础数据（极差标准化后）

年份	人均二氧化硫排放量	人均工业废水排放量	人均工业固体废物排放量	万元地区生产总值能耗	万元地区生产总值水耗	污水处理率	生活垃圾无害化处理率	人均公园绿地面积	人均用水量
2001	0	0	0.77	0	0	0	0	0	0
2002	0.12	0.23	0.41	0.17	0.31	0.08	0.26	0.12	0.37
2003	0.23	0.57	0.74	0.32	0.42	0.21	0.57	0.28	0.35
2004	0.20	0.62	1.00	0.45	0.59	0.31	0.73	0.28	0.48
2005	0.24	0.63	0.70	0.54	0.69	0.52	0.86	0.39	0.56
2006	0.39	0.80	0.93	0.63	0.78	0.82	0.64	0.39	0.63
2007	0.60	0.87	0.59	0.77	0.87	0.88	0.84	0.51	0.67
2008	0.84	0.93	0.16	0.88	0.92	0.95	0.97	0.72	0.73
2009	0.89	0.93	0.27	0.92	0.94	0.98	1.00	0.90	0.77
2010	1	1	0	1	1	1	0.92	1	1

数据来源：此表为表 10—3 用极差标准化方法处理后的数值。

第十一章 人口、经济和环境的协调性评价

11.1 问题的提出

人口过剩、资源危机和环境问题已成为当今世界面临的三大社会问题。20世纪30年代以来,随着工业化进程的快速发展,全球环境日益恶化。自20世纪60年代以来,各国逐渐意识到环境问题的严重性,纷纷着手治理环境污染,采取了一系列环保措施,但成效并不明显,环境仍不断恶化,人类的生存和发展受到了严重的威胁。

在这样的背景下,美国生物学家 Rachel Carson 1962 年通过出版《寂静的春天》一书为人类敲响了警钟,是世界环境运动的奠基之作。1972 年在斯德哥尔摩联合国人类环境研讨会上提出了可持续发展理论,为各国政府共同致力于全球环境问题指明了方向,但对其确切含义并没有达成共识,直到 1987 年,联合国世界环境和发展委员会(WCEP)在《我们共同的未来》的报告中给出了"可持续发展"的科学概念:可持续发展是一种既要满足当代人的需要,又不对后代人满足其需要构成危害的发展。从系统论的角度,可持续发展是建立在社会—经济—自然复合系统的各子系统协调发展基础上更高层的发展,因此,实现人口、经济和环境关系的总体协调是可持续发展的基础,由此,如何评价人口、经济和资源环境发展之间的关系,也就是如何评价三个系统之间协调程度是实现可持续发展的重要环节。

协调是两种及两种以上系统之间或系统要素之间能够达到相互配合、相互协作、相互促进的状态,是一种良性循环的关系。协调发展融合了协调与发展的特征,是系统或系统内在要素之间内在和谐一致、配合得当,在良性循环的基础上系统由低级到高级、由简单到复杂、由无序到有序的演变过程。人口、经济和资源环境的协调发展是人口、经济和资源环境三个系统之间及其构成要素之间在社会发展的过程中达到内在和谐一致,系统良性循环,人口有序发展,经济运行良好,资源有效利用和环境不断改善的状态。

北京市作为首都,近年来人口急剧增加,自改革开放短短的三十几年以来,人口从871.5万人迅速增加到1961.9万人,增加了1.2倍,人口规模的不断扩大和经济的快速发展都加大了对资源的需求,给环境带来了前所未有的压力的同时,环境质量不断恶化。以水资源为例,2010年,在全市被监测河道中,符合Ⅳ类水质标准河长占总评价河长的5%;符合Ⅴ类水质标准河长占总评价河长的3%;劣于Ⅴ类水质标准河长占总评价河长的44%,高达52%的监测河长遭到严重污染。如何正确认识北京人口、经济与资源环境之间的关系,促进人口、经济与资源环境的协调发展,是实现首都可持续发展目标亟待解决的重大现实问题。

目前国内外对人口—资源—环境—经济等多个系统的协调性评价的相关研究很多。采用的方法主要有层次分析法(于瑞峰等,1998)、多目标规划法(Ikeda,1984)和多指标综合评价法(齐晓娟,2008)等。这些研究基本上均包括两个步骤:首先,设计描述和测度协调性的指标体系;其次,建立反映协调程度的协调定量模型。但是由于不同学者对协调度的认识、研究重点不同,在测量协调度的具体操作上也存在差异,主要体现在以下几个方面:第一,指标体系设计涵盖的系统范围不同。其中有设计成经济、资源环境两大子系统的(杨士弘,1994),有设计成环境、经济、资源三大子系统的(曹舒蕾,2010),也有设计成人口、经济、资源、环境四大子系统的(桑秋等,2008),还有学者设计成人口、资源、环境、经济和社会五个子系统(陈颖,2007)。第二,指标降维和权重确定方法不同,有学者采用有层次分析法(于瑞峰等,1998),也有学者运用主成分分析法(赵建国,2003)等。第三,构建的反映各子系统之间协调程度的模型不同,其中主要有变异系数协调度模型（杨士弘，1994）、模糊隶属函数协调度模型（曾珍香，1998）、序参量功效函数协调度模型（吴跃明，1996）、相对 Harmning 距离协调度模型（于瑞峰等，1998）、灰色系统理论协调度模型（畅建霞等，2002）等。不可否认，在系统协调方面，学者们取得了一定的成果，然而也存在一定的不足，例如学者在构建指标体系时，往往缺少对子系统的理论分析，因而指标选取较随意，从而造成指标体系比较混乱。另外，不少研究在计算方面不够严谨，如计算子系统综合得分时，主观为各指标赋予权重，缺乏理论支持。即使有的学者使用了主成分分析法赋权重，但由于 SPSS 早期版本没有主成分分析的模块，使用者在实际操作中误将因子分析中的得分当做子系统得分，造成评价结果有误。

从研究的区域上看，目前学者对我国西北（陈颖，2007）、西南（曹舒蕾，2010）、东北（赵建国，2003；桑秋等，2008）等环境脆弱区的协调度研究较多，对于北京地区的人口、经济和资源环境系统间或任意子系统间的协调研究较少，有少数学者定性描述了北京市工业与资源、环境协调发展（杨智等，2000），还有学者针对北京市人口与水资源的关系进行研究（赵慧英，2004），但这些研究大多集中在评价两系统间的协调程度，而且定性描述的多，定量分析的研究较少。对北京市人口、经济和环境的协调性进行定量评价的研究就更少了。

本书采用主成分分析法对北京市人口、经济和环境系统进行综合评价，主成分法是找出几个综合因子来代表原来的众多变量，使这些综合因子能尽可能地反映原来指标的信息量，而且彼此之间互不相关。目的是了解近年来北京市人口、经济和环境的协调程度及存在的问题和原因。本研究试图深刻了解北京市人口、经济和环境的相互关系，为同类研究提供理论上的参考，同时为相关部门制定本地区可持续发展政策提供政策参考。

11.2 北京市人口—资源—环境—经济协调评价的基本原理和步骤

本书的主要研究思路是：首先，根据一定原则构建表征人口、经济、资源环境三个子系统的指标体系；其次，采取主成分分析法，得到各系统综合发展水平；最后，选择变异系数法协调测度模型测算系统协调度。研究步骤如图 11—1 所示。

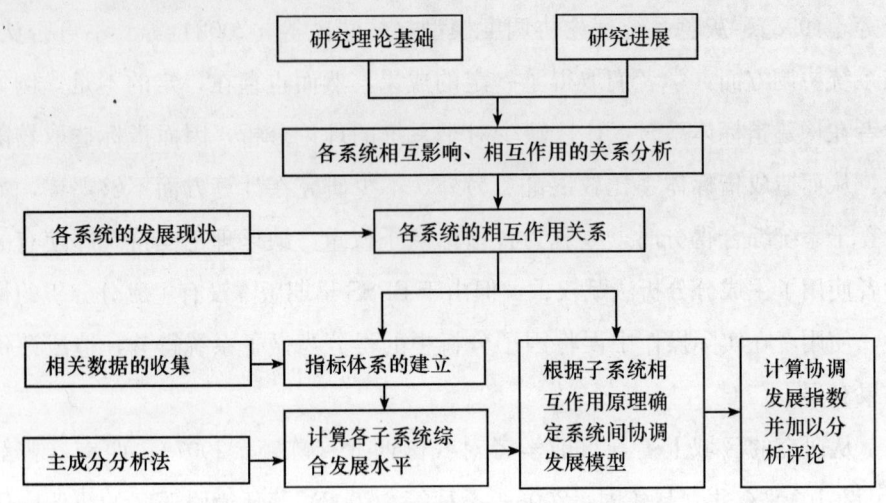

图 11—1　研究的基本思路与基本框架

11.3　系统分析及评价指标体系的构建

11.3.1　系统分析

本书以系统论的思想方法为基础，来研究区域的协调发展。我们把北京市人口经济和资源环境协调发展视为一个总系统，该系统的协调发展是指系统内各要素的和谐一致、互相配合，经济在人口、资源和环境三个约束条件下持久、有序、稳定发展。因此从人口、资源、环境与经济发展的相互作用关系来讨论协调发展过程。将其分为人口、经济和环境三个子系统。人口、资源、环境、经济之间存在密切的关系，它们之间相互独立，成为相对独立的子系统。其中，资源和环境因为都表征着人口和经济活动的自然条件和介质，而资源和环境从系统的角度来看其实可以看做同一个系统，因此本研究将人口—资源—环境—经济总系统分为三个子系统，即人口子系统、资源环境子系统和经济子系统。它们之间的关系如图 11—2 所示。

从图 11—2 中可以看出：首先，人口系统与环境系统之间存在着作用与反作用的关系，其中人口的持续发展需要以环境为支撑，另一方面人口活动

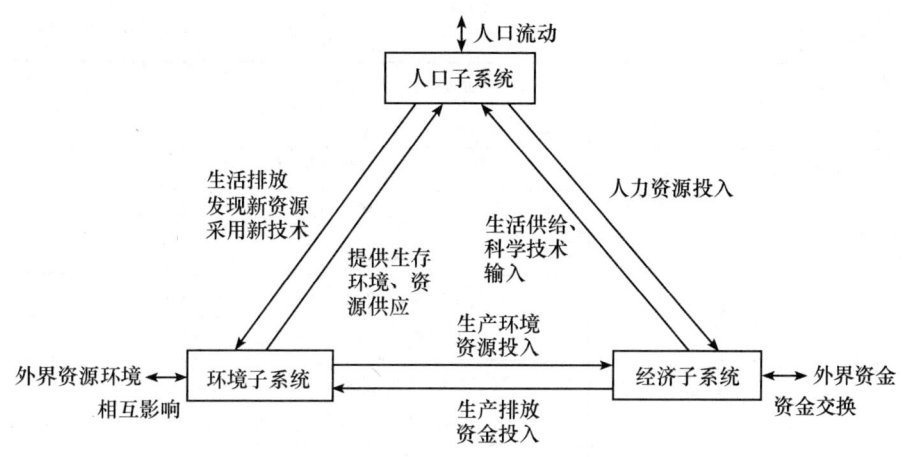

图 11—2 人口、经济和资源环境系统相互作用关系图

也对环境产生一定的影响,其中包括正面影响和负面影响,特别是随着科技进步,人口活动对环境的影响更加巨大;其次,人口为经济发展提供智力支持,同时经济发展也为人口持续发展提供源源不断的生活资料;最后,环境和经济也存在着密切关系,一方面环境为经济发展提供了资源,另一方面,快速的经济发展以及粗放的发展方式给环境带来了巨大的压力,然而经济发展也为环境治理提供了资金。三个系统有机地联系在一起共同构成了总系统,而它们之间的内部关系是否协调,直接影响到系统的整体功能,并最终影响到北京市的可持续发展。

11.3.2 指标体系的构建

本书在上述理论分析的基础上,借鉴前人的研究,结合北京城市发展的特点,按照科学性、一致性、完备性和可行性的原则,选取以下指标构建北京市人口、经济、资源环境协调发展指标体系(见表 11—1)。

表 11—1　　北京市人口、经济与资源环境协调发展指标体系

	评价指标	指标变量
人口子系统 (Z_1)	人口规模	常住人口密度(人/平方公里)(R101) −
	人口结构	城镇人口比重(%)(R102) +
		老年人口抚养比(%)(R103) +
		第三产业从业人员比重(%)(R104) +

续表

	评价指标	指标变量
人口子系统 (Z_1)	人口素质	预期寿命（年岁）（R105）+
		平均受教育年限（年）（R106）+
经济子系统 (Z_2)	发展水平	人均GDP（元/人）（R201）+
		人均社会消费品零售额（元/人）（R202）+
		人均进出口总额（美元/人）（R203）+
	经济推动力效益	全社会固定资产投资占GDP比重（%）（R204）+
		万元地区生产总值能耗（吨标准煤）（R205）−
	发展结构	社会劳动生产率（元/人）（R206）+
		第三产业产值比重（%）（R207）+
资源环境子系统 (Z_3)	规模	人均水资源总量（立方米）（R301）+
	生产和消费	人均能源生产总量（万吨标准煤）（R302）+
	污染物排放	万元工业产值工业废水排放量（吨）（R303）−
		单位工业产值工业废气排放量（立方米）（R304）−
		亿元工业产值工业固体废弃物产生量（吨）（R305）−
	环境治理	污水处理率（%）（R306）+
		工业废水排放达标率（%）（R307）+
		空气质量二级及好于二级天数比例（%）（R308）+
		人均公园绿地面积（平方米/人）（R309）+
	生态保护	城市绿化覆盖率（%）（R310）+

注：正负号表示该指标对整个系统的贡献方向，正号表示该值越大，越有利于系统发展；负号反之。

11.4 系统协调性评价过程与结果

11.4.1 各子系统综合水平计算

本书用主成分分析法分别计算人口、经济、资源环境的综合评价得分。

为了能综合反映系统各方面的信息，本书选取了多个指标以便更加全面的诠释人口、经济和环境三个子系统，但这样却给综合评价带来一定的困难，例如各指标在性质上存在差异，并且指标之间可能存在共线性问题，因此指标体系不能直接应用在系统综合评价上。而评估系统间协调发展状况即计算协调系数不但要求指标要综合、全面地反映信息，而且要求指标数量不能过多。主成分分析法正是解决这一问题的有效工具。该方法采取一种降维方法，通过提取众多具有高度相关性的指标的公因子，以少数几个综合因子来代表原来众多变量，使这些综合因子尽可能地反映原来指标的信息量，而且彼此之间互不相关。

这里需要特别说明的是主成分分析较因子分析（不少研究者甚至将二者混淆）的优势，在于主成分分析不仅具备因子分析提取公因子、命名清晰的优点，而且能了解到各指标的信息贡献影响力对综合评价的效果。

1. 指标数据的无量纲标准化处理

由于各指标受单位影响而具有不可公度性，需进行数据的无量纲标准化处理。Z-Score 作为对数据进行无量纲处理的方式，是目前进行主成分分析时普遍使用的方法，Z-Score 标准化公式：

$$Z_i = \frac{x_i - \overline{x_i}}{s_i} \quad (\text{其中}\overline{x_i}\text{为}i\text{个指标的均值}, s_i\text{为标准差}) \tag{1}$$

这里引入模糊隶属度函数对各评价指标进行标准化处理以消除指标的正负性。模糊数学中用 0~1 的数字（称之为隶属度）来表征某个对象隶属于某一概念的程度。考虑到原始指标体系中有两类指标：数值越大越好的正指标和数值越小越好的负指标，指标彼此间并不存在明晰的"好"与"差"的数量界限。故本书分别应用半升梯形和半降梯形模糊隶属度函数来计算指标体系中指标的隶属度值。对于正向指标，可采用半升型模糊隶属度函数：

$$\overline{C_i} = \frac{C_i - C_{\min}}{C_{\max} - C_{\min}}$$

对于负向指标，则可采用半降型模糊隶属度函数：

$$\overline{C_i} = \frac{C_{\max} - C_i}{C_{\max} - C_{\min}}$$

指标的隶属度值全部落在[0，1]区间；$C_{\max}$、$C_{\min}$ 分别为指标的上限、下限值。在对比北京与其他国际大都市发展水平、全国发展平均水平差异及历史与现状，并在参考《北京市各行业"十二五"规划纲要》的基础上，经过咨询专家意见，确定了各评价指标的上限、下限值，并计算得到各评价指标的隶属度值（见附录Ⅰ）。

2. 对各子系统数据（隶属度）进行计算

选取《北京市统计年鉴》（1997—2011 年）中关于人口子系统的指标（R101—R106）、经济子系统指标（R210—R207）和环境子系统指标（R301—R310）。运用 SPSS 17.0 统计软件进行因子分析，分别得到各子系统指标的相关系数矩阵（见附录Ⅱ），可以看出，三个子系统中多项指标之间具有较高的相关性：相关矩阵中大多相关系数都大于 0.3①。KMO② 和巴特利特球体检验结果见表 11—2，KMO 为 0.805，巴特利特球体检验显著性为 0.0000，说明这些指标较适合做因子分析。

表 11—2　　　　各子系统 KMO 和巴特利特球体检验结果

检验项目		人口系统	经济系统	环境系统
取样足够度的 Kaiser-Meyer-Olkin 度量		0.805	0.816	0.722
Bartlett 的球形度检验	近似卡方	137.256	222.008	312.107
	df	15	21	45
	Sig.	0.000	0.000	0.000

3. 提取公因子

确定数据可以做因子分析后，利用 SPSS 17.0 软件求得初始因子载荷矩阵、方差贡献率和累积贡献率。根据特征值大于 1 这一提取主成分的原则（因子累计解释方差的比例也是确定因子个数时可以参考的指标，一般选取的因子数应使累计解释的方差达到 70%～80%），提取最终因子，通过因子旋转、坐标变换使得因子解的实际意义更易解释。

本书中，人口子系统提取的第一主成分的特征值为 5，方差贡献率为 83.340%；第二主成分的特征值为 0.837，方差贡献率为 13.957%，前两个主成分能共同解释 6 个原始指标的 97.297% 的变异。故选取前两项作为主成分。同理，经济子系统和资源环境子系统分别提取一个、两个主成分（见表 11—3）。

4. 计算因子得分

由于 SPSS 17.0 软件本身无主成分分析模块，此处利用 SPSS 17.0 软件

---

① 如果相关矩阵的相关系数都小于 0.3，则不适合做因子分析；反之，较适合做因子分析。

② KMO 值较小，表明观测变量适合做因子分析。通常的检验标准是：0.9 以上，非常好；0.8 以上，好；0.7，一般；0.6，差；0.5 以下，不能接受。

表 11—3　　对各子系统进行主成分分析的特征值及方差贡献率

子系统	成分	初始特征值			提取平方和载入		
		合计	方差的 %	累积 %	合计	方差的 %	累积 %
人口	1	5.000	83.340	83.340	5.000	83.340	83.340
	2	0.837	13.957	97.297	0.837	13.957	97.297
	3	0.074	1.238	98.535			
	4	0.054	0.892	99.428			
	5	0.022	0.359	99.787			
	6	0.013	0.213	100.000			
经济	1	6.442	92.032	92.032	6.442	92.032	92.032
	2	0.349	4.982	97.014			
	3	0.164	2.350	99.363			
	4	0.025	0.354	99.717			
	5	0.012	0.175	99.893			
	6	0.005	0.078	99.971			
	7	0.002	0.029	100.000			
环境	1	8.195	81.946	81.946	8.195	81.946	81.946
	2	1.116	11.155	93.101	1.116	11.155	93.101
	3	0.505	5.049	98.150			
	4	0.121	1.205	99.355			
	5	0.029	0.289	99.644			
	6	0.021	0.212	99.857			
	7	0.007	0.069	99.926			
	8	0.004	0.043	99.969			
	9	0.002	0.024	99.993			
	10	0.001	0.007	100.000			

因子分析模块中因子载荷矩阵（见附录Ⅲ）间接算出主成分得分（见表 11—4）。将 SPSS 17.0 软件中"成分矩阵"中的第 i 列向量除以第 i 个特征根的开根后就得到第 i 个主成分函数 F_i 的系数，由此写出主成分 F_i 表达式。

如果把各个主成分的贡献率用矩阵 Z 表示，则各个系统的综合得分可以用计算公式表示为：

$$U = \sum_{j=1}^{n} ZF_j \qquad (2)$$

表 11—4　　　　　　　　各子系统提取的主成分模型表达式

子系统	特征值	主成分模型
人口	$\lambda_1=5$	$F_{11}=-0.427R101+0.433R2102-0.224R103+0.440R104+0.436R105+0.443R106$
	$\lambda_2=0.837$	$F_{12}=-0.250R101+0.156R102+0.945R103+0.108R104-0.078R105+0.054R106$
经济	$\lambda_1=6.442$	$F_{21}=.388R201+0.383R202+0.376R203-0.347R204+0.377R205+0.390R206+0.384R207$
环境	$\lambda_1=8.195$	$F_{31}=.052R301-0.311R302+0.335R303+0.343R304+0.346R305+0.341R306+0.308R307+0.324R308+0.338R309+0.346R310$
	$\lambda_2=1.116$	$F_{32}=.900R301-0.285R302-0.129R303-0.097R304-0.048R305+0.093R306-0.235R307+0.097R308-0.028R309-0.069R310$

根据各项主成分的方差贡献率可以构建人口（U_1）、经济（U_2）和环境（U_3）子系统的评价模型：

$U_1=0.83340\ F_{11}+0.13957\ F_{12}$

$U_2=0.92032F_{21}$

$U_3=0.81946F_{31}+0.11155F_{32}$

最终计算的人口、经济与资源环境系统综合评价得分见表 11—5。

表 11—5　　　　　　人口、经济与资源环境系统综合评价得分

年份	人口	经济	资源环境
1996	0.385 34	0.368 422	1.090 958
1997	0.389 699	0.421 898	1.138 223
1998	0.401	0.445 146	1.219 202
1999	0.408 161	0.504 504	1.279 308
2000	0.418 052	0.558 636	1.392 063
2001	0.426 91	0.594 95	1.456 943
2002	0.437 732	0.621 447	1.517 959
2003	0.462 633	0.654 493	1.583 683
2004	0.494 144	0.706 706	1.631 25
2005	0.516 342	0.766 923	1.693 03
2006	0.530 131	0.832 223	1.746 801
2007	0.532 924	0.922 636	1.776 991

续表

年份	人口	经济	资源环境
2008	0.548 871	1.067 525	1.827 765
2009	0.557 293	1.016 538	1.857 256
2010	0.569 519	1.106 698	1.860 732

11.4.2 人口、经济、资源环境的协调度的计算

1. 子系统协调度的计算方法与过程

协调度是系统之间或系统组成要素之间在发展演化过程中彼此和谐一致的程度。协调度是测度和判断人口、经济和环境是否处于协调状态的定量指标，能反映系统由无序向有序发展的变化过程。

由于协调是一个内涵明确而外延不清的模糊概念，使得评价系统的协调性不能简单地以"协调"和"不协调"来衡量。分析人口经济和环境的协调关系，需要知道三系统的协调系数来判定系统间的协调程度。

在计算出各子系统发展水平值后，本书选用变异系数协调度模型测量人口、经济和环境系统协调度。变异系数协调度又称离散系数协调度，是基于数理统计分析中变异系数和协调系数的概念和性质，在观察各观测值变异程度基础上求两个子系统间的协调系数的一种方法。设人口、经济、环境三子系统的综合得分分别为 U_1、U_2、U_3，当 $U_1=U_2=U_3$ 时，认为此时协调系数为 1，即三个子系统处于最佳协调状态。当 U_1、U_2、U_3 数值不等或不全相等时，样本变量值越接近，其协调度就越大，反之协调度越小。计算原理如下：

$$C = \left[\frac{3(U_1U_2 + U_1U_3 + U_2U_3)}{(U_1 + U_2 + U_3)^2}\right]^3 \tag{3}$$

采用变异系数协调度模型主要基于以下两点考虑：第一，这种方法主要利用数理统计，通过比较子系统间的得分差异大小来衡量协调系数，保证了评价标准的客观性；第二，由于计算的隶属度为 [0，1] 之间的值，这一点很符合变异系数协调度模型对数据的要求。

按照公式（3）计算的协调度系数见表 11—6。

2. 协调状况的评价与结果分析

协调度介于 [0，1] 之间，大小越接近于 1，表示协调程度越高。为了更直观地评价北京市人口、经济和资源环境三个系统之间的协调发展程度，结

表 11—6   1996—2010 年北京市人口、经济和资源环境协调系数

年份	1996	1997	1998	1999	2000	2001	2002	2003
协调度	0.61	0.63	0.62	0.63	0.62	0.62	0.61	0.62
年份	2004	2005	2006	2007	2008	2009	2010	
协调度	0.64	0.66	0.67	0.69	0.72	0.70	0.73	

合相关协调发展理论，本书对协调度等级标准进行了划分，见表 11—7。

表 11—7   协调度等级划分标准

协调度	0~0.19	0.20~0.59	0.60~0.69	0.70~0.79	0.80~0.89	0.90~1.00
等级	极度失调	不协调	初等协调	中等协调	良好协调	优质协调

根据表 11—7 对协调度等级的划分标准，北京市 1996—2010 年人口、经济和资源环境协调度等级见表 11—8。

表 11—8   1996—2010 年北京市人口、经济和资源环境协调度等级划分

年份	1996	1997	1998	1999	2000	2001	2002	2003
协调度	0.61	0.63	0.62	0.63	0.62	0.62	0.61	0.62
等级	初等协调	初等协调	初等协调	初等协调	初等协调	初等协调	初等协调	初等协调
年份	2004	2005	2006	2007	2008	2009	2010	
协调度	0.64	0.66	0.67	0.69	0.72	0.70	0.73	
等级	初等协调	初等协调	初等协调	初等协调	中等协调	中等协调	中等协调	

3. 结果分析

如图 11—3 所示，总体来看，1996 年以来北京市人口、经济和资源环境协调度呈上升趋势，协调指数从 0.61 升至 2010 年 0.73，系统间的协调状况也从初等协调向中等协调转变。

北京市人口、经济和资源环境协调程度变化可以分为两个阶段：

第一阶段：(1996—2003 年) 稳定的低水平协调。这一时期，人口、经济和环境系统协调度一直维持在 0.61~0.63 的区间内，只有在 1997 年、1999 年出现小幅上升。在 1996—1999 年出现短期波动后，2000—2003 年，协调度出现小幅下降。

结合表 11—5 可以看出，在这一时期人口系统得分低于其他两系统得分，人口系统的发展与其他两系统，特别是与经济发展水平不相匹配，这一时期

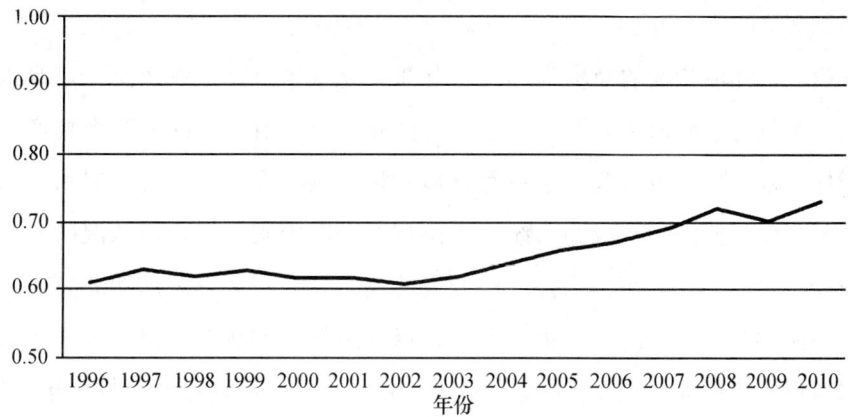

图 11—3　北京市 1996—2010 年人口、经济和资源环境协调度趋势图

经济的快速发展，使得人口与经济系统间的差距越来越大，总体协调度也有所下降。具体分析这一时期造成人口子系统得分偏低的主要原因是：

第一，第三产业从业人员比重过低，1996—2003 年，北京市的第三产业从业人员比例还不到 60%，远低于国际发达城市 90% 的水平。

第二，城镇化水平仍不高，人口城镇化率不到 80%，与发达国际大都市 90% 以上的城市化水平仍有不小差距。

第三，平均受教育年限偏低，劳动者素质偏低，2003 年平均受教育年限也仅仅达到 10.4 年，相当于略高于高中文化程度，不能很好地为快速发展的经济提供智力支持。

第二阶段：（2003—2010 年）稳步提高期。这一时期北京市的人口经济和资源环境协调程度在稳步提高，协调度从 0.62 提高到 0.73。

产生这一变化的主要原因在于：

第一，人口系统发展水平的快速提高。这主要得益于 21 世纪以来，北京人口进入了快速增长期，大量外来青壮年劳动力进入北京，老年人口抚养比从 2003 年的 14.32% 下降到 2010 年的 12.62%；另外，外来人口大多从事第三产业，导致第三产业人口比重也大幅提升；同时，劳动者素质也有较大提高，这也在一定程度上推动了人口系统的发展。

第二，经济的高速发展。这段时间大体处于北京"十一五"规划期间，经济增长方式实现了从粗放型到集约型的转变，经济发展对资源的依赖减少，从而对环境的压力减小。

第三，环境状况的稳步改善。15年来，北京市万元工业产值工业废水排放量、单位工业产值工业废气排放量、亿元工业产值工业固体废弃物产生量等指标大幅下降，极大改善了首都环境质量，虽然人口和经济发展水平都出现了不同程度的波动，成为系统间不协调的潜在因素，但环境状况的稳步提高减少了这种不利影响，维持了协调度的提升。特别是奥运前期北京市加大了对环保的投入，迁出了一批不利于首都环境发展的企业，再加上人民群众环保意识不断加强，在以上因素的综合作用下，整体协调程度不断上升。

值得注意的是，2009年协调度出现了轻微下降，这与2009年金融危机对北京经济的影响是分不开的。2009年，全市经济子系统得分从2008年的1.07降到1.02；人均进出口总额从2008年的16 029.08美元/人降到12 238.81美元/人，这与金融危机期间我国对外贸易受到较大影响的现实情况是吻合的。另外，2010年北京的人口出现了近些年来较大幅度的增长，与前几年人口、经济和资源环境协调的状况相比，人口给资源环境带来的压力正在凸显。

11.5 本研究的基本结论和未来的展望

11.5.1 基本结论

1. 北京市人口、经济和环境协调度水平近年来是在不断提升的，但发展水平仍然不高。

2. 与人们担忧的不同，外来人口的增加并没有造成北京人口、经济和环境协调度水平的降低。相反，外来人口反而减小了北京市的老年人口抚养负担，提升了第三产业就业人员比重，使得人口发展同快速发展的经济发展得以匹配。

3. 1996—2010年全市人口和经济发展水平都出现了不同程度的波动，是造成系统间不协调的潜在因素，但环境状况的稳步提高减少了这种不利影响，维持了总体协调度的提升。

11.5.2 展望

要想保持这种协调度的增长态势，实现北京人口、经济和环境的协调发

展,仍需做好以下工作:

1. 继续提高人口发展水平,着力提高劳动者素质,认清外来人口对北京经济和环境协调发展作出的贡献,使人口发展水平与经济、环境发展水平相适应。

2. 继续转变经济增长方式、调整优化产业结构,使经济实现又好又快发展。

3. 继续开展对环境的有效治理,巩固环境治理成果,重点解决北京市水资源的压力。

附录 I   北京市人口、经济和环境协调发展评价各指标隶属度值

年份 指标	1996	1997	1998	1999	2000	2001	2002	2003	2004	2005	2006	2007	2008	2009	2010
常住人口密度(人/平方公里)	0.95	0.95	0.95	0.95	0.94	0.94	0.94	0.94	0.94	0.94	0.93	0.93	0.93	0.93	0.92
城镇人口比重(%)	0.76	0.76	0.77	0.77	0.78	0.78	0.79	0.79	0.80	0.84	0.84	0.85	0.85	0.85	0.86
老年人口抚养比(%)	0.97	0.95	0.94	0.91	0.97	0.94	0.91	0.90	0.90	0.91	0.90	0.93	0.93	0.93	0.93
第三产业从业人员比重(%)	0.55	0.55	0.58	0.59	0.60	0.60	0.61	0.65	0.72	0.74	0.76	0.77	0.80	0.82	0.82
预期寿命	0.86	0.86	0.86	0.86	0.87	0.88	0.89	0.91	0.91	0.92	0.92	0.92	0.92	0.93	0.93
平均受教育年限—抽样(年)	0.74	0.73	0.76	0.78	0.77	0.79	0.80	0.81	0.82	0.84	0.86	0.87	0.86	0.88	0.90
人均 GDP(元/人)	0.03	0.03	0.04	0.04	0.05	0.06	0.06	0.07	0.09	0.10	0.11	0.13	0.15	0.15	0.17
人均社会消费品零售额(元/人)	0.09	0.11	0.13	0.15	0.15	0.17	0.18	0.21	0.24	0.26	0.29	0.34	0.40	0.45	0.47
人均进出口总额(美元/人)	0.01	0.01	0.01	0.02	0.06	0.06	0.06	0.11	0.18	0.25	0.33	0.41	0.58	0.42	0.56

续表

年份 指标	1996	1997	1998	1999	2000	2001	2002	2003	2004	2005	2006	2007	2008	2009	2010
全社会固定资产投资占GDP比重（%）	0.82	0.77	0.81	0.73	0.68	0.69	0.70	0.72	0.70	0.68	0.69	0.67	0.58	0.67	0.65
万元地区生产总值能耗（吨标准煤）	0.85	0.87	0.88	0.89	0.90	0.92	0.92	0.93	0.94	0.94	0.95	0.95	0.96	0.96	0.96
社会劳动生产率（元/人）	0.11	0.13	0.16	0.18	0.22	0.26	0.29	0.32	0.34	0.35	0.40	0.47	0.51	0.54	0.62
第三产业产值比重（%）	0.72	0.75	0.79	0.81	0.83	0.86	0.89	0.88	0.87	0.89	0.92	0.94	0.97	0.97	0.96
人均水资源总量（立方米）	0.06	0.06	0.06	0.06	0.06	0.06	0.05	0.05	0.06	0.06	0.06	0.06	0.08	0.05	0.05
人均能源消费总量（万吨标准煤/人）	0.45	0.44	0.43	0.41	0.43	0.43	0.41	0.39	0.32	0.28	0.24	0.21	0.24	0.23	0.29
万元工业产值工业废水排放量（吨）	0.79	0.83	0.85	0.89	0.93	0.94	0.96	0.97	0.98	0.98	0.99	0.99	0.99	0.99	0.99
单位工业产值工业废气排放量（立方米）	0.85	0.86	0.87	0.89	0.91	0.93	0.94	0.95	0.96	0.96	0.96	0.96	0.97	0.97	0.97
亿元工业产值工业固体废弃物产生量（吨）	0.70	0.73	0.73	0.77	0.83	0.85	0.88	0.88	0.90	0.92	0.93	0.94	0.95	0.95	0.96
污水处理率（%）	0.21	0.22	0.23	0.25	0.39	0.42	0.45	0.50	0.54	0.62	0.74	0.76	0.79	0.80	0.81
工业废水排放达标率（%）	0.42	0.48	0.66	0.73	0.88	0.95	0.97	0.99	0.98	0.99	0.99	0.96	0.97	0.97	0.98

续表

指标＼年份	1996	1997	1998	1999	2000	2001	2002	2003	2004	2005	2006	2007	2008	2009	2010
空气质量二级及好于二级天数比例（%）	0.48	0.48	0.48	0.48	0.48	0.51	0.56	0.61	0.63	0.64	0.66	0.67	0.75	0.78	0.78
人均公园绿地面积（平方米/人）	0.47	0.49	0.56	0.57	0.60	0.63	0.67	0.71	0.72	0.75	0.75	0.79	0.85	0.91	0.94
城市绿化覆盖率（%）	0.58	0.60	0.62	0.64	0.64	0.68	0.71	0.72	0.74	0.74	0.75	0.75	0.76	0.78	0.79

附录Ⅱ 北京市人口、经济和环境协调发展评价各指标相关矩阵

人口子系统相关矩阵

		常住人口密度（人/平方公里）	城镇人口比重（%）	老年人口抚养比（%）	第三产业从业人员比重（%）	预期寿命	平均受教育年限—抽样（年）
相关	常住人口密度（人/平方公里）	1.000	−.933	.284	−.945	−.910	−.960
	城镇人口比重（%）	−.933	1.000	−.364	.972	.914	.966
	老年人口抚养比（%）	.284	−.364	1.000	−.406	−.540	−.455
	第三产业从业人员比重（%）	−.945	.972	−.406	1.000	.947	.977
	预期寿命	−.910	.914	−.540	.947	1.000	.950
	平均受教育年限—抽样（年）	−.960	.966	−.455	.977	.950	1.000
Sig.（单侧）	常住人口密度（人/平方公里）		.000	.153	.000	.000	.000
	城镇人口比重（%）	.000		.091	.000	.000	.000
	老年人口抚养比（%）	.153	.091		.067	.019	.044
	第三产业从业人员比重（%）	.000	.000	.067		.000	.000
	预期寿命	.000	.000	.019	.000		.000
	平均受教育年限—抽样（年）	.000	.000	.044	.000	.000	

续表

经济子系统各指标相关矩阵

		人均GDP（元/人）	人均社会消费品零售额（元/人）	人均进出口总额（美元/人）	全社会固定资产投资占GDP比重（%）	万元地区生产总值能耗（吨标准煤）	社会劳动生产率（元/人）	第三产业产值比重（%）
相关	人均GDP（元/人）	1.000	.993	.974	−.793	.911	.992	.931
	人均社会消费品零售额（元/人）	.993	1.000	.964	−.777	.887	.988	.915
	人均进出口总额（美元/人）	.974	.964	1.000	−.800	.839	.952	.873
	全社会固定资产投资占GDP比重（%）	−.793	−.777	−.800	1.000	−.865	−.816	−.880
	万元地区生产总值能耗（吨标准煤）	.911	.887	.839	−.865	1.000	.934	.985
	社会劳动生产率（元/人）	.992	.988	.952	−.816	.934	1.000	.952
	第三产业产值比重（%）	.931	.915	.873	−.880	.985	.952	1.000
Sig.（单侧）	人均GDP（元/人）		.000	.000	.000	.000	.000	.000
	人均社会消费品零售额（元/人）	.000		.000	.000	.000	.000	.000
	人均进出口总额（美元/人）	.000	.000		.000	.000	.000	.000
	全社会固定资产投资占GDP比重（%）	.000	.000	.000		.000	.000	.000
	万元地区生产总值能耗（吨标准煤）	.000	.000	.000	.000		.000	.000
	社会劳动生产率（元/人）	.000	.000	.000	.000	.000		.000
	第三产业产值比重（%）	.000	.000	.000	.000	.000	.000	

续表

环境子系统各指标相关矩阵

		人均水资源总量（立方米）	人均能源消费总量（万吨标准煤/人）	万元工业产值工业废水排放量（吨）	单位工业产值工业废气排放量（立方米）	亿元工业产值工业固体废弃物产生量（吨）	污水处理率（%）	工业废水排放达标率（%）	空气质量二级及好于二级天数比例（%）	人均公园绿地面积（平方米/人）	城市绿化覆盖率（%）
相关	人均水资源总量（立方米）	1.000	−.349	.073	.087	.118	.202	−.002	.161	.082	.069
	人均能源消费总量（万吨标准煤/人）	−.349	1.000	−.776	−.813	−.853	−.929	−.637	−.887	−.852	−.866
	万元工业产值工业废水排放量（吨）	.073	−.776	1.000	.989	.978	.892	.973	.792	.885	.947
	单位工业产值工业废气排放量（立方米）	.087	−.813	.989	1.000	.991	.928	.944	.859	.928	.977
	亿元工业产值工业固体废弃物产生量（吨）	.118	−.853	.978	.991	1.000	.960	.911	.885	.940	.980
	污水处理率（%）	.202	−.929	.892	.928	.960	1.000	.783	.952	.960	.959
	工业废水排放达标率（%）	−.002	−.637	.973	.944	.911	.783	1.000	.659	.795	.873
	空气质量二级及好于二级天数比例（%）	.161	−.887	.792	.859	.885	.952	.659	1.000	.967	.931

续表

环境子系统各指标相关矩阵

		人均水资源总量（立方米）	人均能源消费总量（万吨标准煤/人）	万元工业产值工业废水排放量（吨）	单位工业产值工业废气排放量（立方米）	亿元工业产值工业固体废弃物产生量（吨）	污水处理率（%）	工业废水排放达标率（%）	空气质量二级及好于二级天数比例（%）	人均公园绿地面积（平方米/人）	城市绿化覆盖率（%）
相关	人均公园绿地面积（平方米/人）	.082	−.852	.885	.928	.940	.960	.795	.967	1.000	.970
	城市绿化覆盖率（%）	.069	−.866	.947	.977	.980	.959	.873	.931	.970	1.000
Sig.（单侧）	人均水资源总量（立方米）		.101	.398	.379	.337	.235	.497	.284	.385	.404
	人均能源消费总量（万吨标准煤/人）	.101		.000	.000	.000	.000	.005	.000	.000	.000
	万元工业产值工业废水排放量（吨）	.398	.000		.000	.000	.000	.000	.000	.000	.000
	单位工业产值工业废气排放量（立方米）	.379	.000	.000		.000	.000	.000	.000	.000	.000
	亿元工业产值工业固体废弃物产生量（吨）	.337	.000	.000	.000		.000	.000	.000	.000	.000

续表

环境子系统各指标相关矩阵

		人均水资源总量（立方米）	人均能源消费总量（万吨标准煤/人）	万元工业产值工业废水排放量（吨）	单位工业产值工业废气排放量（立方米）	亿元工业产值工业固体废弃物产生量（吨）	污水处理率（%）	工业废水排放达标率（%）	空气质量二级及好于二级天数比例（%）	人均公园绿地面积（平方米/人）	城市绿化覆盖率（%）
Sig.（单侧）	污水处理率（%）	.235	.000	.000	.000	.000		.000	.000	.000	.000
	工业废水排放达标率（%）	.497	.005	.000	.000	.000	.000		.004	.000	.000
	空气质量二级及好于二级天数比例（%）	.284	.000	.000	.000	.000	.000	.004		.000	.000
	人均公园绿地面积（平方米/人）	.385	.000	.000	.000	.000	.000	.000	.000		.000
	城市绿化覆盖率（%）	.404	.000	.000	.000	.000	.000	.000	.000	.000	

附录Ⅲ　　人口、经济和环境系统主成分的因子载荷矩阵

人口子系统成分矩阵

	成分	
	1	2
常住人口密度（人/平方公里）	－.954	－.229
城镇人口比重（%）	.969	.142
老年人口抚养比（%）	－.500	.865
第三产业从业人员比重（%）	.984	.099
预期寿命	.974	－.072
平均受教育年限—抽样（年）	.991	.049

经济子系统成分矩阵

	成分
	1
人均 GDP（元/人）	.984
人均社会消费品零售额（元/人）	.973
人均进出口总额（美元/人）	.955
全社会固定资产投资占 GDP 比重（%）	−.880
万元地区生产总值能耗（吨标准煤）	.956
社会劳动生产率（元/人）	.989
第三产业产值比重（%）	.974

环境子系统

	成分	
	1	2
人均水资源总量（立方米）	.150	.951
人均能源消费总量（万吨标准煤/人）	−.892	−.302
万元工业产值工业废水排放量（吨）	.959	−.137
单位工业产值工业废气排放量（立方米）	.983	−.103
亿元工业产值工业固体废弃物产生量（吨）	.991	−.051
污水处理率（%）	.977	.098
工业废水排放达标率（%）	.881	−.249
空气质量二级及好于二级天数比例（%）	.926	.103
人均公园绿地面积（平方米/人）	.968	−.030
城市绿化覆盖率（%）	.991	−.073

第五篇

未来人口与资源环境关系变动及其政策选择

第十二章 北京市未来人口变动趋势及其对环境的超载压力

为了对北京市未来的人口发展趋势及其环境压力变化有所了解，本章首先采用人口预测方法对北京市2011—2030年未来的人口变动趋势进行了多方案的趋势模拟。然后与前文的人口承载力进行对比分析，对未来的人口资源环境超载情况进行了分析。最后在此基础上提出了相应的对策和建议。

12.1 未来北京市的人口变化

12.1.1 预测模型及预测原理

对人口总量的预测，主要采用分要素预测法进行。分要素预测法的理论基础是人口平衡方程式，即 $P_t = P_0 + (B-D) + (I-E)$。其中 P_t 为预测期人口数，P_0 为基期人口数，B 为出生人口数，D 为死亡人口数，I 迁入人口数，E 为迁出人口数。在预测中，出生人数涉及育龄妇女分年龄生育率水平以及生育模式的变化，而死亡率涉及分年龄性别人口的死亡水平和死亡模式变化，城乡之间的净迁移主要由每年的净迁移率（或迁移量）以及迁移的年龄结构模式共同决定。

实际计算过程涉及年龄移算，要比上述平衡方程复杂得多。以女性人口为例计算的估算公式如下：

1. 女性年龄别死亡人数估算公式

$$D^f(x,t) = l^f(x,t) \times q_x$$

2. 出生女婴人数估算公式

$$B^f(0,t+1) = 1/2[l^f(x,t) + l^f(x,t+1)] \times f_x \times S \times L_0/l_0$$

3. 各年度年龄别女性人口推算公式

$$l^f(x+1,t+1) = l^f(x,t) \times p_x^f$$

4. 各年度人口总数估算公式

$$l(t+1) = B^f(0,t+1) + \sum l^f(x+1,t+1) + B_m(0,t+1)$$
$$+ \sum l_m(x+1,t+1)$$

注：$l(x,t) = t$ 时期 x 岁组的人口数，$l^f(x,t) = t$ 时期 x 岁组女性人口数；

$f_x = x$ 岁组到 $x+1$ 岁组人口的存活概率，$q_x = 1 - p_x$ 为死亡概率；

$S =$ 出生人数中女婴所占比例；

$B(0,t) = t$ 时期出生人数；

$D(0,t) = t$ 时期 x 岁组死亡人数。

在给出未来总和生育率、预期寿命以及净迁移规模的前提下，通过给定的生育模式、死亡模式和净迁移模式的变化，进而转化成育龄妇女的生育数、分年龄性别的死亡数以及分年龄性别的净迁移量，最后逐年推出各年龄性别的人口数。

研究所用的基年数据主要来源于北京市第六次人口普查资料。预测的基年是 2010 年。各预测数据依据的是北京市统计局公布的各年统计数据及相关文献。

12.1.2 方案的设定

设定的方案如下：

1. 总和生育率

2010 年北京市的总和生育率为 0.69，与 2000 年及 2005 年的水平相比几乎没有变化，2000 年和 2005 年分别为 0.69 和 0.68。在生育政策不发生大的变化的情况下，总和生育率不太可能发生大的变化。随着独生子女一代陆续进入婚育期，以及考虑到未来我国生育政策有放开的可能性，因此，假设总和生育率可能会有一定程度的提高。我们设计了以下四个生育方案（见表12—1）。

表 12—1　　　　　　　　　生育率假设方案

方案	内　　容
高方案	假定总和生育率从 2010 年的 0.69 线性递增至 2020 年的 1.2，之后又线性递增至 2030 年的 1.4
中方案 1	假定总和生育率从 2010 年的 0.69 线性递增至 2020 年的 1.2，以后保持这一生育水平
中方案 2	假定总和生育率从 2010 年的 0.69 线性递增至 2020 年的 1.0，以后保持这一生育水平
低方案	假定 2010—2030 年始终保持 2010 年的 0.69 不变

2. 平均预期寿命

2010 年北京市常住人口出生平均预期寿命男性为 76.1 岁，女性为 81 岁。根据联合国不同水平出生平均预期寿命的平均年增长幅度的经验值，男性在 75.0～77.5 岁每五年增加 0.5 岁，77.5～80 岁每五年增加 0.4 岁；女性在 80.0～82.5 岁每五年增加 0.5 岁，82.5 岁以上每五年增加 0.4 岁。据此来预测北京市 2011—2030 年北京市的平均预期寿命状况，如图 12—1 所示。

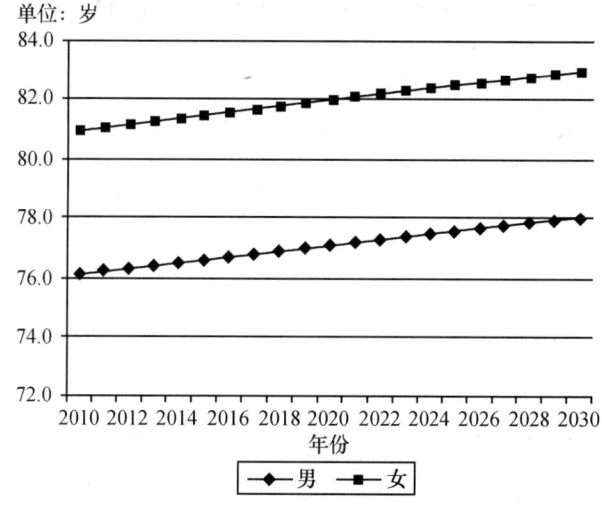

图 12—1　2010—2030 年北京市分性别人口平均预期寿命折线图

3. 净迁移量

北京市常住人口的年增量，2007 年为 47 万人，2008 年为 56.4 万人，2009 年为 55.3 万人。综合相关研究，未来北京市外来人口的变化趋势将继续增长，但考虑到北京市采取的相关措施，未来北京市常住外来人口增加的幅度可能会呈减少的趋势。本书给出了未来净迁移量的假定，2011—2020年每年净迁入量为50万人，2021—2030年，每年净迁入量为35万人。迁移人口的性别年龄结构以第六次人口普查数据中的流动人口性别年龄结构为准。

4. 出生性别比

2010年北京市常住人口出生性别比为109.5，以此为基数，按线性递减的方法降至2030年的105.5。

综合来看，三种预测方案的平均预期寿命、净迁移量、出生性别比三个指标采用的预测方案一致，主要差别在于总和生育率，因此，将四种预测方案按总和生育率命名，即高方案、中方案1、中方案2、低方案。

12.1.3 预测结果及分析

1. 北京市人口总量变动预测结果分析

根据上文提到的预测原理，得到2011—2030年北京市人口预测结果见表12—2。

表12—2　　2011—2030年不同方案下北京市人口预测规模　　（单位：万人）

年份	高方案	中方案1	中方案2	低方案
2011	2 017	2 017	2 016	2 015
2012	2 072	2 072	2 071	2 069
2013	2 129	2 129	2 126	2 123
2014	2 185	2 185	2 182	2 175
2015	2 242	2 242	2 237	2 227
2016	2 299	2 299	2 292	2 278
2017	2 356	2 356	2 347	2 329
2018	2 412	2 412	2 401	2 378
2019	2 469	2 469	2 455	2 426
2020	2 524	2 524	2 507	2 473
2021	2 579	2 579	2 559	2 519
2022	2 618	2 617	2 594	2 549
2023	2 655	2 654	2 627	2 578
2024	2 691	2 689	2 660	2 605
2025	2 726	2 723	2 691	2 632

续表

年份	高方案	中方案1	中方案2	低方案
2026	2 760	2 756	2 720	2 657
2027	2 793	2 787	2 749	2 682
2028	2 825	2 818	2 777	2 705
2029	2 857	2 847	2 803	2 728
2030	2 887	2 875	2 829	2 749

从预测结果可以看到，无论采取哪种预测方案，2020年之前北京市常住人口总量都将持续、较快上升，四种预测方案得到的结果之间差异并不是很大。根据高方案和中方案1，2020年北京市常住人口总量均将达到2 524万人；根据中方案2和低方案，2020年北京市常住人口总量将分别达到2 507万人、2 473万人，四种结果之间相互印证，表明至2020年北京市常住人口总量基本在2 500万人左右，比2010年共增加540万人左右。从增长速度来看，2010—2020年北京市常住人口总量平均每年增加量在54万人左右。

四种预测方案得到的2020—2030年的结果之间的差异较大。按照高方案和中方案1的预测，北京市常住人口总量在2030年将分别达到2 887万人、2 875万人，分别比2010年增加926万人、914万人，平均每年分别增加46.3万人、45.7万人。根据中方案2的预测，北京市常住人口总量在2030年将达到2 829万人，比2010年增加868万人，平均每年增加43.4万人。根据低方案的预测，北京市常住人口总量在2030年将达到2 749万人，比2010年增加788万人，平均每年增加39.4万人。

2010—2030年，北京市常住人口规模的增加将经历一个快速增长—缓慢增长的过程。以中方案1为例进行说明。快速增长期为2010—2020年，平均每年增加56.3万人，年平均增长率为2.56%。缓慢增长期为2020—2030年，平均每年增加35.1万人，年平均增率为1.31%（见图12—2）。

人口总量的变化是对环境影响非常大的一个因素，面对未来不断增加的人口数量，北京市应未雨绸缪，做好应对措施，尽量降低人口快速增加对环境的负面影响。

2. 北京市劳动年龄人口比重变动预测结果分析

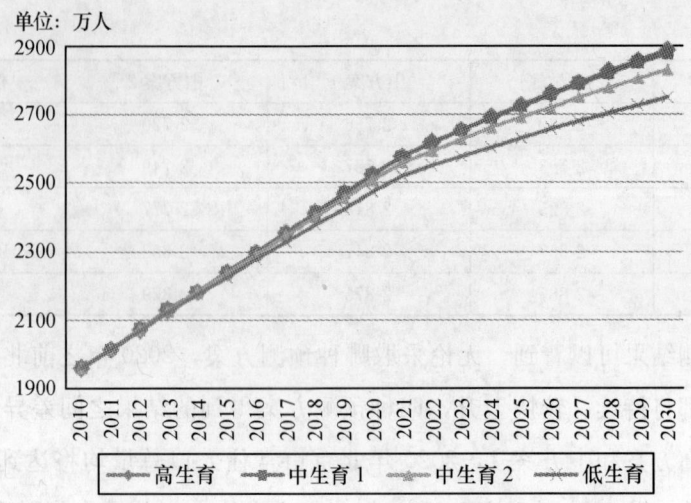

图 12—2　2010—2030 年不同方案下北京市常住人口规模变化情况

劳动年龄人口比重是一个重要的人口指标，研究其比重变化对于研究一个城市的资源环境压力变化情况有重要的参考价值。图 12—3 展示了四种不同预测方案下得到的北京市 2010—2030 年劳动年龄人口比重变化情况。

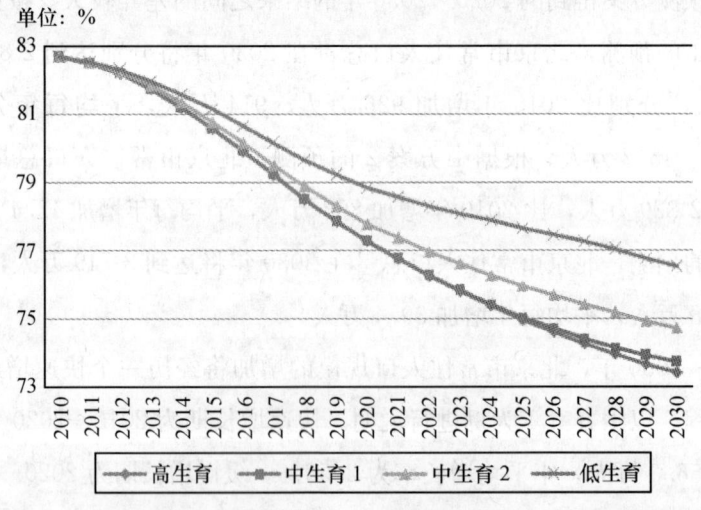

图 12—3　2010—2030 年不同方案下北京市劳动年龄人口比重变化情况

从图 12—3 中可以看到，在四种预测方案下北京市劳动年龄人口比重都呈显著下降趋势。2010—2020 年这一时期，高方案和中方案 1 下劳动年龄人口比重下降速度最快，下降程度也是最大的。中方案 2 的变化速度和程度均处于四种方案的中间位置，而低方案的下降速度和程度均是最平缓的。根据高方案和中方案1，2020年北京市劳动年龄人口比重均将下降到77.3%，下降了5.4%，平均每年下降0.54%；根据中方案2，2020年北京市劳动年龄人口比重将下降到77.8%，下降了4.9%，平均每年下降0.49%；根据低方案，2020年北京市劳动年龄人口比重将下降到78.9%，下降3.8%，平均每年下降0.38%。

在2020—2030年这一时期，劳动年龄人口比重下降的趋势仍将持续，下降速度开始趋缓。在高方案下预测得到的2030年北京市劳动年龄人口比重最低，将降至73.4%，比2010年下降了9.3%。在低方案下预测得到的2030年北京市劳动年龄人口比重最高，将降至76.6%，比2010年下降了6.1%。从四种方案的结果来看，至2030年北京市的劳动人口比重将处于75%上下，这一比重与现阶段水平相比有了很大程度的下降。这一变化对于北京市劳动力供给市场及产业结构等都将产生很大影响，进而会通过产业结构调整、消费方式变化等多个渠道影响到北京市人口对环境的压力。

3. 北京市人口老龄化预测结果分析

在人口因素对资源环境的压力分析中，人口老龄化始终是学者们十分关注的指标，老年人群体由于生活、消费等习惯的不同，其对资源环境的压力亦有很大不同，因此随着社会老龄化程度的不断加深，整个社会的资源环境压力也将发生很大变化。

图11—4展示了在四种不同预测方案下，北京市65岁及以上人口所占比重的变化情况。可以说，无论在哪种生育方案下，北京市人口老龄化不断加剧的趋势都是无法避免的。2010—2020年这一期间，四种预测方案所展示的北京市老龄化变化趋势基本相同，在四种方案下2020年北京市65岁及以上老年人所占比重分别为高方案：10.9%、中方案1：10.9%、中方案2：11%、低方案：11.2%。按照国际上人口学界公认的年龄结构划分标准，当65岁及以上人口占总人口的比重达到7%以上时，人口就进入了老年型人口社会。而2020年北京市这一比重将升至11%左右，远高于7%的这一标准，说明北京市届时将进入较为严重的老龄化社会。

而这一情况在短时间内仍将继续发展，至2030年北京市的老龄化程度将

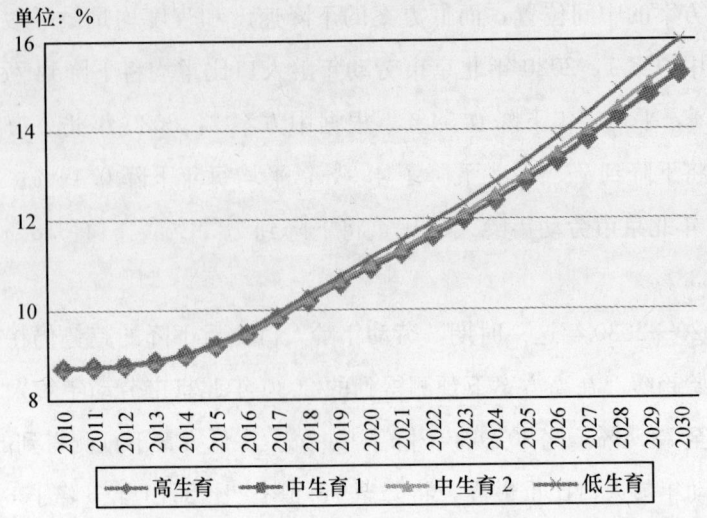

图 12—4　2010—2030 年不同方案下北京市 65 岁及以上人口比重变化情况

进一步加深。根据四种预测方案，2030 年北京市 65 岁及以上老年人口比重最高将达到 16.04%（中方案 2 预测结果），最低也将达到 15.23%（高方案预测结果）。根据这一预测，到那时北京市将进入一个程度较深的老龄化社会，这对环境也将产生较为深远的影响。

4. 基本结论

北京市的城市人口规模还将继续扩大，未来 20 年人口压力仍然是北京市面临的严峻挑战之一。在人口总量继续增长的背景下，北京市的人口老龄化情况也变得更为严峻，2010 年以后北京市的老龄化程度将不断加深，这一人口结构的重大变化也会对北京市的资源环境压力带来深远的影响。在老龄人口比重增加的同时，北京市 15～64 岁的劳动年龄人口比重也在不断下降，至 2030 年这一比重将比 2010 年下降大约 10% 左右，这意味着北京市人口红利将不断下降乃至消失，这促使北京市必须加快产业结构转型，提高科学技术水平。这些人口情况的变化都会从不同方面对北京市的环境产生深刻的影响，北京市必须做好应对措施，更好地改善北京市生态环境状况，提高人口承载力。

12.2 未来北京市人口承载力超载程度判断及其可能的后果

12.2.1 未来北京市人口承载力程度

可持续发展的一个基本要求,是人口规模不能超过承载力的限制,如果人口超过了承载力,则区域的可持续发展将难以实现,反之,将会为可持续发展奠定一个非常重要的基础要件。这里我们用上述的人口预测结果,并与前面的人口承载力做一些对比,来看一下未来北京市人口的超载情况及其可能的环境经济后果。

本书前面从自然资源、城市基础设施、经济资源、社会资源、环境资源五个方面综合考虑了北京市人口承载量,我们得到了可能—满意度方案1(各因素条件全部满足)和可能—满意度方案2(各因素之间相互补偿)下北京市的人口承载力,分别为1 335万~1 480万人、1 480万~1 750万人。可以看到,无论哪种方案,北京市在2020年人口将依然处于超载状况。具体的超载程度见表12—3。

表12—3　　　　　　　　2020年北京市人口超载情况

		可能—满意度方案1	可能—满意度方案2
高方案	超载量(万人)	1 044~1 189	774~1 044
	超载幅度(%)	71~89	44~71
中方案1	超载量(万人)	1 044~1 189	774~1 044
	超载幅度(%)	71~89	44~71
中方案2	超载量(万人)	1 027~1 172	757~1 027
	超载幅度(%)	69~88	43~69
低方案	超载量(万人)	993~1 138	723~993
	超载幅度(%)	67~85	41~67

可见,在满意度达到0.6~0.8的情况下,2020年北京市人口超载量最小在993万人,最大接近1 044万人,超载幅度介于41%~89%。

12.2.2 北京市未来人口增长的主要环境后果

人口超载的主要后果是以牺牲环境、生活质量等为代价的,如果不能得到改善,则后果将会更为严重,甚至会引发社会矛盾,导致社会动乱。

如前所述，人口作为重要的生产要素之一，其健康和稳定的发展对北京市社会经济起到了巨大的正面积极作用。但是，需要强调的是，当人口超过北京自然资源和社会环境所能容纳的极限时，不仅会给北京市社会经济发展带来严重后果，也将影响到人们的生活水平和生活质量。当然，我们是在一定假设前提下所作的研究，并没有人能证明人口承载的极限值就存在于这一范围之内，但重要的是，这种分析应看做是一种警示：首都人口正在进入一个人们所预想的环境承载力的极限范围。另外，需要说明的一点是，我们对北京市人口超载后果的分析有一前提假设，即如果北京市按照目前人口增长的态势增长，在现有的条件如政府管理模式、现有技术水平和人们的消费方式不发生根本改变，若顺其发展的话，在若干年后可能产生严重的后果。由于前面的分析已经指出，制约北京市 2010 年和 2020 年人口承载力的主要因素分别是水资源总量、建设用地、能源，尤其是生活用电以及建设用地和生活垃圾等，这在一定程度上意味着当北京市人口超载以后，以上方面将会更加紧张，并将严重威胁人们的日常生活和居住质量。本书按照人口承载压力较大的几个方面加以论述。

1. 人口超载将继续导致用水紧张，即便加上南水北调和再生水，北京市在 2020 年依然处于极度缺水行列

北京市历来是水资源严重匮乏的地区之一，水资源成为制约北京市人口承载力最主要的影响因素。如果按照当前的水资源人口承载力，人均占有水量至少应当在 198~227 立方米，到 2020 年，考虑到南水北调来水量达 10 个亿，以及再生水回用等，可用水量达到 55 亿~58 亿立方米（枯水年到平水年），按照 2020 年水资源承载力，人均水资源量应当在 357~383 立方米/人，水资源紧张状态应该能得到较大程度缓解。而实际上，当前因为人口超载，人均水资源量仅有 171 立方米，2020 年按照人口预测方案，人均实际占有水资源将仅为 158~162 立方米，依然在联合国规定的极度缺水城市行列。

2. 人口超载给城市建设带来极大困难，建设用地的供需矛盾难以得到缓解

人口增加对土地资源的压力集中体现在三个方面：第一，住房要用地，人口的不断扩张导致建筑用地需求不断增加。第二，人口增加后，配备相应

的基础设施和公共服务设施也要用地。第三，解决就业的产业发展还要用地。而人口超载将会额外增加上述压力，引起人均建设用地的下降，最终体现在房价的居高不下以及大多数百姓生活质量的下降上。

据测算，每增加10万人需要综合占地大约20平方公里。按照2020年城市建设用地所能承载的人口规模，到2020年最多承载1 480万人，人口将超载993万～1 044万人。按此计算，到2020年，北京市将为超载的近1 000万人额外提供土地接近2 000平方公里，而根据前面的建设用地潜力测算，目前可供利用的建设用地潜力大约为1 047平方公里。也就是说，将目前的后备建设潜力全部用于超载的人口，还远不能满足其需求，在承载力范围内的人口，其人均占有的建设用地状况很难得到改善。而北京市作为首都，在人均建设用地方面本身就与国际大都市的标准相差很远，这种状况将不利于将北京建设成为国际化大都市。

因此，人口在土地资源方面的超载，必将牺牲大多数人在住房、交通等方面的利益，降低人们在这些硬件基础设施方面的生活质量。

3. 人口超载加剧了城市交通拥堵，向提高北京市交通出行质量提出了挑战

交通问题一直是北京市的首要问题之一。当人口超过其承载力后，交通需求与交通供给的矛盾将会更加突出。当然，北京市交通问题并不是简单由人口规模增大引起的，但人口超载至少能够说明在综合考虑的情况下，人口数量已经超过了北京市交通的承受能力，从而使北京市未来交通问题更加严峻，交通拥堵现象得不到缓解。可以看到，目前乃至未来相当长的一个时期，北京市的城市发展正由高度密集的城市逐步演变为更大区域内日益分散和多极化的城市，这种转变必然导致人们的出行模式也随之发生急剧的变化。由经济引发的出行行为如交际、购物、文化活动和旅游等的增长对交通设施会提出更多更高的要求，人口超载不仅会超过自然环境的承载力，还将超过城市交通的承载力。简单地说，2020年生态化城市成型是北京市的目标，按照标准人均道路面积应为28平方米，按照本书计算，在可能—满意度比较理想的情况下，铺装道路在2020年能够承载的人口最大为1 835万人。然而，根据人口预测结果，到2020年北京市人口规模将达到2 473万人至2 524万人，

人口超载 600 多万人，按照人口预测规模，人均道路铺装面积很难达到规划目标，2020 年大约在 11 平方米，远低于规划标准。因此，如果人口继续超载，北京的交通道路拥挤状况的改善将存在很大困难。

当然，通过人均道路面积的减少并不能完全说明北京市交通恶化的状况，但至少从一个侧面表明北京市交通不容乐观。从交通方面来看，人口超载意味着经济行为引发更多的交通需求，如果交通的供应能力和速度跟不上对交通的需求的话，必然会给北京市交通带来越来越大的压力。表现为，人们对交通总需求超过了未来北京城市交通容量上限，从而使交通资源匮乏，人均道路面积减少，无法达到发展目标，人多路少的局面将会更加严重，未来交通将会更加拥堵。

可见，人口超载意味着在交通层次上，各种需求超过未来交通基础建设的发展能力和速度，再加之如果北京市规划和土地利用不合理等情况不改变的话，势必会使未来北京市交通承受巨大压力，不仅使交通资源匮乏，而且交通阻塞将会时常发生，交通拥挤对社会生活最直接的影响是增加了居民的出行时间和成本。出行成本的增加不仅影响了工作效率，而且也会抑制人们的日常活动，未来居民的生活质量也将随之下降。另外，由于人口超载使得交通更加拥挤，将可能进一步恶化北京市未来城市环境。为了满足超载人口的交通需求，机动车数量必然迅速增长，那么，交通对环境的污染也会不断增加，并且将会成为城市环境质量恶化的主要污染源。交通拥挤导致车辆只能在低速状态行驶，频繁停车和启动不仅增加了汽车的能源消耗，也增加了尾气排放量和噪声，进一步恶化居民的生存环境。

4. 人口超载还加剧能源供应紧张状态，并进一步影响北京未来经济发展

根据单因素估计，到 2020 年能源将成为北京市重要的人口承载力制约因素，在可能一满意度值为 0.6 的情况下，能源最大可承载的人口为 1 780 万人，人口将超载 727 万～744 万人。这样，同未来北京市人口发展的预测数相比，城市能源供应将会进一步紧张。按照未来城市发展规划，人均用电总量达到 480～590 千瓦小时/年才能保障北京发展，并达到部分现代化的标准，但如按人口预测，未来北京市人口发展趋势将使人均能源供应量和生活用电总量降低，2020 年人均用电总量将远低于合理值。我们都知道，城市的发展需要能源保障,尤其需要电力供应充足,但人口超载将使人均用电量减少,导致城市用电紧张的可能性极大。如果不加控制,电力资源也将会出现严重短缺,分区停电、隔天停电、分时停电将可能成为常态,严重影响北京市未来社会经济发展。

5. 北京市生态环境治理的难度和压力增大,严重影响生存质量的提高

从计算的结果可以看到,到2020年北京市绿地、垃圾处理等决定城市生态和环境的因子对人口承载力的制约都明显增加,2020年城市生态环境的总承载力为1 750万~2 140万人,其中城市绿地的承载力为1 670万~2 215万人,垃圾处理量的人口承载力为1 635万~1 985万人,在可能—满意度的低值区间,人口超载不是十分严重,但在较高值区间,人口将严重超载。说明如果要享有较高的生活环境质量,则只能选择承载较少的人口,否则即便是容纳较多的人口,可能—满意度也很低,生活质量会下降。例如在可能—满意度为0.8的情况下,垃圾因子和绿地因子将分别超载522万~872万人和292万~837万人。人口超过其承载能力,人们将向生态系统排出更多超过承载量的生产、生活垃圾,而垃圾处理能力有限,当排出的生产、生活垃圾超过处理能力时,将使人们的生活质量严重下降,人们将会被垃圾所包围。因此,如果不改变现有的生活方式,人口超载将导致垃圾快速增长,超过垃圾处理能力,最终威胁到人们生活质量的提高。在城市,公共绿地面积就是一个体现人们良好的生存质量的指标,当人口超过其承载能力,每人所能享有的公共绿地面积必然减少,人们的生存质量将受到影响。北京市规划人均公共绿地面积为10~15平方米,然而人口超载将难以使人均公共绿地面积达到标准,相反,按照现有人口预测计算,人均绿地面积仅为0.003平方米,远远低于规划目标,这样将很难发挥公共绿地绿色空间的作用,使得未来北京市空气质量受到影响,进而影响到人们生活质量的提升。

总之,任何城市的发展都有它一定的人口规模,超过其自然社会经济的承受能力,必然给人们居住的社会生活环境带来重大影响。需要明确的是,人口超载造成的影响将不仅仅局限在用水、用电紧张、垃圾无法处理以及交通拥堵等城市基础设施和自然资源系统,还会影响人们的生存环境和生活质量的提升,因此人口超载所产生的影响是全方位的。从现有的分析来看,人

口超载不仅引起北京市能源、尤其是电力资源下降,还将导致水资源等自然生态环境的退化,影响人们的居住环境,这些方面同时还将产生连锁反应,使北京市社会经济系统变得更为脆弱和难以经受打击,而经过打击的社会经济系统必然造成广泛的不良社会经济后果。可以说,北京市人口超载引发的后果是具有连带效应的。

当然,需要说明的一点是:我们并不能把未来可能面临的问题都归咎于人口超载。事实上,以上未来可能出现的问题应该是多种主客观原因综合作用的结果。但是,不可否认的是,人口超过了北京的承载力(人口超载)是一个不可忽视的重要因素。如果北京市人口超载的问题得不到妥善解决的话,那么,这意味着以上情况就有可能出现,并将给未来北京市社会经济发展带来严峻挑战。不仅会给北京人民造成巨大的伤害,还会让北京市付出更大的经济代价。

第十三章 关于北京市协调人口资源环境的政策建议

为了将北京市的人口控制在一个适度的规模,以应对未来相当长时期的人口超载压力局面,促进北京市人口资源与环境的协调发展,从全方位改善城市发展质量,提高人们生活水平,将北京市建设成一个物质文化发达,环境质量优良,社会进步,与国际化大都市相媲美的城市,制定出各项调控政策来调整和规划北京市未来人口发展,本章提出如下政策建议。

13.1 指导思想

根据落实科学发展观,建设和谐北京、绿色北京的要求,结合北京市自然资源条件、基础设施、社会经济发展以及城市环境所能持续支撑的人口承载力及其变化,北京市人口与资源环境、经济社会可持续发展的总体指导思想应当是:

合理调控人口与提升首都人口承载能力并举,最大限度地减缓人口承载力与人口增长过快之间的矛盾。通过控制人口增长速度、优化人口结构和调整人口空间布局等减轻来自人口的压力;通过挖掘自然资源潜力和提高资源效能,提高城市经济实力和就业能力,加强城市基础设施建设和公共服务能力,来大力提高首都的人口承载力,力争使总人口增长能够在城市的合理承载力限制之内,促进人口、经济、资源、环境、社会协调发展及可持续发展。

13.2 北京市人口、资源、环境协调发展的重点

第一是抓住流动人口规模控制问题。北京市人口与可持续发展突出矛盾的核心是流动人口增长过快问题。协调人口与资源、环境的关系需要从人口问题入手,而导致人口规模过快增加的原因主要是流动人口增长过快。流动人口问题的来源是过快增长和无序流动。过快增长和无序流动不仅给城市带来巨大压力,而且蕴藏很高的社会风险。

第二是合理调整人口空间分布问题。人口空间分布不合理,人口过度集中在城中心区,使人口承载力所面临的超载问题更加严重,因此,必须重视人口的空间分布问题。合理布局人口的空间分布,不仅能减轻局部的承载压力,而且有利于提高整体承载能力。

第三是抓住土地资源和水资源的问题。北京市水资源和土地资源尤其是后备资源短缺将是制约发展的重要因素,合理利用现有的资源,发挥资源的最大效用是北京市缓解人地矛盾的关键。

第四是优化公共资源配置。公共资源配置是城市结构全局优化的有效途径。户籍人口与流动人口利益协调和资源再分配问题是城市公共资源配置的难点。因此,需要以规范、标准和规则的设立与完善为突破口,实现公共资源效用最大化。

第五是优化产业结构。产业结构的调整和优化是降低资源消耗,缓解城市压力的又一个主要途径,然而,产业结构的调整和优化将是一个长期的任务。

13.3 政策建议

13.3.1 关于人口调控的相关政策建议

北京市当前正面临着城市化的快速发展和人口的快速增长,今后相当长时期内依然会如此。如前文所述,人口的过快增长已经给北京市自然资源条件、城市基础设施和社会经济发展以及城市环境都带来了极大的压力,实际上造成了人口严重超载的局面。如果对这种状况视而不见,任其发展,后果将会更为严重。因此,合理调控人口规模,减缓首都人口的过快增长,是今

后很长一段时期内需要面临的艰巨任务。

人口调控的总体思路是：以控制人口过快增长和合理调整空间分布为导向，以市场化运用为主要方式，辅之以必要的行政措施，通过产业结构的调整和升级，抑制外来人口因为低端就业而导致的人口规模迅速扩大，同时通过引导外来人口和城中心户籍人口向城市边缘和卫星城转移，实现人口与资源、环境、社会、经济的协调发展。

1. 通过多种措施，控制北京市人口过快增长，依然是首都人口调控的关键环节，绝对不能放松

首都人口的规模增长非常迅速，城市的自然条件，基础设施，社会经济发展都很难赶上人口的快速增长和变化，这已经是多年来的事实，未来依然如此，是本章通过研究得到的基本结论。从今后人口发展的趋势上看，人口总量必定会继续增长，关键是要能够通过调控，控制首都人口增长的速度。因此，要使人口的增长尽可能地限制在人口承载力范围之内，人口规模的适当控制就是必须的，也是当务之急。否则，过快的人口增长和超过人口承载力的庞大人口规模，只能是以降低首都的生活质量，破坏自然环境基础等为代价，将会出现环境污染严重，资源短缺，交通拥挤，人民生活质量整体下降等问题。这样的话，首都的可持续发展和人民生活的提高将成为一句空话。

首都人口增长来自两个方面：一个是户籍人口的增长，一个是外来流动人口的增加，近年来外来人口的大量流入是造成人口膨胀的主要原因。因此，今后控制人口规模的主要任务，实际上就是怎样合理控制流动人口的过快增长问题。但是，随着首都社会经济各方面的进一步发展，都市各方面基础设施的进一步完善，外来人口在首都的继续增多，将在相当长的时期难以改变，尤其是，北京市目前正处于城市化加速发展阶段，所以从根本上扭转人口向北京等大城市流入的趋势是不可能的。在这种状态下，如何能够控制住流动人口过快和盲目的增长，从而最终控制总人口规模的过快增加，将是摆在政府面前一个十分棘手的问题。

但是，难以控制不等于不能控制。应该从决定外来人口的最主要原因或决定因素上入手，多方面努力是可以起到一定的效果的。具体地说，应该主要从以下几个方面入手对流动人口进行调控：

(1) 通过产业结构的调整,从根源上抑制外来人口的过快增长

从迁移的一般理论上知道,劳动力迁移的一个重要基础和前提,是必须要有就业机会并实现就业。从北京市的发展来看,近20年来尽管经济增长的速度非常迅速,但是劳动生产率在全国并不是很高,尤其与长三角和珠三角相比,同样的经济规模对劳动力的总体需求是比较大的。这在第三产业产值上表现最为明显,虽然从比重上看,2007年北京市第三产业产值占比已经达到70%,但是第三产业吸纳的劳动力也较多,相应占到总就业人数的69.3%,劳动生产率为8 809元/人,相对中国东南沿海发达城市是不高的。这反映出北京第三产业对低端的劳动力需求较大,可以说北京市的经济发展依然是一种依赖劳动力增长的外延式发展模式。这是造成近年来外来人口规模急剧增加,从而促使城市人口过度膨胀的根本原因。

要控制首都的人口增长,需要在不同产业之间转移人口,特别是把第二产业的人口向第三产业转移,通过产业升级与引进高素质人才,实现抑制北京市人口的过快增长。因此,加快第三产业更新换代和技术进步的步伐,提高第三产业的科技含量和对劳动力的需求层次,是减缓北京市流动人口过度膨胀的根本之举。尤其是通过调整产业结构,可以降低低端产业对就业的需求,从而减少流动人口的大规模进入,有利于从根本上控制流动人口的流入。

必须加快产业结构调整,加快实现首都经济发展从劳动密集型和资本密集型向技术和智力密集型的转变,从源头上减少低端行业对流动人口的就业需求。要注意充分发挥产业政策对流动人口的引导和配置作用,走高端产业发展之路。大力发展现代服务业、高新技术产业、现代制造业,减少第三产业中的低端产业的无序扩展和资金投入,提高第三产业内在的层次和品质,这样就会提高对劳动力素质的要求。同时要限制小食品、小发廊、小百货等低端产业的蔓延,提高产业的准入门槛。

(2) 通过多种方式和手段,提高城镇人口的就业率,减少失业率,有效减少对外来流动人口的就业需求

目前北京市在许多行业中流动人口就业依然占据较大比重,部分原因是城镇职工尤其是下岗职工的就业素质和观念所致,但更主要的原因是由于本地人和外地人在许多行业中的就业处于不平等地位所致。具体表现在流动人

口的用工成本相对低廉，合法权益得不到很好的保障，而企业或单位雇用本地人，不仅工资相对高而且社会保障等权益的落实要求较高，即用工成本高，因此造成了不少单位和企业宁愿雇用流动的外来人口。于是在就业总岗位一定的情况下，致使一些行业中流动人口占据的比重很大，而城镇人口则出现较大的失业和下岗等问题，并引起了城镇人口和流动人口之间就业的一些结构性矛盾。

因此，要抑制流动人口的盲目大规模增长，就要改变这种不公平的就业环境和状况，要加强企业用工方面的管理，充分重视流动人口的合法权益，落实每小时最低工资标准以及为外来务工人员缴纳疾病工伤保险等方面的规定，这不仅可以保护流动人口的合法权益，促进本地城镇人口和流动人口在务工方面的公平性，而且可以通过经济杠杆来调控人口发展的规模和方向，提高城镇人口的就业率，减少失业压力，有效抑制流动人口的规模增长。

这里需要强调的是，城市政府不能强行清退外地民工，把他们腾出来的岗位"送给"当地下岗人员。这是一种歧视性的就业干预措施，违背了公平和公正的原则，在保护一部分人的利益的同时，牺牲了另一部分人的利益。这样做的结果，不仅不能促使本地城镇人口就业，相反还会降低一些企业的劳动生产率，实际上引起一些企业和外来人口与政府间的博弈，效果是不好的。因此，建立起对参与各方有效的激励—约束机制，减少制度各方与政府的博弈行为是必要的。

（3）加强政府对外来流动人口的宏观管理和微观服务，是控制人口过快增长的基本保证

为流动和迁移人口直接设立高门槛或直接提高流动人口生活成本的提法，已经广受诟病。这是因为人为抬高门槛，与当前的科学发展观和以人为本的理念是矛盾冲突的，也有失社会公正。而且门槛只能挡住户籍迁移中较低素质的人，对于一般的流动人口是没有作用的。本书认为，应该通过加强管理，从对行业和外来人员两个角度，加强管理，提高服务质量，提高流动人口的生活质量和素质，这样达到一举两得的目的，既可以起到政府为百姓提供优质服务的功能，同时在客观上达到制约流动人口增加的目的。

对流动人口来说，政府管理部门应当细化外来流动人口管理各个环节的

有关制度规定,在出租房、就业技能等方面做出更细致的可操作的规定,建立部门联动机制,公安、工商、卫生、劳动部门加强联动,合理疏导人口,减少人口的盲目流动。加强居住场所法制化、信息化管理,围绕办证、租房、用工等环节,完善对流动人口的管理和服务。依法加强出租房屋管理和暂住登记,完善以证管人、以房管人、以业管人的工作模式,促进人口的有序流动。具体说来:

首先,尽快实行就业资格证制度,对所有就业者加强就业登记,查验就业技能。就业必须要经过培训,具备相应的技能,经过平等的竞争上岗。加强行业管理,规定就业者从事某个行业所必须具有的学历和技能等级,要求用人单位在聘用劳动者时严格执行。各行业严格按照职业资格录用,逐步形成职业资格的准入制度。加强对外来人口的职业培训,提高技能,这样不仅可以提高外来流动人口的素质和技能培训,而且客观上减少了对低端就业者的吸纳。

其次,充分重视流动人口的合法权益,落实每小时最低工资标准以及为外来务工人员缴纳医疗和工伤保险等方面的规定,这不仅可以保护流动人口的合法权益,让外来人员享有基本公平的劳动报酬和社会保障,而且可以通过经济杠杆调控人口发展的规模和方向,提高企业对外来务工人员的用工成本,减少低端行业的就业需求。这样,当流动人口管理走向有序化后,流动人口的进京生活成本等也会相应提高,在一定程度上对抑制外来人口的无序和大量进入,起到一举两得的作用。

再次,加强流动人口信息化管理,加强居住场所法制化建设、信息化管理,围绕办证、租房、用工等环节,完善对流动人口的管理和服务。为外来人口提供各种服务,如发布就业信息,提供子女入学服务、就医服务、生殖健康保健服务等,使外来人口在北京市的工作、生活走向有序化的轨道。这些将能稳定已有的流动人口队伍,避免流动人口的多次频繁盲目流动,也能在客观上减少新的流动人口较大规模的盲目流入。

最后,应该对其中一些基本稳定的流动人口按一定条件给予合法身份。建议政府把居住一定时间以上,有固定工作和住所的流动人口视做常住人口,可考虑结合户籍制度改革,按一定的条件给部分流动人口合法身份,让他们尽可能地融入城市，成为城市社会发展的稳定力量。在具体操作上，可结合城市的长期发展规划，实行有计划的年度配额制，将有合法住房与正当职业、一定的合法居留时间、遵纪守法、一定的受教育程度等作为必要条件，以对所在城市建设有较突出贡献、先进模范人物、有业务专长或有一定投资等作为优先条件，按照一定条件和额度给他们合法的身份，以此形成的人才吸引杠杆，可以起到优化流动人口素质结构、减少低素质人口的盲目流入、稳定现有流动人口队伍的作用。

总之，目前在流动人口政策方面，主要宜采取引导、规范和服务的方式，使流动人口尽可能快地融入当地，固定下来，减少不安定因素，让流动人口的生活成本等尽快地逐步与本地人口一致，这样可以减少流动人口的动荡，提高用工成本，提高流动人口的社会价值和对城市的贡献，并且减少人口的盲目流动。

（4）减少或弱化首都的某些城市功能，也是控制人口增长的重要途径

城市的功能多少与人口规模的大小有一定的正相关性。城市的功能越多，一般聚集的人口也越多；城市的经济和商业功能越强大，聚集的人口也会更多，这已经为很多实际例子所证实。

北京市作为全国的首都，其主要功能是全国的政治中心，但同时也是全国的文化中心和整个亚洲重要的国际交往中心。按照北京市2004—2020年城市总体规划，北京市的主要功能是：①中央党政军领导机关所在地。②邦交国家使馆所在地，国际组织驻华机构主要所在地，国家最高层次对外交往活动的主要发生地。③国家主要文化、新闻、出版、影视等机构所在地，国家大型文化和体育活动举办地，国家级高等院校及科研院所聚集地。④国家经济决策、管理，国家市场准入和监管机构，国家级国有企业总部，国家主要金融、保险机构和相关社会团体等机构所在地，高新技术创新、研发与生产基地。⑤国际著名旅游地、古都文化旅游、国际旅游门户与服务基地。⑥重要的洲际航空门户和国际航空枢纽，国家铁路、公路枢纽。然而多年的发展，使首都在这些功能之外，还形成了较强大的经济、商贸功能，以及其他功能，包括旅游、就医、交通枢纽，以及各地的驻京办事功能等于一身。这些功能都必然要有一定的人口去承担，因此形成了如此庞大的人口，而且随着城市

的发展，人口也在日益聚集并膨胀。可见，要改变这种状况，减少或弱化首都的某些附加在主要功能以外的城市功能，将是一条重要的途径。如果能将首都的功能减少一些或迁移到外地，城市人口规模将会得到有效的控制。尤其是北京市的经济功能、商业中心功能和交通枢纽功能都应当适当控制甚至弱化。

2. 合理调整人口的空间分布，减少城区人口压力

合理调整人口的空间分布，通过调整城市功能空间布局尤其是产业的空间转移，带动就业人口和功能服务人口向城市外围地区扩散，以此缓解中心城区的人口压力，同时增强实际的人口承载能力和水平。

在未来的人口发展过程中，人口布局调整与数量增长必须要同步进行。合理调整人口的空间分布，也是减轻人口承载压力的重要举措。目前首都人口承载压力大，严格说来，不仅仅体现在总人口规模超过人口承载力上，实际上还体现在局部人口承载压力较高，从而使得总体人口承载能力下降上。由于局部资源分布不均使人口承载过小，或者局部人口密度过高，这两方面都导致局部地区人口高度超载，从而给资源环境和社会经济发展带来很大问题。就北京市来说，城中心两个区应该说是承受了最高的人口承载压力，这种压力，往往导致整个城市系统很多功能运转不灵，资源环境受到损害，社会经济发展受到很大影响。因此，要使首都的人口尽可能不要超出环境资源承载力，还必须要高度关注人口的空间分布问题。调整人口空间分布，既可以减轻城区和近郊区的资源环境压力，同时还可以拓展城市人口的生存空间，提高人口承载的整体能力。

(1) 通过部分城市功能的外迁，尤其是产业的空间转移来带动人口的空间再分布

长期以来，由于北京的城市功能主要集中在城市的中心区，大量人口也集中在城市中心区。从空间结构上进行战略性调整，把城市的一些功能从市中心转移出来，可以大大拓展城市空间。在市区范围内建设不同的功能区，在"两带"建设若干新城，吸纳新的产业和人口，分流中心区的功能，这样就会大大缓解城市中心区人口增长的压力。也有利于分散北京交通压力，有利于建造适宜居住的人居环境。

在信息化和全球化的今天，世界性大城市早已经陆续从过去的制造业中心与商业中心，向知识中心和管理中心转变。北京市也正在经历着这一转变。要充分发挥北京市在人才和智力资源方面的优势，按照"研发和销售在城内，生产和制造在城外"的原则，逐步形成哑铃性的产业结构，通过产业链的区域分工，将更多的企业迁移到城区以外。

在具体做法上，政府应该制定鼓励搬迁的优惠政策。通过在土地使用、税收、搬迁费用、购房、子女教育等方面给予适当的优惠或补贴，以引导政府机关、企业和学校向周边卫星城市迁移。

(2) 建设调控首都人口规模的战略腹地，积极发展卫星城市和小城镇

卫星城和中心镇人口密度较低，将成为今后人口增长和分散的依托空间。从国际经验看，特大型城市周边卫星城市和小城镇发展的支撑力，主要不是当地农村人口的城镇化，而是城市持续向外扩张与整个城市功能布局不断优化的结果。卫星城和中心镇发展起来了，可以起到截留远郊区在城市化进程中可能流入城区和近郊区的部分人口，还可以吸纳部分外来人口，并可能吸引城区人口去生活和居住等。因此，应该从现在就开始加快卫星城和小城镇的建设与发展，积极推动城区人口有序地向远郊区流动。

要加强京津冀区域合作，建设调控首都人口规模的战略腹地。降解一部分首都功能，加快周边城市和地区的城市化建设进程，发展若干有活力的中等城市，引导城市功能在大的区域内合理分布，有效减轻首都流动人口的压力。

(3) 要通过改善周边小城镇和卫星城以及远郊区以外地区的居住功能，增强基础服务设施等配套设施，同时合理引导产业和人口由市中心向外围的空间移动，并通过对工作机会和相应的公共服务设施建设为保障，来顺利实现人口的空间合理再分布

人口向城市周边的成功转移，必须要以工作机会的相应转移为前提，否则仅仅以居住为目的的转移，将会给城市中心的交通、环境等各方面带来更大的压力，加大了城市内部的流动，人口的合理再分布也就失去了意义。因此，不能单纯以居住为目的，必须配合以工作机会的转移，要以相应的工作机会为保障。

同时要以相应的城市基础设施和社会公共服务为保障。因此在新城建设

中，要积极发挥基础设施的先导作用，保障城市结构布局的顺利实现，促进城镇功能的完善。充分挖掘现有设施潜力，逐步改造、完善基础设施系统，提高服务水平。并且注意大力发展小城镇基础设施建设，改善生产生活条件；积极推动农村居民点的基础设施配套建设，因地制宜，逐步建立符合农村地区经济社会发展水平与规律的基础设施服务体系。

在边远地区的居民用水、用电和住房购置、交通等方面，政府也可以考虑给予适当补贴，进一步拉大不同地区之间的成本差异，有利于居民和外来人口向周边转移。

3. 通过多种途径，提高北京市人口的文化素质，以适应国际化发展的要求

通过继续加强对适龄人口的教育，不断强化对劳动力人口的培训，进一步保持对高端人才的引进是提高北京市人口的文化素质以及未来适应国际化发展的必然要求。"十二五"期间是北京市建设成为现代化的国际大都市、全面实现现代化的关键时期。在这一新的阶段，北京能否适应国际化发展的要求，创新是核心，人才是关键，而教育则是根本。面对机遇和挑战并存的局面，我们认识到北京的教育还存在着诸多不足。城乡和区域之间的教育发展还非常不均衡，优质教育资源无法满足人民群众的需要，人才培养的质量水平还不够高。虽然北京市人口的文化素质在全国处于领先地位，而且随着年龄较大的劳动力不断退出劳动力市场，劳动年龄人口的教育水平会有较大提高。但是，与其他国际大都市相比，不管是总人口中接受高等教育人口的比例还是劳动力年龄人口受教育程度都是很低的，距离国际化大都市的要求还有较大的差距。

（1）通过加强教育，提高整体人口的文化素质

提升北京市整体人口文化素质并不是一朝一夕的事情，而是一个周期长、见效慢的过程。尽管在过去的几十年内，北京市人口的文化素质有了明显的提高。但是，与社会经济快速发展的客观要求相比，北京市总人口中接受高等教育的人口比例还比较低，劳动力资源受教育程度明显偏低。因此，在今后一段时期内，北京市人口文化素质的提高需要以义务教育为基础，以高等教育为核心，以职业教育为补充，构建多层次教育体系，进而能够在不同程

度上满足劳动力市场对不同人力资源的需求，同时还能保证大部分民众接受应有的文化教育，提高人口整体的文化素质。

推进义务教育公共服务均等化。从北京市的具体情况来看，在义务教育方面，区域之间和城乡之间还很不均衡，不同群体在受教育权利上还存在差异。《北京市中长期教育改革和发展规划纲要》的数据显示，北京市2009年的义务教育完成率只有96%，北京市的目标是在2015年达到98%，2020年为99%。第六次人口普查结果显示，北京市常住人口的平均受教育年限只有11.5年，这些数据足以说明义务教育完成率对于提升北京市总人口的平均受教育年限的重要性。因此，从推进义务教育均等化的角度来看，需要进一步在财政、师资上向农村地区和落后地区倾斜。同时，对于特殊群体如农民工子女和残疾儿童少年也应该提供平等的受教育机会，在政策上给予农民工子弟学校优惠，保障农民工子女能够进入全日制公办学校，免费接受义务教育，强化特殊教育学校建设，提高残疾儿童少年接受义务教育的水平。

构建现代职业教育体系。根据北京市产业优化升级的要求，适应北京高新技术产业、现代服务业、现代制造业、文化创意产业和都市型农业等高端产业发展需求，需要培养一批能够适应北京现代化建设的高素质劳动者和高技能人才。但是，相关的统计数据让我们对职业教育的现状和未来不容乐观。《北京市统计年鉴2011》数据显示，2010年年末，北京市有普通中专35所，比2009年少了1所，招生数从2009年的18 748人减少到2010年的17 620人；成人中专数从2009年的12所减少到2010年的11所，招生数有所增加，从2009年的9 876人增加到2010年的11 404人；职业高中从2009年的66所减少到2010年的61所，招生数小幅增加，从2009年的21 159人增加到2010年的21 562人；技工学校从2009年的43所减少到2010年的38所，招生数从2009年的19 241增加到2010年的20 359人。因此，为了适应北京市未来的产业发展需求，需要构建现代职业教育体系。增强职业学校对学生的吸引力，建设一批骨干特色专业，改革职业教育的人才培养模式，重点培养学生的职业技能，鼓励企业在职业教育的专业建设、课程开发、实习培训等方面与学校进行合作。

不断提高在京高校的办学水平。北京市作为全国的政治和文化中心，不仅有着众多的中央在京高校，还有着众多的市属高校，不管是中央在京高校还是市属高校，都对北京户籍人口在招生上倾斜。北京市作为国内经济较为发达的城市，有着众多的工作机会和较好的发展前景，对于接受了高等教育的毕业生有着较强的吸引力，许多毕业生都愿意在北京寻求就业机会。因此，在京高校对于提升总人口和劳动力人口文化素质起着重要作用。需要继续提高在京高校的办学水平，从各个方面对中央在京高校的建设提供支持和保障，发挥政策导向和资源配置的作用，不断提升市属高校办学水平，建设有特色的学科和大学。同时，还要加强中央在京院校与市属高校在学科建设和人才培养等方面的合作交流。鼓励高校继续创新人才培养模式，教学更加注重创新性与实践性。不断提高本科教学质量，继续推进研究生教育创新工程，不断增强研究生的科技创新能力。

(2) 通过强化培训，提高劳动力资源的技能

从北京市产业状况和劳动年龄人口的就业状况来看，北京市的产业在未来的一段时间内仍然需要继续调整。在产业转移的过程中，需要劳动力的就业培训走在前面，为产业转移提供人力资源方面的保障。因此，需要重点加强对企业员工以及流动人口的技能培训。

鼓励企业对员工进行培训。企业的员工培训涉及政府、企业和劳动者个人三方，政府在其中应该起引导作用，给予政策上的支持和资金上的扶持，调动企业参与培训的积极性。政府在对企业进行考核时，可以把企业对员工的培训作为重要的考核目标，引起企业对员工培训的重视。在对企业的培训进行考核时，重点关注培训对企业发展尤其是对北京的经济发展带来的贡献。

加强对流动人口的就业培训。与户籍人口相比，流动人口的素质明显偏低。近年来，北京市的流动人口数量呈不断增加的趋势，占总人口的比例也呈不断上升的趋势。数量如此庞大、比例如此之高的流动人口缺乏的是较高的文化素质和相关的技能，不利于北京市建设成为国际大都市，也不利于北京市未来的产业升级，需要对这部分人口进行培训。由于流动人口为北京市的经济发展作出了巨大贡献，流动人口自身经济状况又相对较差。因此，建议政府对流动人口提供免费的培训，在培训的内容上，要考虑到流动人口从事的行业和职业，具有针对性和实用性，同时还要根据北京市经济和社会发

展对劳动力素质的要求,真正提高劳动者的劳动技能。

(3) 继续引进高端人才,营造良好的成长环境

当前,北京市已经进入全面建设现代化国际大都市的新阶段,为了建设世界城市,需要进一步提高北京的现代化、国际化水平。世界城市对全球的经济、政治、文化等方面都有着重要的影响,是国际金融中心、决策控制中心、国际活动聚集地、信息发布中心和高端人才聚集中心。与其他世界城市相比,北京市虽然在人口总量和年龄结构上有一定的优势,但是在高端人才方面还有较大的差距。因此,北京市需要在未来的若干年内进一步重视人才的会聚,继续发挥人才的创造性,营造良好的环境留住人才。

筑巢引凤,吸引高端人才。不断改进人才引进机制,切实提高人才的待遇,通过重金来引进人才,对于引进来的人才要给予多种激励手段,激发人才的创造力和积极性。在引进人才时,要引进确实需要的人才,确保进得来,用得好,重点培养优秀的中青年专业人才骨干。

营造良好的成长环境,解决人才的后顾之忧。对于引进来的人才,要给人才提供施展才华的舞台。对于人才的考核,要对人才的业绩质量与发展前景进行科学评价。同时,对于那些做出突出贡献的人才在物质上给予奖励。另外,对于国家政策法规,要尽量落实,如对人才的落户、居留和出入境等问题上不设置门槛,对于人才的配偶工作、户口和子女的上学等问题给予及时解决。

改革户籍制度,控制人口不控制人才。2012年2月23日国务院办公厅发布《关于积极稳妥推进户籍管理制度改革的通知》,户籍制度改革进一步拉开大幕。实际上自2004年以来,全国各地大中城市陆续实施户籍制度改革,但是,户籍制度的改革始终未突破北京、上海这样的大城市。考虑到北京市目前的人口已经在2 000万左右,需要进一步控制人口,但是不能控制人才。建议北京市仿效上海的做法,对于申请落户的人才实行打分制度,对于北京市紧缺的人才优先落户,而不是采用目前把权利下放到用人单位的做法。

13.3.2 通过提高资源利用效率,改善环境促进人口资源环境的协调发展

解决城市人口与资源环境系统矛盾和冲突的方向,不是简单、机械地限

制人口增长，因为仅从人口调控的角度是远远不够的，尤其是，在城市化快速发展的今天，要完全人为地控制人口的增长是不可能的。要缓解人口与资源、环境、社会、经济之间的矛盾，还需要在水资源和土地资源供给相对刚性的背景下，发挥科技的引领作用，通过更有效的节水手段和更加集约化的土地开发方式，进一步提升水资源和土地资源对人口发展的承载力，使资源环境和人口纳入和谐发展的轨道。通过多种措施并举，减轻自然资源的硬性约束，力争用有限的资源来承载更多的人口。

提高人口承载力，并不是要降低生活水准，或者降低各种资源的人均水平，而是在保证不损害生态环境以及不降低生活水准的情况下，在一定的资源总量约束下做文章，寻求在上述条件下首都所能承载的最大人口。

1. 要加强现有资源的合理利用，并加强资源和环境保护，坚决防止资源的污染和破坏

在水资源方面，要加强水资源的综合开发，坚持"节流、开源、保护水源并重"的方针，把保证城市供水安全放在首位。统筹考虑水资源保护、节水、雨水利用、再生水利用、开发新水源各项措施，进行统一规划和科学管理，合理利用多种水资源。同时，要从涵养与保护两方面入手，通过大力推行清洁生产，重视饮用水安全，减少废污水排放、加强城镇水污染综合治理来提高水资源可利用量。加快城市污水处理，提高污水回用率，减少水资源的污染。坚持雨污分流，注意生活垃圾的收集和处理，完善城市生活垃圾的收集和处理系统，同时要提高城市污水处理厂的建设标准和出水标准，实现污水处理厂的升级换代，对工业污水和生活污水进行深度处理，减少城市污水对有限水资源的侵蚀和破坏。

在土地资源方面，要根据土地资源的潜力和需要，有条件地适当控制开发土地资源，不能盲目地快速地开发，造成资源的过快耗竭。要通过制定政策法规，引导城市土地的集约化使用，大力提高土地利用效率，防止土地的过度开发和粗放型利用，杜绝非法占用和违法开发行为。使土地开发早日规范化、科学化和集约化，为培育、规范和完善市场提供良好的法制环境。

2. 进一步提高自然资源的利用效率

在水资源方面，要通过产业结构调整，节约水资源，提高水资源的总体

利用效率。首先，在种植业方面，要进一步调整种植结构，发展节水型农业，基本普及喷灌、滴灌等先进的灌溉技术。同时，在工业方面，要修订、完善北京市行业用水标准，通过产业结构调整，限制用水效益低、耗水高的工业在北京市发展，并依靠科技进步，进一步挖掘工业节水潜力，提高工业用水重复利用率。另外，大力实施分类水价政策，尽快实施阶梯水价政策。

在土地资源方面，提高城市建设用地集约利用水平。

要切实加强土地资源的管理，形成节约用地的发展模式，严格控制城镇建设用地规模。增强特区外的城市化进程和土地利用效率的提高。同时，要下大力气消化城市中心区的闲置土地，改造区内城中村以及老商业街，减少土地资源的浪费和低效使用，减缓土地压力。另外，大力提倡城市空间的立体开发，这是今后解决城市土地不足和改善城市环境的重要途径。

进一步优化建设用地结构与布局。调整优化中心城的土地资源配置，在加强历史文化名城保护的前提下，遵循土地价值规律和产业聚集规律，引导和支持现代服务业和文化产业等占地少、效益高的行业在城市职能中心相对聚集；降低工业用地、仓储用地比例，增加住宅用地、道路广场用地以及绿地比例，进一步优化建设用地的总体规模与布局。

大力提高建设用地效益。要根据现代化、生态化、国际化的相关标准，加快中心城人口与产业向边缘集团和新城转移，加快新城建设，提高人均建设用地占有量。加强农村居民点和独立工矿用地的整理与挖潜改造，提高建设用地特别是产业用地的集约利用水平，提高单位面积建设用地的产出效益。从空间上避免继续摊大饼式的外延扩展，积极转向内涵挖潜与品质提升。

3. 要引导人们改变消费观念，树立节约资源的意识

要树立先进的节水型社会理念。通过加强管理体系建设，提高全社会节水意识，促进节约用水，提高用水效率。

13.3.3 积极发展循环经济，进一步推进产业结构调整和增长方式转变，提高经济发展的质量

经济的发展不仅是城市可持续发展的保证，也是人口承载力得以增强的基本保证。因此，必须保证首都具有较高的经济功能和发展水准。但是从首都的功能上说，又不能过于强调其经济功能和地位。如何解决这个矛盾，作

者认为，就要从改变经济增长方式，提高经济发展质量来着手，这样既能保证首都的经济发展，同时又不会因为首都的经济功能强大而过度聚集人口，并耗用过多资源和增加污染。

其根本方式就是要提高产业层次和技术水平，调整现有产业结构，加快经济结构调整和增长方式转变，推进产业优化升级。依托科技、人才、信息优势，增强高新技术的先导作用，积极发展现代服务业、高新技术产业、现代制造业，不断提高首都经济的综合竞争力，促进首都经济持续快速健康发展。加快产业结构优化升级，不断扩大第三产业规模，加快服务业发展，全力提升质量和水平。

同时，首都要发展经济，必须走循环经济发展之路。作为首批国家循环经济试点城市，按照减量化、再利用、资源化的原则，以资源节约和再生利用为突破口，加快循环生产、绿色消费和综合保障三大体系建设。

13.3.4 适度超前和优先发展城市的基础设施建设

北京市基础设施条件对人口承载力有着比较明显的限制。尤其是对未来的基础设施建设，不仅关系到总的人口承载力，还关系到整体的生活质量，以及人口空间再分布能否顺利实现。

在城市基础设施的建设中，必须要有超前和优先发展意识。所建立的基础设施承载力，应当超过预计的人口规模，留有余地。否则，基础设施就会形成人口承载力的一个重要制约因素。

具体说来，在首都基础设施建设方面，要坚持城市发展以基础设施为先导的方针，市政基础设施建设适度超前，优先发展。着力抓好以综合交通、能源供应、水资源保障和信息通信为主体的基础设施建设。优先发展公共交通，加强公路建设与改造，实现公路网覆盖全市所有村镇。合理安排电源建设，加快电网发展。整体规划建设一批方便市民生活、提升城市形象的街道公用设施。

13.3.5 优化公共资源配置，进一步提高首都公共服务水平

北京市的社会发展要体现首都性质，为党中央、国务院领导全国工作和开展国际交往提供完善、方便、高效的工作与生活条件，同时还要面向基层、服务群众。社会事业的发展要面向广大群众，体现公平与效率原则，满足

"人人享有基本公共服务"的要求。

在教育方面,要合理配置区域内各级各类教育资源,坚持城乡统筹原则,加快农村教育发展,扩大优质教育资源覆盖和辐射范围。与北京市城市空间布局调整相结合,加快教育设施布局结构调整,形成与城市空间结构、产业发展和人口分布相协调的教育设施布局。

在医疗卫生方面,要建立国内一流水平的医疗服务、预防保健和卫生监督三大体系,建立健全农村合作医疗制度,为市民提供公平、优质、便捷和负担合理的医疗、卫生、保健服务,提高居民健康水平。

调整现有医疗服务模式,建设以区域性综合医疗中心和社区卫生服务中心(站)为主的医疗服务体系。逐步开放医疗服务市场,建立社会投融资机制,根据城市空间结构的调整,引导中心城医疗资源向新城扩展和转移,提高新城的医疗水平。在完善大中型综合医院和专科医院的同时,积极推进基层和农村医疗设施的建设,提高社区医疗服务水平,建立级配合理的医疗卫生网络。

参 考 文 献

Andrew K. Jorgenson and Brett Clark. Assessing the temporal stability of the population/environment relationship in comparative perspective: a cross-national panel study of carbon dioxide emissions, 1960—2005. Popul Environ. 2010. 32: 27-41

Ang B. W. Decomposition analysis for policymaking in energy: Which is the preferred Method? [J]. Energy Policy, 2004, 32 (9): 1131-1139

Ang B. W, Choi K. 1997, "Decomposition of Aggregate Energy and Gas Emission Intensities for Industry: A Refined Division Index Method" [J]. Energy Journal, 18 (3): 59-73

A resource flow and ecological footprint analysis of Greater London, 2002

Birdsall N. Another look at population and global warming: Population, health and nutrition policy research, working paper. Washington, DC: World Bank, WPS1020. 1992

Broundtland G. H. Our Common Future: From One Earth to One World [N]. Oxford University Press, Oxford

Carrying capacity reconsidered: form Malthus' theory to cultural carrying capacity [J]. Ecological Economics, Volume 31, December 1999: 395-408

Cohen J. E., 1995a. How Many People Can the Earth Support? W. W. Norton & Co, New York

Cohen J. E., 1995b. Population growth and Earth's human carrying capacity [J]. Science 269, 341-346

Cole Matthew and Eric Neumayer. Examing the impacts of demographic factors on air pollution. Population and Environment, 2004. 26: 5-21

Daivid Satterthwaite. The implications of population growth and urbanization for climate change. Environment and Urbanization October. 2009 vol. 21 no. 2: 545-567

Dietz, Rosa E. A. 1994, Rethinking the environmental impacts of population, affluence, and Technology [J]. Human Ecology Review, 1: 277-300

Dietz, Thomas, Rosa E. A. 1997, Effects of Population and Affluence on CO_2 Emissions in Proceedings of the National Academy of Science, VOL. 94

Ecological footprint analysis: San Francisco-Oakland-Fremont. CA, 2011

Economic Development in China: 1992—2006 [J]. Ecological Economics, 2009, 68 (8)

Ehrlich P R, Holdrens J P. The impact of population growth [J]. Science, 1971, 171: 1212-1217

Eugene A. Rosa, Richard York and Thomas Dietz. Tracking the Anthropogenic Drivers of Ecological Impacts. A Journal of the human Environment, 2004. 32: 509-512

FAO. 1984, Potential Population Supporting Capacity of Lands in the Development World, Rome Hörður V. Haraldsson a, Rannveig Ólafsdóttir. 2006, A novel modeling approach for evaluating the preindustrial natural Science of the Total Environment (372): 109-119

F. L. MacKellar, WLutz, CPrinz, AGoujon. Population, households, and CO_2 emissions [J]. Population and Development Review, 1995, 21 (4): 849-865

G. Martine. Population dynamics and policies in the context of global climate change. 2009. Population dynamics and climate change. 2009. 1-9

Golley Jane, Meagher Dominic and Meng Xin. 2008, Chinese urban household energy requirements and CO_2 emissions. In Ling Song, Wing Thye Woo. China's Dilemma-Economic Growth, the Environment and Climate Change [N]. Washington D. C: ANUE Press, Asia Pacific Press

Guo Xiao. The Factor Decomposition on Carbon Emission of China—Based on LMDI Decomposition Technology [J]. Chinese Journal of Population, Resources and Environment, 2011 (1)

Hard in G. Living on a lifeboat. BioScience, 1974, 24 (10): 561-568

Hoekstra R, van der Bergh J C J M. Comparing structural and index decomposition analysis [J]. Energy Economics, 2003, 25 (1): 39-64

Hsin-i Wua, Amit Chakraborty, et al. 2009, Formulating variable carrying capacity by exploring a resource dynamics-based feedback mechanism underlying the population growth models [J]. Ecological complexity (6): 403-412

IEA. CO_2 emissions from fuel combustion [M]. Paris: IEA, 2009

Irmi Seidl, Clem A. Tisdell. 1999, Carrying capacity reconsidered: from Malthus' population theory to cultural carrying capacity [J]. Ecological Economics (31): 395-408

Jie He, Patrick Richard. Environmental Kuznets Curve for CO_2 in Canada [J]. Ecological Economics, 2010

Jonathan E. Sinton. What goes up: Recent trends in China's energy consumption [J]. Energy Policy, 2000, 28 (10): 671-687

Jyoti Parikha, Vibhooti Shukla. Urbanization, energy use and greenhouse effects in economic development: Results from a cross-national study of developing countries. Global Environmental Change. Volume 5, Issue 2, May 1995, Pages 87-103

Kampeng Leia, Dan Hub, et al. 2009, An analysis of ecological footprint trade and sustainable carrying capacity of the population inMacao [J]. Sustainable Development & World Ecology (16): 127-136

Kaya Yoichi. Impact of Carbon Dioxide Emission on GNP Growth: Interpretation of Proposed Scenarios [R]. Paris: Presentation to the Energy and Industry Subgroup, Response Strategies Working Group, IPCC, 1989

Klaus Jaeger, Wolfgang Kuhle. 2009, The optimum growth rate for population reconsidered [J]. Popul Econ (22): 23-41

Knapp T, Mookerjee R. Population growth and global CO_2 emissions. Energy Policy, 1996. 24 (1): 30-38

Lantz V, Feng Q. Assessing income, population, and technology impacts on CO_2 emissions in Canada: Where's the EKC? Ecological Economics, 2006. 57: 219-226

Leiwen Jiang, HARDEE K. How do recent population trendsmatter to climate change [R]. Washington D. C. : Population Action International, 2009: 5-22

Liu Xuguang, Li Baoqing. Analysis of pyrolysis and gasification reaction of hydrothermally and supercritically upgraded low rank coal by using a new distributed activation energy model [J]. Fuel Processing Technology, 2001, 69 (1): 1-12

Lutz W. 1992, World Population Trends: Global and Regional Interactions between Population and Environment: Rethinking the DEBATE, Edited by L. Arizpe, P. Stone and D Major, New York: Social Science Research Council (SSRC)

Massimo Filippini, Elasticities of elecricty demand in Urban Indian households. Energy Policy, 32 (2)

McLeod S. R. 1997. Is the concept of carrying capacity useful in variable environments? [J]. OIKOS (79): 529-542

Meadows D. H., Meadows D. L., Randers J., Behrens W. W. III. 1972, The Limits to Growth: a Report for the Club of Rome's Project on the Predicament of Mankind [M]. Universe Books, New York

Michael Dalton, Leiwen Jiang, ShonaliPachauri, et al. 2007, Demographic Change and Future Carbon Emissions in China and India [R]. Population Association of America Annual Meeting, New York

M Gottdiener. Key concepts in urban studies. 2005. 112-214

Murray Lane. 2010, The carrying capacity imperative: Assessing regional carrying capacity methodologies for sustainable land-use planning land use policy (27): 1038-1045

Nobuko Yabe. An analysis of CO_2 emissions of Japanese industries during the period between 1985 and 1995 [J]. Energy Policy, 2004, 32 (5): 595-610

Pachauri Shonali, Jiang Leiwen. The household energy transition in India and China. Energy Policy, 2008. 36 (11): 4011-4024

Park S H. Decomposition of industrial energy consumption: An alternative method [J]. Energy Economics, 1992, 14 (4): 265-270

Partha Dasgupta. 2005, Regarding Optimum Population The Journal of Political Philosophy, (13): 414-442

Paul R. Erilich. The Population Bomb [M]. Ballantine Books, New York, 1968

Pearl R, Reed L S. 1920, On the rate of growth of the population of the US since 1790 and its mathematical representation [J]. Proc. Natl. Acad. Sci. USA 6: 275-288

Pitchford J D. 1974. Population in Economic Growth. Amsterdam: North-Holland

Province of Ontario: Ecological footprint and biocapacity analysis. 2010

Rodrigues J, Domingos T, et al. 2005, Constraints on dematerialization and allocation along a sustainable growth path [J]. Ecological Economics (54): 382-396

Scott baier, Jeffrey Bergstrand. Do Free Trade Agreements Actually Increase Members International Trade [J]. Journal of International Economics, 2007, 71 (1)

Selden T M, Song D. Neoclassical growth, The curve for abatement and the inverted U curve for pollution [J]. Journal of Environmental Economics and management, 1995, 29 (2): 161-168

Shephard, L. Srojkov. The logistic population model with slowly varying carrying capacity [J]. ANZIAMJ Journal, 2007

Siegfried Francka, Werner von Bloha, et al. 2011, Harvesting the sun: New estimations of the maximum population of planet Earth [J]. Ecological Modeling (222): 2019-2026

Southworth, Frank, Sonnenberg, Anthon, Brown, Marilyn A. The transportation energy and carbon footprints of the 100 largest US metropolitan areas. Georgia Institute of Technology. 2008

Sustaining Human Carrying Capacity: A tool for regional sustainability assessment [J]. Ecological Economics, Volume 69, january 2010: 459-468

Theodore Panayotou. Economic Growth and the Environment [Z]. Working Paper 56, Cambridge, MA: Center for International Development at Harvard University, 2000

Thornley J. H. M., France J. 2007, Mathematical Modeling in Agriculture [M]. CAB International, Wallingford, Oxford shire, UK

Verhulst, P. E. Notice sur la loi que la population suit dans son accroissement. Correspondance Mathematique et Physique 10, 1838: 113-117

Wackernagel M., Moran D., White S, et al. Ecological Footprint Accounts for Advancing Sustainability: Measuring Human Demands on Nature. In Lawn P (eds.) Sustainable Development Indicators in Ecological Economics [M]. USA: Edward Elgar Publishing, Inc. 2006, 247-267

William Greene. Econometric Analysis [M]. NJ: Prentice Hall, 2003

Willian Vogt. Road for survival [M]. Slodne Associates, New York, 1948

Wolfgang Lutz, Alexia Prskawetz, Warren Sanderson Editors. Population and environment—Methods of Analysis [J]. Population and Development Review, a Supplement to VOL. 28, 2002, Population Council, New

York

York R., Rose E. A., Dietz T. 2003, STIRPAT, IPAT and IMPACT: analytic tools for unpacking the driving forces of environmental impacts [J]. Ecological Economics, 46: 351-365

Zhang Ming, Mu Harlin, NingYadong, Song Yong Chen, Decomposition of Energy related CO_2 Emission over 1991-2006 in China [J]. Ecological Economics, 2009, 68 (7)

Zhang You guo. Structural Decomposition Analysis of Sources of Decarbonizing

"2008年奥运会对北京现代化进程影响和推动分析"课题组. 关于北京城市现代化和国际化水平的比较研究（上）[J]. 北京行政学院学报, 2003 (1): 53-54

安辉, 史常亮. 北京市城市化水平与资源压力系数的灰色关联分析 [J]. 科教导刊（中旬刊）. 2010 (11): 171-173

鲍思顿, 段成荣. 北京市流动人口数量变动历史趋势分析 [J]. 西北人口, 2001 (01)

北京市建设用地需求及空间分析 [D]. 北京大学, 2005

北京市经济与社会发展研究所. 首都人口、资源、环境、生态总体关系研究 [R]. 北京市人口计生委招标项目, 2008

北京市社会科学院. 北京城市人口容量的短边分析 [J]. 北京社会学, 2000 (1)

北京市社会科学院. 城市人口规模与容量的理论思考 [J]. 北京社会科学, 2000 (1)

北京市社会科学院. 水资源制约下的北京人口容量模型与预测 [J]. 北京社会科学, 2000 (1): 35-39

北京市"十一五"时期水资源保护及利用规划. 北京市发展与改革委员会网站, 2006 (9)

北京市土地资源承载力评价研究 [R]. 中国国土资源经济研究院, 2005

曹舒蕾. 云南省人口—资源环境与经济协调度评价研究 [D]. 昆明：云

南大学硕士学位论文,2010

柴玉英,张向阳,李勇. 我国人口主要疾病死因构成变化的影响因素[J]. 中国全科医学,2010(3):1025-1027

畅建霞等. 基于耗散结构理论和灰色关联熵的水资源系统演化方向判别模型研究[J]. 水利学报,2002(11):107-112

陈刚. 论中国出生性别比偏高之原因[J]. 法制与社会,2007(10)

陈佳瑛,彭希哲,朱勤. 家庭模式对碳排放影响的宏观实证分析[J]. 中国人口科学,2009,(05)

陈庆,周敬宣,李湘梅,肖人彬. 基于STIRPAT模型的武汉市环境影响驱动力分析[J]. 长江流域资源与环境,2011(S1)

陈晓红等. 城市化与生态环境协调发展机制研究[J]. 世界地理研究,2009,18(2)

陈妍,杨天宇. 北京经济增长与大气污染水平的计量分析[J]. 环境与可持续发展,2007(2)

陈颖. 青海省人口、资源、环境与经济、社会的协调发展研究[J]. 西北人口,2007(9)

陈志洪,高汝熹,管锡展. 纽约产业结构变动及对上海的启示[J]. 上海经济研究,2003(10)

崔玉静,张旭红. 北京市环境状况的发展趋势及对策[J]. 北京城市学院学报,2009(06)

段成荣. 中国人口受教育状况分析[J]. 人口研究,2006(1):93-95.

代涛,郑林昌. 2010年北京市水资源需求预测分析[J]. 中国水运,2006(7):141-143

杜鹃. 中国的人口素质与人力资源开发[J]. 人口与经济,2006(4):14

杜婷婷,毛锋,罗锐. 中国经济增长与CO_2排放演化探析[J]. 中国人口·资源与环境,2007(4)

樊纲,苏铭,曹静. 最终消费与碳减排责任的经济学分析[J]. 经济研究,2010(01)

冯海燕，张昕，李光永，穆乃君，陈瑾. 北京市水资源承载力系统动力学模拟 [J]. 中国农业大学学报，2006，11（6）：106-110

冯晓英. 北京地区流动人口的演变及其特征 [J]. 北京党史，1999（01）

冯晓英. 当代北京流动人口管理制度变迁研究 [M]. 北京：北京出版社，2008

范英英，刘永，郭怀成，王树通，姜玉梅. 北京市水资源政策对水资源承载力的影响研究 [J]. 资源科学，2005（5）：113-119

封志明. 首都人口与发展论坛——京津冀一体化与区域人口发展论文汇编，2007

傅湘，纪昌明. 区域水资源承载能力综合评价—主成分分析法的应用 [J]. 长江流域资源与环境，1999（5）：168-172

高君，程会强. 基于生态足迹方法的北京市可持续发展分析 [J]. 资源与产业，2010（2）：101-108

高书国，杨晓明. 中国人口文化素质报告 [M]. 北京：社会科学文献出版社，2004

高向东. 中外大城市人口郊区化比较研究 [J]. 人口与经济，2004，(S1)

高训宇，郑建华，卢静，夏建新. 北京市水资源结构变化及其驱动力分析 [J]. 北京水务，2008（5）：10-13

葛蔓，刘桢. 北京市产业结构调整与就业研究 [M]. 北京：中国人口出版社，2009

顾宝昌，徐毅. 中国婴儿出生性别比综论 [J]. 中国人口科学，1994（3）

冠伟，陈健飞，崔海山，陈颖彪. 1992—2007年广州市能源消费碳排放研究 [J]. 资源与产业，2010（12）

哈斯巴根，宝音，李百岁. 呼和浩特市土地资源人口承载力的系统研究 [J]. 干旱区资源与环境，2008（3）：26-32

管孝艳. 北京市水资源供需平衡分析及开发利用初探 [C]. 北京市水利建设与发展国际学术研讨会论文集，2004：311-315

郭志刚. 北京市生育水平和出生性别比及外来人口影响 [J]. 中国人口科学, 2003 (6)

郭志刚. 人口、资源、环境与经济发展之间关系的初步理论思考 [J]. 人口与经济, 2000 (6)

韩景华. 北京市就业结构演变及特征 [J]. 城市问题, 2008 (9)

韩玉军, 陆旸. 经济增长与环境的关系——基于对 CO_2 环境库兹涅茨曲线的实证研究 [J]. 经济理论与经济管理, 2009 (3)

郝仲永. 北京市水资源短缺及其对策浅析 [J]. 北京水利, 2000 (5): 17-18

何强, 吕光明. 基于 IPAT 模型的生态环境影响分析——以北京市为例 [J]. 中央财经大学学报, 2008 (12): 83-88

侯东民. 北京市人口规模控制体制和机制研究 [C]. 人口与发展——首都人口与发展论坛文辑第二辑. 北京:清华大学出版社, 2006

胡玉萍. 北京市劳动力人口文化素质历史变动与特征分析 [J]. 新视野, 2010 (5): 66-67

黄陈跃. 改革开放 30 年我国高等教育发展研究 [J]. 吉林教育, 2010 (7): 31

黄荣清. 地域分析方法 [M]. 北京:中国人事出版社, 2009

黄荣清. 人口死亡研究的展开 [J]. 人口学刊, 2002 (3): 21-25

黄荣清. "在京外国人调查研究"报告

黄荣清, 庄亚儿. 人口死亡水平的国际比较 [J]. 人口学刊, 2004 (6): 3-6

黄英. 90 年代后期以来北京外来流动人口分布变化研究 [D]. 首都师范大学硕士学位论文, 2005

黄忠臣. 北京市水资源状况调查分析 [J]. 北京建筑工程学院学报, 2003 (04)

惠泱河, 蒋晓辉, 黄强, 薛小杰. 水资源承载力评价指标体系研究 [J]. 水土保持报, 2001 (1): 30-34

黄金川, 方创琳. 城市化与生态环境交互耦合机制与规律性分析 [J].

地理研究, 2003 (2): 211-220

贾绍凤, 张军岩, 张士锋. 区域水资源压力指数与水资源安全评价指标体系 [J]. 地理科学进展, 2002 (6): 538-545

蒋金荷. 中国碳排放量测算及影响因素分析 [J]. 资源科学, 2011 (4)

蒋莉. 生态足迹影响因子的定量分析——以中国各省区市1999年生态足迹为例 [J]. 长江流域资源与环境, 2005 (3): 238-242

蒋耒文, 考斯顿. 中国区域城市化水平差异原因探析 [J]. 中国人口科学, 2001 (01)

蒋耒文, 考斯顿. 人口—家庭户对环境的影响: 理论模型与实证研究 [J]. 人口研究, 2001 (01)

金贤锋, 董锁成, 周长进, 李宇, 李泽红. 中国城市的生态环境问题 [J]. 城市问题, 2009 (09)

匡文慧, 杜国明. 北京城市人口空间分布特征的GIS分析 [J]. 地球信息科学学报, 2011 (8)

黎超. 我国省域产业结构变化与碳排放量关系的实证研究 [J]. 现代物业 (中旬刊), 2012 (01)

李川. 水环境承载力量化方法的研究进展 [J]. 环境科学与管理, 2008 (8): 66-69

李国志, 李宗植. 中国二氧化碳排放的区域差异和影响因素研究 [J]. 中国人口·资源与环境, 2010 (05)

李韩笑, 陈森林, 胡士辉, 唐海华, 王彬. 区域水资源承载力多目标分析评价模型及其应用研究 [J]. 珠江现代建设, 2008 (4): 12-16

李敏. 北京植物概况 [J]. 北京科普之窗, 2008 (06)

李通屏等. 人口经济学 [M]. 北京: 清华大学出版社, 2008

李晓壮. 北京市消费污染与环境治理研究 [J]. 北京社会科学, 2010 (3): 40-46

李艳梅, 张雷, 程晓凌. 中国碳排放变化的因素分解与减排途径分析 [J]. 资源科学, 2010 (02)

李忠民, 孙耀华. 基于IPAT公式的省际间碳排放驱动因素比较研究

[J]. 科技进步与对策, 2011 (2)

李菁. 城市人口容量的确定及评价初探 [J]. 城市问题, 1988 (2): 14-15

雷波, 曾从盛, 赵庆. 福州市土地资源人口承载力与城市化问题研究 [J]. 河南科技大学学报: 自然科学版, 2007 (6): 57-61

李仲生. 人口质量与劳动力素质 [J]. 中国人才, 2004 (10): 49.

李仲生, 马寿海. 国际大都市与宜居城市研究 [M]. 北京: 中国人口出版社, 2008.

梁昊光, 汪小勤. 北京人口、资源、环境与城市发展的硬约束与突破 [J]. 首都经济贸易大学学报, 2008 (01)

林伯强, 蒋竺均. 中国二氧化碳的环境库兹涅茨曲线预测及影响因素分析 [J]. 管理世界, 2009 (04)

刘宝勤, 姚治君, 高迎春. 北京市用水结构变化趋势及驱动力分析 [J]. 资源科学, 2003 (2): 38-43

刘长生, 郭小东, 简玉峰. 能源消费对中国经济增长的影响研究——基于线性与非线性回归方法的比较分析 [J]. 产业经济研究, 2009 (01)

刘国栋. 北京市外来人口现状与管理对策研究 [J]. 前线, 1999 (02)

李国志, 李宗植. 二氧化碳排放与经济增长关系的EKC检验——对我国东、中、西部地区的一项比较 [J]. 产经评论, 2011 (11)

刘佳骏, 董锁成, 李泽红. 中国水资源承载力综合评价研究 [J]. 自然资源学报, 2011 (2): 258-269

刘树芳. 北京城市变迁与水资源开发的关系 [J]. 北京社会科学, 2003 (02)

刘旭东, 曾现来, 巩如英, 王丽芸, 李敬苗. 基于多目标决策与主成分分析的水资源承载力评价及预测——以河北省为例 [J]. 安徽农业科学, 2008, 36 (2): 751-753

刘燕生. 北京市生态环境建设战略对策初探 [J]. 环境保护, 1985 (07)

刘耀彬等. 城市化与生态环境协调标准及其评价模型研究 [J]. 中国软科学, 2005 (5): 140-148

刘耀彬，李仁东，宋学锋．城市化与城市生态环境关系研究综述与评价［J］．中国人口·资源与环境，2005（3）

刘宇辉，彭希哲．中国历年生态足迹计算与发展可持续性评估［J］．生态学报，2004（10）：2257-2262

刘鹏飞，刘强．北京市水资源人口承载力的预测研究［J］．安徽农业科学，2012，40（1）：329-331

刘铮．人口理论教程［M］．北京：中国人民大学出版社，1985

刘铮．我国人口的就业问题［J］．人口研究，1980（3）

刘燕生．北京市生态环境建设战略对策初探［J］．环境保护，1985（7）

罗建玲，王青．资源、环境与经济的协调度测定——以陕西省为例［J］．西北农林科技大学学报（社会科学版），2011（9）

孟凡德，王晓燕．北京市水资源承载力的变化趋势［J］．中国水利，2004（9）

孟凡德，王晓燕．北京市水资源承载力的变化趋势及驱动力研究［J］．中国水利，2004（9）：22-25

马世俊等．社会—经济自然复合生态系统［J］．生态学报，1984，4（1）：1-9

马小红，侯亚非．北京市未来50年人口变动趋势预测研究［J］．市场与人口分析，2004（10）

明艳．我国婴儿死亡率的变动趋势及区域差异研究［J］．人口研究，2009（5）：82-83

毛志峰，任世清．论人口容量与资源环境［J］．中国人口、资源与环境，1995（1）

潘兴瑶，夏军，李法虎，刘洪禄，马明，王翠哲，李荣新．基于GIS的北方典型区水资源承载力研究——以北京市通州区为例［J］．自然资源学报，2007（4）：664-671

彭希哲，朱勤．我国人口态势与消费模式对碳排放的影响分析［J］．人口研究，2010（1）：48-58

曲格平，李金昌．中国人口与环境［M］．北京：中国环境科学出版社，

1992

邱化蛟，程序，常欣，郭淑敏，张爱军. 北京市水资源状况分析［J］. 北京农学院学报，2004（04）

邱巨龙，曲建升，李燕. 2000—2009 年甘肃省社会水资源压力状况评价［J］. 开发研究，2011（3）：70-74

秦淑娟. 上海与国际大都市经济比较与启示［J］. 国际商务研究，2005（3）

强真，齐亚彬，白学民. 大城市耕地资源人口承载力研究——以北京市为例［J］. 资源开发与市场，2007，23（2）：147-148

齐晓娟，童玉芬. 中国西北地区人口、经济与资源环境协调状况评价［J］. 中国人口·资源与环境，2008（3）

乔雅君. 产业结构与就业结构的关系——河南省与中部其他省份的比较研究［J］. 商业经济，2010（7）

强真. 大城市耕地资源人口承载力研究——以北京市为例［J］. 资源开发与市场，2007（2）

靳之更，生态足迹与可持续发展初步分析——以北京市、沈阳市、哈尔滨市为例［J］. 环境科学与管理，2009（5）：150-154

任强，游允中，郑晓瑛. 20 世纪 80 年代以来中国人口死亡的水平、模式及区域差异［J］. 中国人口科学，2004（3）：24-25

任强，郑晓瑛，曹桂英. 近 20 年来中国人口死亡的性别差异研究［J］. 中国人口科学，2005（1）：6-9

宋德勇，卢忠宝. 中国碳排放影响因素分解及其周期性波动研究［J］. 中国人口·资源与环境，2009（3）：18-24

史枫. 劳动力素质决定北京的未来［J］. 教育与职业，2006（9）：66-67

邵金花，刘贤赵. 区域水资源承载力的主成分分析法及应用——以陕西省西安市为例［J］. 安徽农业科学，2006，34（19）：5017-5021

宋杰鲲. 基于 STIRPAT 和偏最小二乘回归的碳排放预测模型［J］. 统计与决策，2011（24）

盛来运. 中国婴儿死亡率现状及影响因素分析［J］. 人口与经济，1994

(5): 23-25

桑秋, 张平宇, 苏飞, 辛新. 20世纪90年代以来沈阳市人口—经济—空间与环境的协调度分析 [J]. 中国人口·资源与环境, 2008 (3)

沈琴琴, 崔钰雪. 北京市就业结构演变及其动因研究 [J]. 人口与经济, 2011 (3)

宋晓晖, 张裕芬, 汪艺梅, 冯银厂. 基于 IPAT 扩展模型分析人口因素对碳排放的影响 [J]. 环境科学研究, 2012 (1): 109-115

涂平. 我国出生婴儿性别比问题的探讨 [J]. 人口研究, 1993 (1)

童玉芬. 北京市水资源人口承载力的动态模拟与分析 [J]. 中国人口·资源与环境, 2010 (9): 42-47

童玉芬. 北京市水资源人口承载力再辨析 [J]. 北京社会科学, 2011 (5): 22-28

童玉芬, 刘广俊. 基于可能—满意度方法的城市人口承载力研究 [J]. 吉林大学社会科学学报, 2011 (1)

王菠. 浅析当前我国女性就业问题 [J]. 烟台职业学院学报, 2009 (9)

万本太等. 城市生态环境质量评价方法 [J]. 生态学, 2009, 29 (3)

王锋, 吴丽华, 杨超. 中国经济发展中碳排放增长的驱动因素研究 [J]. 经济研究, 2010 (2): 123-136

王广州, 王智勇. 人口结构优化的国际大都市经验和对北京的启示 [J]. 北京行政学院学报, 2011 (3)

王建华, 江东, 顾定法, 齐文虎, 唐青蔚. 基于SD模型的干旱区城市水资源承载力预测研究 [J]. 地理学与国土研究, 1999 (5): 18-22

王俊松, 贺灿飞. 能源消费、经济增长与中国 CO_2 排放量变化——基于LMDI方法的分解分析 [J]. 长江流域资源与环境, 2010 (1)

王康. 基于 IPAT 等式的甘肃省用水影响因素分析 [J]. 中国人口·资源与环境, 2011 (6): 148-152

王丽. 基于 IPAT 方程的北京市水资源消耗研究 [J]. 北方经济, 2010 (8): 67-68

王立猛, 何康林. 基于 STIRPAT 模型的环境压力空间差异分析 [J]. 环

境科学学报，2008，28（5）

吴佩林. 我国区域发展的水资源压力分析［J］. 西北农林科技大学学报（自然科学版），2005（10）：143-149

王钦池. 基于非线性假设的人口和碳排放关系研究［J］. 人口研究，2011，1（35）

吴巧梅. 北京市水资源承载力定量评价与风险分析及其管理对策［D］. 兰州：兰州大学硕士学位论文，2007

王双. 水资源约束下北京地区2004—2020年土地利用变化情景模拟研究［J］. 自然资源学报，2006（4）

王树通. 北京市相对资源承载力分析［J］. 安全与环境学报，2005（5）

王土. 北京市人力资本的现状、问题与对策分析［D］. 北京：首都经济贸易大学硕士学位论文，2011

王维国. 协调发展的理论与方法研究［M］. 北京：中国财经出版社，2000

魏下海，余玲铮. 空间依赖、碳排放与经济增长——重新解读中国的EKC假说［J］. 探索，2011（01）

王亚菲，陈长. 北京市生态足迹的投入产出分析［J］. 生态与环境，2009（4）：129-148

王祎俊. 北京市人口增长、环境污染以及经济发展的相互影响研究［D］. 北京：首都经济贸易大学硕士学位论文，2010

王银洁. 北京市生态足迹研究［D］. 北京：首都经济贸易大学硕士学位论文，2010

吴跃明等. 环境、经济协调度模型及其指标体系［J］. 中国人口·资源与环境，1996，6（2）：47-50

魏一鸣，曾嵘等. 北京市人口、资源、环境与经济协调发展的多目标规划模型［J］. 系统工程理论与实践，2002（2）

吴玉萍等. 北京市经济增长与环境污染水平计量模型研究［J］. 地理研究，2002（2）

王妍，石敏俊. 中国城镇居民生活消费诱发的完全能源消耗［J］. 资源

科学，2009（12）

王颖，邵磊，周孝德，杨方廷. 山西省水资源系统压力综合评价［J］. 水力发电学报，2011（6）：189-198

王玥，翁钱威. 人口素质及评价指标体系［J］. 辽宁工程技术大学学报（社会科学版），2011（2）

吴燕，王效科. 北京市居民食物消耗生态足迹和水足迹［J］. 资源科学，2011（6）：1145-1152

武萍，赵慧娥，李志超. 沈阳市城区人口承载力预测与分析［J］. 沈阳农业大学学报（社会科学版），1999（4）：290-293

王志华等. 北京环境库兹涅茨曲线假设的验证［J］. 中国人口·资源与环境，2007（2）

徐国泉，刘则渊，姜照华. 中国碳排放的因素分解模型及实证分析：1995—2004［J］. 中国人口·资源与环境，2006（06）

许广月. 我国碳排放影响因素及其区域比较研究：基于省域面板数据［J］. 财经论丛，2011，3（2）

徐太炎等. 北京市能源结构现状及今后调整方向［J］. 北京节能，2000（2）

许泱，周少甫. 我国城市化与碳排放的实证研究［J］. 长江流域资源与环境，2011，（11）

徐中民，程国栋. 可持续性评价的ImPACTS等式［J］. 地理学报，2005（2）：198-208

徐中民，程国栋. 生态足迹方法的理论解析［J］. 中国人口·资源与环境，2006（6）：69-78

徐中民，龙爱华. 中国社会化水资源稀缺评价［J］. 地理学报，2004（6）：982-988

徐中民，张志强. 甘肃省1998年生态足迹计算与分析［J］. 地理学报，2000（9）：607-616

杨国梁. 转变首都经济发展方式：意义、约束与路径选择［J］. 环渤海经济瞭望，2012（1）

杨开忠. 构建和谐首都中的人口问题——北京市人口超载形势与对策 [J]. 人口研究 2007（1）：49-53

杨莉. 北京人口与资源协调发展模式探讨 [J]. 改革与战略，2011，27（4）

杨丽，刘玉龙，杨艳霞，胡鹏. 区域水资源利用压力指数评价研究 [J]. 人民黄河，2009（5）：69-71

于瑞峰等. 区域可持续发展状况评估方法研究及应用 [J]. 系统工程理论与实践 1998（5）：1-6

杨士弘等. 关于环境与经济协调发展研究方法的探讨 [J]. 广东环境监测，1992（4）：2-6

杨士弘. 广州城市环境与经济协调发展预测及调控研究 [J]. 地理科学，1994，14（2）：136-143

杨文举，孙海宁. 浅析城市化进程中的生态环境问题 [J]. 生态经济，2002（3）：31-34

尹向飞. 人口、消费、年龄结构与产业结构对湖南碳排放的影响及其演进分析——基于 STIRPAT 模型 [J]. 西北人口，2011（02）

元相虎，李华. 基于生态足迹模型中国可持续发展动态分析 [J]. 中国人口、资源与环境，2005（15）：38-42

姚永玲. 北京城市发展中的能源消耗影响因素分析 [J]. 中国人口·资源与环境，2011，21（7）

杨玉秀，何辉. 京津沪渝产业结构比较与分析 [J]. 环渤海经济瞭望，2010（11）

游允中，郑晓瑛. 中国人口的死亡和健康 [M]. 北京：北京大学出版社，2005

杨智，孙辉. 北京工业与资源、环境协调发展研究 [J]. 首都经济，2000（2）

朱宝树. 人口生态学 [M]. 南京：江苏科学技术出版社，1989：154

郑冬冬. 北京市人口—水资源系统协调性分析 [D]. 北京：首都经济贸易大学硕士学位论文，2011

诸大建. 从国际大都市的空间形态看上海的人口与发展 [J]. 城市规划汇刊, 2003 (4)

左东启, 戴树声, 袁汝华等. 水资源评价指标体系研究 [J]. 水科学进展, 1996 (12)

赵峰. 北京人口资源环境的矛盾、困境及对策 [J]. 北京规划建设, 2011 (06)

朱法君, 邬扬明. 浙江省各地市水资源压力指数评价 [J]. 长江科学院院报, 2010 (9): 14-17

中国环境与发展国际合作委员会, 世界自然基金会. 2011 中国生态足迹报告 [R]

中国科学院可持续发展研究组. 2000 中国可持续发展战略报告 [R]. 北京: 科学出版社, 2000: 209-25

张宏亮, 王国连. 论全面提高我国人口素质的重要性和紧迫性 [J]. 经济师, 2007 (10): 51

赵慧英. 北京市水资源与人口规模关系探析 [J]. 中国城市经济, 2008 (4): 50-52

周景博. 北京市环境质量问题成因与对策研究 [J]. 北京规划建设, 1999 (01)

赵建国. 辽宁省人口资源环境与经济协调发展实证分析 [J]. 东北财经大学学报, 2003 (9)

张利, 雷军, 张小雷. 1952—2008 年新疆能源消费的碳排放变化及其影响因素分析 [J]. 资源科学, 2012 (1)

张林波, 李兴, 李文华, 王维, 刘孝富. 人类承载力研究面临的困境与原因 [J]. 生态学报, 2009 (2)

张丽峰. 中国经济增长、产业结构对能源消费影响分析 [J]. 经济问题探索, 2008 (5)

赵敏, 张卫国, 俞立中. 上海市能源消费碳排放分析 [J]. 环境科学研究, 2009 (08)

赵楠. 北京市水资源承载力与承压状态实证研究 [J]. 城市发展研究,

2009（8）：10-14

朱勤．中国人口、消费与碳排放研究［M］．上海：复旦大学出版社，2011

朱勤，彭希哲，陆志明，于娟．人口与消费对碳排放影响的分析模型与实证［J］．中国人口·资源与环境，2010（02）

曾嵘，魏一鸣等．北京市人口、资源、环境与经济协调发展分析与评价指标体系［J］．中国管理科学，2000（S1）

曾嵘，魏一鸣等．人口、资源、环境与经济协调发展系统分析［J］．系统工程理论与实践，2000（12）

张士锋，陈俊旭，华东，孟秀静．水资源系统风险构成及其评价——以北京市为例［J］．自然资源学报，2010（11）：1855-1861

祖述宪，程萍，温亮．当代发展中国家死亡率下降的原因［J］．人口研究，1996（3）：65-67

周文华，张克锋．城市水生态足迹研究———以北京市为例［J］．环境科学学报，2006（9）：1524-1531

仲夏．城市生态环境质量评价指标体系［J］．环境保护科学，2002（4）

钟笑寒，李子奈．全球变暖的宏观经济模型［J］．系统工程理论与实践，2002（03）

左学金，王红霞．大都市创新与人口发展的国际比较［J］．社会科学，2009（2）

张效莉．人口、经济发展与生态环境系统协调性测度及应用研究［D］．成都：西南交通大学博士论文，2007

张晓磊．2000年以来中国人口死亡水平分死因研究［J］．中国人口科学，2007（2）：71-74

邹秀萍，陈劭锋，宁淼，刘扬．中国省级区域碳排放影响因素的实证分析［J］．生态经济，2009，（03）

曾宪新，张骏生．北京人口素质研究［M］．北京：中国人口出版社，2009

张颖．北京市生态足迹变化和对可持续发展的影响研究［J］．中国地质

大学学报（社会科学版），2006（7）：47-55

曾毅等. 我国近年来出生性别比升高原因及其后果分析［J］. 人口与经济，1993（1）

郑艳等. 城市化与北京增温的协整分析［J］. 中国人口·资源与环境，2006，16（2）

朱永彬，王铮，庞丽，王丽娟，邹秀萍. 基于经济模拟的中国能源消费与碳排放高峰预测［J］. 地理学报，2009，（08）

张艳华. 北京市第三产业的发展与流动人口就业研究［J］. 现代经济信息

张远索，张占录. 北京市人地关系现状及预测——基于生态足迹和GM模型的分析［J］. 城市问题，2011（5）：34-39

张志良. 人口承载力与人口迁移［M］. 兰州：甘肃科技出版社，1992

张志强，徐中民. 生态足迹的概念及计算模型［J］. 生态经济，2000（10）：8-10

翟振武，段成荣，毕秋灵. 北京市流动人口的最新状况与分析［J］. 人口研究，2007（02）

曾珍香等. 可持续发展系统及其定量描述［J］. 数量经济技术经济研究，1998（7）：3-7

张照志. 北京市资源领域循环经济现状及未来发展之路［C］. 资源·环境·循环经济——中国地质矿产经济学会2005年学术年会论文集，2005

赵一. 北京山地植被分类与特征分析［D］. 北京林业大学硕士论文，2001-05-01